RDC
RDC
RDC

REGIME
DIFERENCIADO
DE CONTRATAÇÕES

RDC

RONNY CHARLES
MICHELLE MARRY

REGIME DIFERENCIADO DE CONTRATAÇÕES

2ª edição
revista, atualizada e ampliada

2020

www.editorajuspodivm.com.br

Rua Território Rio Branco, 87 – Pituba – CEP: 41830-530 – Salvador – Bahia
Tel: (71) 3045.9051
• Contato: https://www.editorajuspodivm.com.br/sac

Copyright: Edições *Jus*PODIVM

Conselho Editorial: Eduardo Viana Portela Neves, Dirley da Cunha Jr., Leonardo de Medeiros Garcia, Fredie Didier Jr., José Henrique Mouta, José Marcelo Vigliar, Marcos Ehrhardt Júnior, Nestor Távora, Robério Nunes Filho, Roberval Rocha Ferreira Filho, Rodolfo Pamplona Filho, Rodrigo Reis Mazzei e Rogério Sanches Cunha.

Diagramação: Lupe Comunicação e Design *(lupecomunicacao@gmail.com)*

Capa: Rodrigo Lippi

M362	Marry, Michelle.	
	Regime Diferenciado de Contratações / Michelle Marry, Ronny Charles Lopes de Torres – 2. ed. rev. ampl. e atual. – Salvador: Editora JusPodivm, 2020.	
	304 p.	
	Inclui bibliografia	
	ISBN 978-65-5680-091-2	
	1. Regime Diferenciado de Contratações Públicas 2. Contratações Públicas 3. Licitações. I. Marry, Michelle. II. Torres, Ronny Charles Lopes de. III. Título.	
		CDD 341.352

Todos os direitos desta edição reservados a Edições *Jus*PODIVM.

É terminantemente proibida a reprodução total ou parcial desta obra, por qualquer meio ou processo, sem a expressa autorização do autor e das Edições *Jus*PODIVM. A violação dos direitos autorais caracteriza crime descrito na legislação em vigor, sem prejuízo das sanções civis cabíveis.

Dedico este livro à minha esposa Gianna e aos meus filhos, Arthur e Daniel.

Gianna e Arthur, o amor de vocês é fundamental para que eu continue.

Daniel, você chega para acrescentar mais amor e realização à minha vida.

Ronny Charles

À dona Jandira, por tudo que representa em minha vida. Mãe, você é um anjo enviado por Deus.

Michelle Marry

AGRADECIMENTOS

A Deus, acima de tudo e de todos!

Aos nossos familiares, incentivadores que inspiram a dedicação necessária!

A Editora Juspodivm e a Ricardo Didier, que acreditaram na proposta deste livro.

Ronny Charles e Michelle Marry

NOTA À 2ª EDIÇÃO

O Regime Diferenciado de Contratações apresenta diversas inovações para licitações e contratos, sendo reconhecido pelos especialistas na área como um modelo melhor e mais eficiente do que o preconizado pelo regime geral de licitações.

Embora muitos órgãos ainda fossem reticentes em relação à adoção deste novo regime, este titubeio sempre derivou, em grande parte, do desconhecimento sobre as regras da Lei nº 12.462/2011 e sobre as enormes vantagens que ela proporciona para a formatação do procedimento licitatório, com a possibilidade de uma modelagem flexível e repleta de ferramentas já experimentadas com êxito pela Administração Pública. Outro fator que restringia a adoção do RDC era a limitação de sua aplicação, pela própria Lei, para apenas algumas pretensões contratuais, embora o rol elencado pelo legislador tenha sido ampliado diversas vezes, justamente pelo interesse de diversos setores da Administração Federal, na utilização desta modalidade flexível.

Contudo, com a Medida Provisória nº 961/2020, o RDC passou a ser uma modalidade aplicável a qualquer contratação pública! Essa importante mudança descortina a possibilidade de experimentação ampliada deste moderno modelo de licitação.

Diante da mudança normativa e buscando atender aos frequentes pedidos para lançamento da segunda edição desta obra, concentramos esforços para concluir sua atualização com as decisões jurisprudenciais e mudanças normativas pertinentes, bem como ampliar o livro com alguns tópicos que entendíamos importantes para o estudo sobre o tema.

A obra mantém a proposta de se apresentar como um manual didático e objetivo, sobre o Regime Diferenciado de Contratações, sem deixar de enfrentar, com a profundidade pertinente, pontos relevantes deste modelo licitatório que tem por vocação inovar, positivando experiências e ferramentas percebidas como aptas a tornar mais eficiente o procedimento licitatório e os contratos administrativos pactuados.

Espero que gostem da leitura.

Brasília, 2 de julho de 2020.

Ronny Charles e Michelle Marry

NOTA DOS AUTORES

O presente livro mostra de forma didática e atualizada o Regime Diferenciado de Contratações Públicas – RDC, abordando praticamente todos os pontos relacionados ao novo regime.

As lições produzidas pelos autores são enriquecidas com a soma das principais opiniões doutrinárias existentes sobre o tema e as jurisprudências que já estão sendo construídas em torno do assunto, esclarecendo ao leitor, com a profundidade necessária, as principais nuances sobre o RDC, demonstrando que ele é um regime em evolução, algo compreensível, face à mudança de paradigmas por ele empreendida.

No primeiro capítulo trata-se sobre os aspectos gerais deste novo e instigante regime, seus objetivos, definições e diretrizes.

Em um segundo momento, cuida-se de demonstrar a natureza jurídica do Regime Diferenciado de Contratações (visto como norma geral ou especial), abordando-o, ainda, como uma nova modalidade licitatória, com todas as questões que merecem ser provocadas e aprofundadas.

Na sequência, o livro descreve os objetos passíveis de adoção do RDC, os quais vêm sofrendo uma ampliação considerável a cada dia, abordando também o chamado caráter sigiloso do orçamento. A obra ainda trata sobre os principais aspectos relacionados ao procedimento licitatório do RDC: seus regimes, entre eles a contratação integrada; matriz de riscos; regras para a estimativa dos custos de obras e serviços de engenharia; a remuneração variável; o contrato de eficiência e as contratações simultâneas. São abordados ainda os atos preparatórios (fase interna); os modos de disputa, aberto, fechado e misto; a inversão de fases; os lances intermediários e a possibilidade de reinício da disputa; os critérios admitidos e a possibilidade de negociação; procedimentos auxiliares, recursos e sanções administrativas, entre outras coisas.

Enfim, o livro reúne o conteúdo necessário para que o leitor absorva o conhecimento crítico, teórico e prático sobre este novo Regime, arrojado e inovador, que representa um marco regulatório nas licitações públicas brasileiras.

Brasília, 17 de março de 2014.

Ronny Charles e Michelle Marry

SUMÁRIO

1. ASPECTOS GERAIS... 19

1.1 Introdução.. 19

1.2 Objetivos... 21

1.3 Definições.. 29

1.4 Diretrizes.. 30

    1.4.1 Padronização do objeto................................. 33

        1.4.1.1 Padronização de objeto e indicação de marca... 34

    1.4.2 Padronização dos editais e minutas contratuais.... 36

        1.4.2.1 Aprovação das minutas pelo órgão jurídico... 37

        1.4.2.2 Da ausência de caráter vinculante à aprovação feita pelo órgão jurídico................. 38

        1.4.2.3 Da inexistência de minutas padronizadas... 41

    1.4.3 Busca de maior vantagem para a administração pública.. 41

    1.4.4 Condições compatíveis com as do setor privado.... 42

        1.4.4.1 O seguro *performance bond*.................... 44

    1.4.5 Utilização de elementos locais na planilha de custos... 45

    1.4.6 Parcelamento do objeto................................. 45

    1.4.7 Ampla publicidade eletrônica......................... 47

1.5 Da natureza jurídica do regime diferenciado de contratações.. 48

    1.5.1 RDC como norma geral e especial..................... 49

    1.5.2 RDC como uma nova modalidade licitatória.......... 53

    1.5.3 RDC como modalidade licitatória flexível.............. 55

    1.5.4 Da competência legislativa para tratar sobre o RDC.. 56

    1.5.5 Da possibilidade de criação da nova modalidade.... 57

2. DOS OBJETOS PASSÍVEIS DE ADOÇÃO DO RDC 61

2.1 RDC e objetos transitórios 64

3. DAS REGRAS APLICÁVEIS ÀS LICITAÇÕES DO RDC 67

3.1 Caráter sigiloso do orçamento 67

    3.1.1 Sigilo do orçamento em outros regimes licitatórios 72

    3.1.2 RDC e o orçamento sigiloso como opção discricionária 75

    3.1.3 Situações que não permitem o orçamento sigiloso ... 77

    3.1.4 Momento da divulgação do orçamento 78

    3.1.5 Ponderações necessárias sobre o orçamento sigiloso 83

3.2 Inovações para aquisição 86

    3.2.1 Indicação de marca 87

    3.2.2 Exigência de amostra 89

    3.2.3 Certificação de qualidade 92

    3.2.4 Carta de solidariedade 95

3.3 Regimes 98

    3.3.1 Empreitada por preço unitário 99

    3.3.2 Empreitada por preço global 102

    3.3.3 Contratação por tarefa 104

    3.3.4 Empreitada integral 105

    3.3.5 Contratação integrada 109

        3.3.5.1 Introdução 109

        3.3.5.2 Definição do regime de contratação integrada 110

        3.3.5.3 Práticas Internacionais 114

        3.3.5.4 Do anteprojeto de engenharia 116

        3.3.5.5 Da justificativa técnica e econômica 122

        3.3.5.6 Da adoção (não obrigatória) do critério técnica e preço 124

        3.3.5.7 Do potencial ganho de celeridade 132

        3.3.5.8 Da estimativa de custos na contratação integrada 134

Sumário

15

	3.3.5.9	Da matriz de riscos	136
	3.3.5.10	Da taxa de risco	139

3.4 Das regras para a estimativa dos custos de obras e serviços de engenharia 140

3.4.1 Disposições gerais 140

3.4.2 Forma de estimar custos no Regime de Contratação Integrada 149

3.4.3 Forma de estimar custos quando da adoção do regime de empreitada por preço unitário ou de contratação por tarefa 151

3.4.4 Forma de estimar custos quando da adoção do regime de empreitada por preço global ou de empreitada integral 152

3.5 Da remuneração variável 152

3.5.1 Definição 152

3.5.2 Requisitos necessários para sua utilização 155

3.5.3 Da necessidade de motivação do ato 157

3.5.4. Respeito ao limite orçamentário e variáveis a ser consideradas para o alcance da remuneração a ser paga ao contratado 158

3.6 Das contratações simultâneas 161

3.6.1 Da necessária justificativa 161

3.6.2 Da perda de economia de escala 162

3.6.3 Da possibilidade de execução contratual simultânea e a conveniência de múltipla execução 163

3.6.4 Dos serviços compatíveis 164

3.6.5 Contratações simultâneas x credenciamento 165

4. DO PROCEDIMENTO LICITATÓRIO **169**

4.1 Das vedações 169

4.2 Da fase interna 173

4.2.1 Atos preparatórios 173

4.2.2 Da comissão de licitacão 178

4.2.3 Do instrumento convocatório 182

4.2.4 Da subcontratação 185

| 4.3 | Da fase externa | 186 |

4.3 Da fase externa.. 186
    4.3.1 Da publicacão... 186
4.4 Apresentação de propostas ou lances..................... 189
4.5 Dos modos de disputa... 191
4.6 Dos lances intermediários e do reinício da disputa 193
4.7 Do julgamento das propostas................................. 195
    4.7.1 Critérios de julgamento.................................. 196
    4.7.2 Menor preço ou maior desconto..................... 197
    4.7.3 Técnica e preço... 199
    4.7.4 Melhor técnica ou conteúdo artístico 202
    4.7.5 Maior oferta de preço.................................... 203
    4.7.6 Maior retorno econômico................................ 203
        4.7.6.1 Da forma de apresentação das propostas pelos licitantes.............................. 204
        4.7.6.2 Do contrato de eficiência............................. 204
        4.7.6.3 Do objetivo a ser buscado na adoção do contrato de eficiência 205
        4.7.6.4 Da remuneração a ser paga ao contratado 206
        4.7.6.5 Formas de indenização por parte da contratada quando não alcançada a economia acordada......................... 209
4.8 Da classificação e desclassificação das propostas................. 209
4.9 Critérios de desempate e preferências 213
4.10 Da negociação 217
    4.10.1 Disposições gerais 217
    4.10.2 Aspectos específicos...................................... 220
    4.10.3 Disposições normativas anteriores 222
    4.10.4 Outros aspectos relacionados ao tema................. 224
4.11 Da habilitação 226
4.12 Da inversão de fases no RDC 228
4.13 Dos recursos... 229
4.14 Do encerramento... 230

5. PROCEDIMENTOS AUXILIARES ÀS LICITAÇÕES NO ÂMBITO DO RDC... 233
5.1 Pré-qualificação permanente................................... 235

Sumário

5.1.1	Espécies	236
	5.1.1.1 Pré-qualificação subjetiva e objetiva	236
	5.1.1.2 Pré-qualificação parcial e total	239
5.1.2	A pré-qualificação permanente do RDC e a pré-qualificação de licitantes da Lei nº 8.666/93	240
5.1.3	Do procedimento	242
5.1.4	Licitação restrita aos pré-qualificados	246
5.1.5	Pré-qualificação e contratação direta	249
5.2 Cadastramento (registro cadastrais)		251
5.3 Sistema de registro de preços		252
5.3.1	Características	253
5.3.2	Objeto	256
5.3.3	Órgão gerenciador, participante e o aderente ("carona")	258
5.3.4	Limites à contratação pelo órgão aderente ("carona")	259
5.3.5	Adesão à ata e procedimento formal	261
5.3.6	Registro de preços e aplicação de sanções	261
5.3.7	Do cancelamento do registro de preços	263
5.4 Catálogo eletrônico de padronização		264

6. DA CONTRATAÇÃO DIRETA 267

7. DAS CONDIÇÕES ESPECÍFICAS PARA A PARTICIPAÇÃO NAS LICITAÇÕES E PARA A CONTRATAÇÃO NO RDC 271

8. DAS REGRAS ESPECÍFICAS APLICÁVEIS AOS CONTRATOS CELEBRADOS NO ÂMBITO DO RDC 275

8.1 Convocação de licitante remanescente		280
8.2 Contratação de remanescente por dispensa		282
8.3 Prazos contratuais		284

9. DOS PEDIDOS DE ESCLARECIMENTO, IMPUGNAÇÕES E RECURSOS 289

10. DAS SANÇÕES ADMINISTRATIVAS 293

BIBLIOGRAFIA 297

1

ASPECTOS GERAIS

1.1 INTRODUÇÃO

Este livro tem como escopo tecer explanações sobre as disposições constantes da Lei nº 12.462, de 04 de agosto de 2011, a qual criou em seu capítulo I o denominado Regime Diferenciado de Contratações Públicas – RDC.

Inicialmente, cabe ressaltar que até a criação dessa Lei houve um longo caminho a ser percorrido (o Poder Executivo fez três tentativas de criação do RDC, antes de obter êxito através da MP nº 527, de 2011, que deu origem ao referido regime).

Nesse sentido, a primeira Medida Provisória a tratar do assunto foi a de nº 489, de 2010. A referida Medida Provisória previa regras de licitações e contratos aplicáveis à Copa do Mundo de 2014 e aos Jogos Olímpicos e Paraolímpicos de 2016, também criando a Autoridade Pública Olímpica (um consórcio público interfederativo de regime especial formado pela União, Estado do Rio de Janeiro e Município do Rio de Janeiro – Lei nº 12.396, 21 de março de 2011 – com competência para coordenar a participação dos três entes federativos no planejamento e entrega das obras necessárias à realização dos jogos Olímpicos e Paraolímpicos).

Contudo, a Medida Provisória supracitada não foi apreciada pelo Congresso Nacional no prazo constitucionalmente previsto no art. 62, § 3º, da Constituição da República, perdendo a eficácia.

Depois dela, seguiu-se a Medida Provisória de nº 503, de 2010, convertida na Lei nº 12.396, de 21 de março de 2011; durante sua tramitação, foi apresentada emenda ao texto original, com o propósito de resgatar as disposições que faziam referência ao RDC, presentes na Medida Provisória de nº 489, de 2010. Todavia, a emenda foi rejeitada e mais uma vez as disposições que tratavam do RDC ficaram sem normatização.

Seguiu-se a tentativa de fazer constar as prescrições do RDC, em algum texto de lei; para tanto, durante a tramitação da Medida Provisória nº 521, de 2010, na Câmara dos Deputados, foi oferecido parecer que concluía pela apresentação do Projeto de Lei de Conversão nº 11, de 2011 (Deputada Jandira Feghali), o qual contemplava não só matéria referente à remuneração e ao regime jurídico aplicável aos médicos-residentes e a prorrogação de gratificações a agentes requisitados pela Advocacia-Geral da União, mas também ao RDC.

No entanto, frente às resistências relacionadas à inclusão do RDC na Medida Provisória acima referida, bem como pela proximidade do fim do prazo de vigência da Medida Provisória nº 521, de 2010, foi aprovada no Plenário da Câmara uma nova versão do PLV, que não contemplava os dispositivos que faziam referência ao RDC.

Apenas na tramitação da Medida Provisória nº 527, de 2011, o Poder Executivo obteve sucesso na aprovação do RDC, a Lei resultante trouxe 47 artigos tratando especificamente sobre o tema, além de outros, como, por exemplo, os que trouxeram as Alterações da Organização da Presidência da República, de Ministérios e a criação da Secretaria de Aviação Civil.

Deixando de lado toda a discussão em torno da criação do referido regime, certo é que ele foi idealizado para atender às licitações e contratos realizados para os Jogos Olímpicos e Paraolímpicos de 2016, a Copa das Confederações da Federação Internacional de Futebol Associação – Fifa 2013 e da Copa do Mundo de 2014 e para obras de infraestrutura e de contratações de serviços para os aeroportos.

Nada obstante, conforme será analisado adiante, ao tratarmos sobre os "objetos passíveis de adoção do RDC", houve uma expansão das pretensões contratuais nas quais o novo regime é admitido, tendência que se verifica ainda hoje.

Com a Publicação da Medida Provisória nº 961/2020, que, no inciso III de seu artigo 1º, admite a aplicação do RDC para licitações e contratações de quaisquer obras, serviços, compras, alienações e locações, amplia-se novamente a possibilidade de sua utilização.

O RDC foi concebido para atender os anseios pelo aperfeiçoamento do atual regime licitatório, agregando ferramentas que permitam maior agilidade e eficiência na formatação do procedimento de seleção e de contratação pública. Nesse intuito, o novo regime utilizou como base para sua produção não apenas a Lei Geral de Licitações e a Lei do Pregão, mas, também, o Regulamento da Petrobrás (Decreto nº 2.745, de 24 de agosto de 1998) e a Lei de Concessões (Lei nº 8.8987, de 13 de fevereiro de 1995), além do projeto que está sendo confeccionado para gerar o estatuto licitatório das estatais.

Em síntese, o RDC é um novo regime licitatório, que agrega diversas características do regime tradicional da Lei nº 8.666/93, do regime do pregão, além de outros regimes específicos e ferramentas identificadas na prática das licitações públicas. Este novo regime, concebido para ser excepcional e transitório, tem apresentado ganhos e vantagens para o Poder Público, observados a partir das primeiras licitações realizadas, do que vêm resultando a paulatina extensão dos objetos passíveis de sua adoção.

1.2 OBJETIVOS

São objetivos da Lei do RDC, de acordo com o disposto no § 1º de seu artigo 1º:

a) ampliação da eficiência nas contratações públicas;

b) incentivar a competitividade entre os licitantes;

c) a busca da melhor relação entre custos e benefícios para o setor público através da troca de experiências e tecnologias;

d) incentivo à inovação tecnológica;

e) garantir o tratamento isonômico entre os licitantes, e;

f) selecionar a proposta mais vantajosa para a administração pública.

O primeiro e segundo objetivos descritos acima (ampliação da eficiência e incentivo à competitividade) são essenciais para o êxito econômico do procedimento licitatório e representam uma aspiração constante em nosso ordenamento, que já podia ser encontrada na Lei Geral das Licitações (artigo 3º e 23, §§ 1º e 7º). Tais objetivos decorrem do princípio da eficiência, o qual impõe que, na gestão, o administrador esteja obrigado a agir com parâmetro na melhor atuação possível, assumindo o compromisso indeclinável de encontrar a solução mais adequada economicamente na gerência da coisa pública[1].

Gilmar Ferreira Mendes, Inocêncio Mártires Coelho e Paulo Gustavo Gonet Branco[2], ao tratarem sobre o princípio da eficiência, destacam:

> *Introduzido no texto da Constituição de 1988 pela Emenda n. 19/98, esse princípio consubstancia a exigência de que os gestores da coisa pública não economizem esforços no desempenho dos seus encargos, de modo a otimizar o emprego dos recursos que a sociedade destina para a satisfação das suas múltiplas necessidades; numa palavra, que pratiquem a 'boa administração', de que falam os publicitas italianos. Nos Estados burocráticos-cartoriais, o princípio da eficiência configura um brado de alerta, uma advertência mesmo, contra os vícios da máquina administrativa, sabidamente tendente a privilegiar-se, na medida em que sobrevaloriza os meios, em que, afinal, ela consiste, sacrificando os fins, em razão e a serviço dos quais vem a ser instituída.*

Como exemplo de "ampliação da eficiência nas contratações públicas", podemos citar o contrato de eficiência ou mesmo o catálogo de padronização, os quais serão tratados em capítulo próprio, mais adiante. Importante ter-se em mente que essa eficiência almejada pelo legislador deve estar presente quando da opção do regime a ser utilizado (o da Lei Geral de Licitações ou o RDC). A satisfação

---

1. FREITAS, Juarez. O Controle dos Atos Administrativos e os Princípios Fundamentais, São Paulo: Malheiros, 1997, p. 85-86.

2. MENDES, Gilmar Ferreira; COELHO, Inocêncio Mártires; e BRANCO, Paulo Gustavo Gonet. *Curso de Direito Constitucional*. 4. ed., rev. e atual., São Paulo: Saraiva, 2009.

do interesse público deve ser levada em consideração para que o princípio da eficiência venha a ser atendido completamente.

Em relação ao "incentivo à competitividade entre os licitantes", disposto pela Lei, são ilustrativas as palavras de Jessé Torres Pereira Junior e Marinês Restelatto Dotti[3]:

> "*Cabe o parcelamento tanto na contratação de compras, quanto na de serviços e obras. Além de ampliar a competitividade, permite o aproveitamento das potencialidades do mercado, desde que a medida seja técnica e economicamente viável, não represente prejuízo para o conjunto ou complexo do objeto e nem perda da economia de escala. Pode configurar-se por meio da realização de licitações distintas; da adjudicação por itens ou lotes/grupos; da permissão de subcontratação de parte do objeto; da permissão para a formação de consórcios; da cotação mínima de bens, ou seja, da oferta, pelo licitante, de quantidade inferior à demandada no instrumento convocatório; da contratação de mais de uma empresa ou instituição para executar o mesmo serviço, prevista no art. 11 da Lei nº 12.462/11; ou, ainda, por meio da reserva de cota a entidades de menor porte, prevista no art. 48, III, da Lei Complementar nº 123/06.*"

De fato, o parcelamento do objeto pode fomentar a competitividade, fazendo com que seja ampliado o número de propostas apresentadas e consequentemente o de participantes. Por tal motivo, a lei deu especial relevância a esse importante princípio, implicitamente previsto na Lei Geral de Licitações. Ademais, o princípio da eficiência está intimamente ligado à ampliação da competitividade, pois realizando este último, certamente será atendido o primeiro.

Para Andrade e Veloso[4], pelo § 1º do art. 1º da Lei do RDC, a busca pela eficiência está relacionada à necessidade de ser concebido

---

3. PEREIRA JUNIOR, Jessé Torres; DOTTI, Marinês Restelatto. Delimitação do uso do RDC e sua relação com o regime ordinário da Lei Geral de Licitações. *Fórum de Contratação e Gestão Pública–FCGP*, Belo Horizonte, ano 11, n. 127, p. 25-35, jul. 2012.

4. ANDRADE, Ricardo Barreto. VELOSO, Vitor Lanza. **Uma visão geral sobre o regime diferenciado de contratações públicas: objeto, objetivo,**

um regime licitatório mais célere, que atendesse aos grandes eventos esportivos a serem sediados no Brasil:

> "*[...] Nesse sentido, pode-se afirmar que um dos seus relevantes objetivos é conferir maior celeridade às licitações e contratações e, assim, contribuir para o cumprimento dos prazos pactuados junto às entidades internacionais responsáveis pela organização desses eventos.*"

Em certa medida, assiste razão aos autores; todavia, cabe acrescentar que, mais do que cumprir prazos, a criação de um novo regime deve-se ao fato de que a administração passou pela experiência de utilização da Lei Geral de Licitações para os Jogos Pan-americanos de 2007, com acúmulo de experiências negativas. Tais experiências ressaltaram as fragilidades do regime licitatório tradicional, as quais poderiam prejudicar a realização dos megaeventos esportivos (Copa do Mundo 2014 e Olimpíadas 2016). Ademais, é consenso entre os especialistas que a Lei nº 8.666/93 já não atende às demandas administrativas contemporâneas, com a eficiência que se exige na atuação pública.

Vale frisar o comentário feito pelos autores supracitados[5]:

> "*A busca pela eficiência, veiculada na Lei do RDC tanto como objetivo quanto como princípio, parece indicar, no âmbito das licitações e contratos por si disciplinados, a persecução de interesses coletivos qualificados pela utilização ótima do tempo, dos procedimentos e dos recursos disponíveis.*"

---

definições, princípio e diretrizes. In O Regime Diferenciado de Contratações Públicas (RDC): Comentários à Lei nº 12.462 e ao Decreto nº 7.581- Coordenadores: Marçal Justen Filho; Cesar A. Guimarães Pereira. Belo Horizonte: Fórum, 2012. p. 31.

5. ANDRADE, Ricardo Barreto. VELOSO, Vitor Lanza. **Uma visão geral sobre o regime diferenciado de contratações públicas: objeto, objetivo, definições, princípio e diretrizes**. In O Regime Diferenciado de Contratações Públicas (RDC): Comentários à Lei nº 12.462 e ao Decreto nº 7.581- Coordenadores: Marçal Justen Filho; Cesar A. Guimarães Pereira. Belo Horizonte: Fórum, 2012. p. 32.

Esse é exatamente o espírito que se quis emprestar a Lei, com expressa remissão em seus objetivos e nas diretrizes a serem empregadas.

No terceiro objetivo observa-se uma inovação legal, que expressamente busca a troca de experiências e de tecnologias com o setor privado como instrumento para alcançar o melhor custo benefício para as contratações da Administração. Um exemplo deste objetivo pode ser apontado com a criação do regime de contratação integrada, ao qual teceremos alguns comentários mais adiante.

Além deste exemplo, cumpre lembrar interessante sugestão trazida por Jacoby Fernandes e Reolon:[6]

> "*Como não foi previsto o procedimento da 'troca de experiências e tecnologias', sua aplicação depende de uma coordenação deste objetivo com os princípios gerais do Direito e específicos da licitação.*

> *Sugere-se:*

> *a) usando por analogia a regra do art. 24, inc. XXI, da Lei nº 8.666/1993, introduzido pela Lei nº 12.349/2010, fazer convocação pública descrevendo sucintamente o problema que está a exigir a troca de experiências, estabelecendo prazo para a oferta de soluções; ou,*
> *b) usando por analogia a regra do parágrafo único do art. 39, da Lei nº 8.666/1993, promover audiência pública visando formalizar a troca de experiências com o mercado, garantindo a publicidade e a isonomia. Vários órgãos já convocam prévia reunião antes das licitações, mesmo sem ser de grande porte.*"

Desse modo, seja a opção feita pelo processo seletivo ou pela contratação direta o que se deve ter em mente é se o custo-benefício que essa troca de experiências e tecnologias trará para a administração pública será vantajoso.

---

6.   JACOBY FERNANDES, Jorge Ulisses; REOLON, Jaques Fernando. Regime Diferenciado de Contratações Públicas (RDC). *Fórum de Contratação e Gestão Pública – FCGP*, Belo Horizonte, ano 10, n. 117, p. 20-43, set. 2011.

O quarto objetivo demonstra a importância que é dada pela Lei à inovação tecnológica, reflexo de diretrizes presentes na Constituição Federal, notadamente em seus artigos 218 e 219.

Dois exemplos, relacionados a esse tópico específico, foram trazidos por Jacoby Fernandes e Reolon:[7]

> *"Como exemplo, os aparelhos de raios X e escâner utilizados nos aeroportos. A partir do conhecimento das várias tecnologias existentes, oriundas de diversos países, pode a Administração escolher duas ou três que representem avanços em sua aplicação. Observe-se que se trata de tecnologia de ponta, sobre a qual os países que mais combatem o terrorismo exigem com extremo rigor dos fabricantes.*
>
> *Outro exemplo: rastreamento de veículos e embarcações — há somente uma empresa nacional com tecnologia desenvolvida para essa atividade que oferece diferenciais qualitativos em relação às empresas estrangeiras. Na medida em que esses diferenciais sejam necessários à gestão, a descrição do objeto pode restringir a competição."*

Para fomentar a inovação tecnológica nas licitações foi que o RDC, no § 1º de seu artigo 20, trouxe previsão expressa no seguinte sentido:

> *"Art. 20. No julgamento pela melhor combinação de técnica e preço, deverá ser avaliadas e ponderadas as propostas técnicas e de preço apresentadas pelos licitantes, mediante a utilização de parâmetros objetivos obrigatoriamente inseridos no instrumento convocatório.*
>
> *§ 1º O critério de julgamento a que se refere o caput deste artigo será utilizado quando a avaliação e a ponderação da qualidade técnica das propostas que superarem os requisitos mínimos estabelecidos no instrumento convocatório forem relevantes aos fins pretendidos pela administração pública, e destinar-se-á exclusivamente a objetos:*

---

7. JACOBY FERNANDES, Jorge Ulisses; REOLON, Jaques Fernando. Regime Diferenciado de Contratações Públicas (RDC). *Fórum de Contratação e Gestão Pública – FCGP*, Belo Horizonte, ano 10, n. 117, p. 20-43, set. 2011.

I – de natureza predominantemente intelectual e de inovação tecnológica ou técnica; ou

II – que possam ser executados com diferentes metodologias ou tecnologias de domínio restrito no mercado, pontuando-se as vantagens e qualidades que eventualmente forem oferecidas para cada produto ou solução."

O quinto objetivo ("garantir o tratamento isonômico entre os licitantes") deixa claro que a Lei do RDC primará também pela observância ao princípio da isonomia, outrora já previsto no artigo 3º da Lei nº 8.666/1993 e com fundamento no artigo 37 da Constituição Federal. Impõe-se também a diretriz, cristalizada na Declaração de Direitos do Homem e do Cidadão, de que o Estado (força pública) é instituído para fruição de todos e não para utilidade particular daqueles a quem é confiada sua gestão.[8]

A própria lei deve ser editada em conformidade com a isonomia, não se constituindo em fonte de privilégios ou perseguições, mas sim cumprindo o papel de instrumento regulador da vida social, com equidade. "Este é o conteúdo político-ideológico absorvido pelo princípio da isonomia e juridicizado pelos textos constitucionais em geral, ou de todo modo assimilado pelos sistemas normativos vigentes".[9]

A isonomia deve ser respeitada, tanto pelos órgãos executores da norma quanto pelo próprio legislador. Ela não exige um tratamento igualitário absoluto e formal a todos, mas um tratamento desigual, diante de situações desiguais, na medida dessas diferenças. O Supremo Tribunal Federal já proclamou que a lei pode, sem violação do princípio da igualdade, distinguir situações, a fim de conferir, a uma, tratamento diverso do que atribui a outra. Para que possa fazê-lo,

---

8. Assim prescreve o artigo 12 da Declaração de Direitos do Homem e do Cidadão, de 1789:

    Art. 12º. A garantia dos direitos do homem e do cidadão necessita de uma força pública. Esta força é, pois, instituída para fruição por todos, e não para utilidade particular daqueles a quem é confiada. Disponível em: http://portal.mec.gov.br/escoladegestores/site/8-biblioteca/pdf/direitos_homem_cidadao.pdf.

9. MELLO, Celso Antonio Bandeira de. Conteúdo jurídico do princípio da igualdade. 3ª edição. São Paulo: Malheiros, 2008. p. 09/10.

contudo, sem que tal violação se manifeste, é necessário que a discriminação guarde compatibilidade com o conteúdo do princípio.[10]

A isonomia impõe à Administração assegurar, durante todo o procedimento licitatório, que sejam asseguradas as mesmas condições aos licitantes participantes. Contudo, esse princípio pode sofrer mitigação quando se passa a considerar a existência de situações que geram desigualdades legalmente autorizadas.

Sobre o assunto, Jessé Torres Pereira Junior e Marinês Restelatto Dotti consignaram que[11]:

> *"Existem situações, no entanto, em que o discrímen é legítimo, ou seja, há hipóteses em que a lei autoriza a distinção de pessoas e situações para o fim de lhes dar tratamento jurídico diferenciado, para que o interesse público resulte superiormente atendido. Essas distinções, no entanto, devem decorrer da lei e não da vontade do agente público, cumprido o vetusto brocardo de que a isonomia consiste em tratar igualmente os iguais e desigualmente os desiguais na medida em que se desigualam, o que se aplica à perfeição nos procedimentos seletivos, onde todos começam em situação de igualdade, para, ao final, resultar vencedor aquele que demonstrou ser portador da melhor proposta (licitação) ou da melhor qualificação (concursos para o provimento de cargos e empregos públicos).[12]*

Identifica-se que é possível distinguir situações, entretanto, elas devem ser compatíveis com o nosso ordenamento, que resguarda a

---

10. STF – ADI N. 3.070-RN – RELATOR: MIN. EROS GRAU – Noticiado no Informativo 490.

11. PEREIRA JUNIOR, Jessé Torres; DOTTI, Marinês Restelatto. Delimitação do uso do RDC e sua relação com o regime ordinário da Lei Geral de Licitações. *Fórum de Contratação e Gestão Pública–FCGP*, Belo Horizonte, ano 11, n. 127, p. 25-35, jul. 2012.

12. Os autores trazem como exemplos de regimes discriminantes legais, na seara das contratações públicas:

    a) o tratamento privilegiado e diferenciado outorgado às pequenas e micro empresas pela Lei Complementar nº 123/06;

    b) a preferência nas aquisições de bens e serviços de informática e automação, instituída pela Lei nº 8.248/91; e

    c) a preferência por bens e serviços produzidos ou prestados por empresas que invistam em pesquisa e no desenvolvimento de tecnologia no País, introduzida pela Lei nº 11.196/05."

Cap. 1 • ASPECTOS GERAIS

isonomia. Embora se permita o tratamento desigual aos desiguais, este deve ocorrer na medida das desigualdades postas. Tratamentos que ultrapassem esse limite descambarão para discriminações indevidas, materializadas em privilégios ou perseguições incabíveis no Estado Democrático de Direito.

Por fim, o último objetivo ("selecionar a proposta mais vantajosa para a administração pública") demonstra que a Lei do RDC também fará com que a procura pela proposta mais vantajosa seja perseguida pelas contratações por ela processadas.

Essa vantagem, exigida na seleção licitatória, tem relação com o princípio da eficiência. O gestor público deve sempre buscar a melhor e mais adequada solução para os problemas administrativos, tendo como parâmetro o interesse público e a legalidade. Esse bom trato da *res pública,* atendendo à eficiência e à economicidade, tem relação direta com a concepção de Estado Democrático de Direito, no qual as regras e a atuação administrativa buscam dar garantias à coletividade, mas também protegem o indivíduo, inclusive de uma atuação exageradamente onerosa ou ineficiente do Estado que ele sustenta, através dos tributos[13].

1.3 DEFINIÇÕES

Algumas definições consideradas na utilização do RDC estão dispostas no artigo 2º da referida Lei, dentre elas:

- **empreitada integral:** quando se contrata um empreendimento em sua integralidade, compreendendo a totalidade das etapas de obras, serviços e instalações necessárias, sob inteira responsabilidade da contratada até a sua entrega ao contratante em condições de entrada em operação, atendidos os requisitos técnicos e legais para sua utilização em condições de segurança estrutural e operacional e com as características adequadas às finalidades para a qual foi contratada;

---

13. TORRES, Ronny Charles Lopes de. Leis de licitações públicas comentadas, 5ª edição. Salvador: Juspodivm, 2013. P. 34.

- **empreitada por preço global:** quando se contrata a execução da obra ou do serviço por preço certo e total;
- **empreitada por preço unitário:** quando se contrata a execução da obra ou do serviço por preço certo de unidades determinadas;
- **projeto básico:** conjunto de elementos necessários e suficientes, com nível de precisão adequado, para:
  a) caracterizar a obra ou serviço de engenharia, ou complexo de obras ou serviços objeto da licitação, com base nas indicações dos estudos técnicos preliminares;
  b) assegurar a viabilidade técnica e o adequado tratamento do impacto ambiental do empreendimento; e
  c) possibilitar a avaliação do custo da obra ou serviço e a definição dos métodos e do prazo de execução;
- **projeto executivo:** conjunto dos elementos necessários e suficientes à execução completa da obra, de acordo com as normas técnicas pertinentes; e
- **tarefa:** quando se ajusta mão de obra para pequenos trabalhos por preço certo, com ou sem fornecimento de materiais.

As definições trazidas pela Lei se assemelham aos elementos homônimos estabelecidos pela Lei nº 8.666/1993, em seu artigo 6º.

1.4 DIRETRIZES

O artigo 4º da Lei do RDC traça as diretrizes que devem ser observadas pelos que decidirem aplicar o citado regime. Mencionadas diretrizes se apresentam como linhas que traçam o propósito do Poder Público na utilização do novo regime, sugerindo instruções para a condução dos respectivos procedimentos.

Marçal lembra que essas diretrizes não se apresentam como regra ou modelo único de conduta, mas como um padrão a ser observado. Vale transcrever as lições do ilustre autor:[14]

---

14. JUSTEN FILHO, Marçal. Comentários ao RDC. São Paulo: Dialética, 2013. p. 73.

"É relevante assinalar que a lei não disciplinou a matéria por meio de uma regra. Não houve a imposição de um modelo único e exaustivo de conduta a ser observado pela Administração. A expressão "diretriz" indica um padrão a ser observado, mas sem que isso signifique a impossibilidade de uma solução distinta."

(...)

"Lembre-se que a eficácia normativa de uma diretriz é variável em vista da solução consagrada. Pode haver diretriz com eficácia vinculante. Em outros casos, a diretriz pode conduzir a uma flexibilidade mais significativa."

Realmente, as Diretrizes devem ser compreendidas não como regras cogentes, mas como orientações do legislador para o aplicador das regras do novo regime. A diretriz estabelece uma orientação, traça uma linha a seguir, um propósito a ser perseguido pelo Poder Público. É dessa forma que devem ser percebidas as diretrizes do artigo 4º, as quais indicam propósitos do legislador para a utilização do novo regime e sugerem instruções para a condução dos respectivos procedimentos.

Assim, por exemplo, embora o "parcelamento do objeto, visando à ampla participação dos licitantes", seja uma diretriz, no caso concreto é possível que o gestor opte pela aglutinação, baseado em outras vantagens econômicas, como economia de escala, redução do custo de logística, redução de custos e riscos na gestão contatual ou mesmo a própria ampliação da competitividade.

Enfim, as diretrizes devem ser compreendidas como orientações do legislador para a utilização deste novo regime licitatório, na medida do possível e de acordo com as condições identificadas na prática. Como bem sintetizam Cláudio Sarian e Rafael Jardim, as diretrizes podem ser classificadas como a bússola para o atendimento dos objetivos da Lei[15].

---

15. ALTOUNIAN, Cláudio Sarian; CAVALCANTE, Rafael Jardim. RDC e contratação integrada na prática: 250 questões fundamentais. 2. ed. rev. ampl. Belo Horizonte: Fórum, 2014. P. 47.

Vejamos as diretrizes apontadas pela Lei federal nº 12. 462/2011:

> "*Art. 4º Nas licitações e contratos de que trata esta Lei serão observadas as seguintes diretrizes:*
>
> *I – padronização do objeto da contratação relativamente às especificações técnicas e de desempenho e, quando for o caso, às condições de manutenção, assistência técnica e de garantia oferecidas;*
>
> *II – padronização de instrumentos convocatórios e minutas de contratos, previamente aprovados pelo órgão jurídico competente;*
>
> *III – busca da maior vantagem para a administração pública, considerando custos e benefícios, diretos e indiretos, de natureza econômica, social ou ambiental, inclusive os relativos à manutenção, ao desfazimento de bens e resíduos, ao índice de depreciação econômica e a outros fatores de igual relevância;*
>
> *IV – condições de aquisição, de seguros, de garantias e de pagamento compatíveis com as condições do setor privado, inclusive mediante pagamento de remuneração variável conforme desempenho, na forma do art. 10;*
>
> *V – utilização, sempre que possível, nas planilhas de custos constantes das propostas oferecidas pelos licitantes, de mão de obra, materiais, tecnologias e matérias-primas existentes no local da execução, conservação e operação do bem, serviço ou obra, desde que não se produzam prejuízos à eficiência na execução do respectivo objeto e que seja respeitado o limite do orçamento estimado para a contratação; e*
>
> *VI – parcelamento do objeto, visando à ampla participação de licitantes, sem perda de economia de escala.*
>
> *VII – ampla publicidade, em sítio eletrônico, de todas as fases e procedimentos do processo de licitação, assim como dos contratos, respeitado o art. 6º desta Lei.[16]"*

Já o parágrafo segundo desse mesmo artigo traz a obrigação de compensação, caso ocorra algum dano a bens do patrimônio cultural, histórico, arqueológico e imaterial tombados, no seguinte sentido:

---

16. Lei Nº 13.173, de 2015.

"*§ 2º O impacto negativo sobre os bens do patrimônio cultural, histórico, arqueológico e imaterial tombados deverá ser compensado por meio de medidas determinadas pela autoridade responsável, na forma da legislação aplicável.*"

A diretriz supramencionada deixa claro que há um mandamento impositivo por parte da Administração, no sentido de que o contratado deverá realizar a compensação devida caso venha a causar algum dano ao patrimônio cultural, histórico, arqueológico e imaterial tombados. Compartilhamos com a opinião externada por Jessé Torres Pereira Junior e Marinês Restelatto Dotti, segundo a qual as diretrizes do art. 4º do RDC se apresentam providas de força vinculante, de forma que seu eventual descumprimento pode gerar até a invalidação da licitação ou do contrato.[17]

1.4.1 Padronização do objeto

A diretriz indicada pelo inciso I impõe a padronização do objeto da contratação, principalmente, quando estiver relacionado às especificações técnicas e de desempenho.

Para que seja respeitada esta diretriz, a administração deverá homogeneizar as características técnicas de cada objeto licitado e o desempenho na sua execução, além, quando for o caso, das condições de manutenção, de assistência técnica e de garantia oferecidas.

Pode-se dizer, acompanhando Jessé Torres Pereira Junior e Marinês Restelatto Dotti, que a padronização tem como finalidade:

"*a) facilidade na manutenção, substituição e operação de bens, sistemas e estruturas;*

b) aproveitamento de servidores já treinados para o manuseio de equipamentos ou serviços;

c) adequação dos trabalhos administrativos a produto, projeto ou tecnologia já integrante do patrimônio público, com especificações técnicas definidas; e

---

17. PEREIRA JUNIOR, Jessé Torres; DOTTI, Marinês Restelatto. **Diretrizes operacionais vinculantes do Regime Diferenciado de Contratações Públicas**. *Fórum de Contratação e Gestão Pública – FCGP*, Belo Horizonte, ano 11, n. 132, p. 4463, dez. 2012.

d) adaptação dos usuários às características operacionais, à compatibilidade de especificações técnicas e de desempenho já existentes."

Pretende-se que a padronização alcance bens, serviços e obras, como pode ser constatado nas disposições expressas pelos artigos 29, IV e 33, *caput,* da Lei nº 12.462/2011.

Com a padronização do objeto serão otimizados os custos e superadas as dificuldades burocráticas para a precisa definição da pretensão contratual. Ademais, imagina-se que a padronização legítima incentivará a redução dos custos pelo aumento da competitividade, uma vez que o mercado terá conhecimento sobre os objetos que serão pretendidos nas eventuais licitações, reduzindo seus preços pela potencial economia de escala.

Sobre a padronização, ensina Jessé Torres Pereira Júnior[18]:

> *"A padronização de materiais deve ser alvo permanente da Administração. Desde que não signifique direcionamento que contorne os princípios da igualdade e competitividade, a padronização: a) favorece rigor na caracterização do objeto por adquirir; b) atende superiormente, aos interesses do serviço porque enseja maior antecipação na compra, maior eficiência de manutenção e pertinência no controle de estoque e de qualidade; c) assegura aquisição de acordo, o mais possível, com as condições de mercado."*

A finalidade da Lei, ao admitir e fomentar a padronização do objeto, assim como das minutas de editais e contratos, foi homenagear os princípios da eficiência e da segurança jurídica.

1.4.1.1 Padronização de objeto e indicação de marca

A padronização não impõe necessariamente a escolha de uma única marca para atendimento da pretensão contratual, já que ela

---

18. PEREIRA JÚNIOR, Jessé Torres. Comentários à Lei de Licitações e Contratações da Administração Públicas. 6ª Edição. Rio de Janeiro: Renovar, 2003. p.175.

Cap. 1 • ASPECTOS GERAIS

(a padronização) estará relacionada, principalmente, às especificações técnicas e de desempenho.

Nada obstante, é possível que a padronização implique legitimamente na escolha de uma marca específica, o que é admitido, excepcionalmente. Registramos decisão do Tribunal de Contas da União, admitindo padronização da marca:

> "*9.3.2. no caso de eleição de produto de determinada marca ou determinado fabricante, para fins de padronização, faça constar do respectivo procedimento justificativa respaldada em comprovação inequívoca de ordem técnica, apresentando estudos, laudos, perícias e pareceres que demonstrem as vantagens econômicas e o interesse da Administração, considerando as condições de operação, manutenção, assistência técnica e garantias oferecidas, devendo apresentar comprovação inequívoca de ordem técnica de que produto de marca similar não tem qualidade equivalente e que somente a marca escolhida atende às necessidades específicas da administração, considerando, sempre, que esse procedimento constitui exceção ao princípio constitucional da isonomia, bem como à regra que veda a restrição do caráter competitivo da licitação, prevista no art. 3º, § 1º, inciso I, da Lei n. 8.666/1993, e de acordo com a jurisprudência deste Tribunal (Decisão nº 1.518/2002 Plenário e Acórdão nº 1.482/2003 1ª Câmara, entre outras deliberações).*"[19]

Este mesmo raciocínio é identificado na Súmula nº 270 do TCU, a qual trata sobre a padronização de marcas para aquisição de software:

> *Súmula 270/TCU "Em licitações referentes a compras, inclusive de softwares, é possível a indicação de marca, desde que seja estritamente necessária para atender exigências de padronização e que haja prévia justificação".*

De qualquer forma, nas situações em que a padronização impuser a indicação de marca específica, deverá haver justificativa

---

19. TCU. Acórdão nº 2664/2007-Plenário, Relator Ministro Marcos Bemquerer.

que tenha como base comprovação inequívoca de ordem técnica, a qual deve estar fulcrada em estudos, laudos, perícias e pareceres que demonstrem a vantagem econômica e o interesse da contratante na referida padronização.

1.4.2 Padronização dos editais e minutas contratuais

Outra diretriz, presente no inciso II do artigo 4º da Lei do RDC, está relacionada à padronização de editais e minutas contratuais.

Para a padronização de minutas de instrumentos convocatórios e contratos deverá ser criado sistema eletrônico específico, dentro do qual esteja disponível os instrumentos convocatórios e as minutas de contratos padronizadas, as quais deverão estar previamente aprovadas pelo órgão jurídico competente, o que não retira a necessidade de ratificação pelo órgão jurídico ligado ao ente que estará fazendo uso das minutas padronizadas, no procedimento licitatório por ele iniciado.

O Tribunal de Contas da União entende como possível a padronização de editais e contratos, como pode ser percebido em seu Manual de Licitações & Contratos[20]:

> *"É permitida a utilização de modelos padronizados de editais e de contratos previamente submetidos à análise da área jurídica do órgão ou entidade contratante. Nesses modelos, o gestor limita-se a preencher dados específicos da contratação, sem alterar quaisquer condições ou cláusulas anteriormente examinadas."*

A padronização das minutas de editais e contratos permite a otimização dos custos econômicos e burocráticos na fase interna da licitação, além de permitir que bons modelos, que proporcionaram certames exitosos e boas contratações, sejam reaproveitados por diversos órgãos ou entes licitantes.

---

20. BRASIL. Tribunal de Contas da União. Licitações e contratos: orientações básicas. 4ª ed. Brasília: TCU, Secretaria de controle Interno, 2010. p. 270.

Neste raciocínio, a rotina de padronização dos editais e de contratos, com sua disponibilização em sistema eletrônico, para utilização pelos diversos órgãos e entes públicos, apresenta-se como um reflexo da aplicação do princípio da eficiência às licitações públicas. Deve-se buscar o alcance deste princípio, nas licitações com ações e técnicas adequadas de gerenciamento, qualificação dos agentes públicos, busca pelo alcance dos resultados, operacionalização inteligente da máquina e administração racional dos seus recursos[21].

1.4.2.1 Aprovação das minutas pelo órgão jurídico

A diretriz firma-se no sentido de que as minutas padronizadas devem ser previamente aprovadas pelo órgão jurídico competente. Tal exame prévio das minutas, pelo órgão de assessoramento jurídico, é de fundamental importância, permitindo um controle preventivo da legalidade e evitando relações contratuais ilegais, equivocadas ou prejudiciais ao interesse público.

Importante registrar que, pela Lei do RDC[22], a submissão à assessoria jurídica é obrigatória, apenas em relação às minutas padronizadas. Não há, na Lei nº 12.462/2011, dispositivo semelhante ao previsto no parágrafo único do artigo 38 da Lei nº 8.666/93, que estabeleça a necessidade de prévia aprovação de todas as minutas de editais e contratos[23]. Percebido isto, importa registrar que, de acordo com a própria Lei nº 12.462/2011, a opção pelo RDC resultará no afastamento das normas contidas na Lei nº 8.666/93, exceto nos casos expressamente previstos nesta Lei[24].

---

21. OLIVEIRA, Ana Roberta Santos de. TORRES, Ronny Charles Lopes de. **Projeto Edital Eficiente: uma experiência para otimizar a análise jurídica de minutas nas licitações.** Boletim Governet de Licitações e Contratos. Nº 70. Fev. 2011. p. 112-120.

22. Artigo 4º, inciso II.

23. Art. 38. (...)

Parágrafo único. As minutas de editais de licitação, bem como as dos contratos, acordos, convênios ou ajustes devem ser previamente examinadas e aprovadas por assessoria jurídica da Administração.

24. Art. 1º É instituído o Regime Diferenciado de Contratações Públicas (RDC), aplicável exclusivamente às licitações e contratos necessários à realização:

1.4.2.2 Da ausência de caráter vinculante à aprovação feita pelo órgão jurídico

A aprovação das minutas padronizadas pelo órgão de assessoramento jurídico, embora obrigatória, não é vinculante, podendo o gestor optar por estipular, nas minutas, redação divergente daquela sugerida pelo órgão jurídico.

O Tribunal de Contas da União já firmou entendimento no sentido de que não há vinculação do gestor ao parecer, desde que apresentada a devida fundamentação:

> "*Também não aproveita ao recorrente o fato de haver parecer jurídico e técnico favorável à contratação. Tais pareceres não são vinculantes do gestor, o que não significa ausência de responsabilidade daqueles que os firmam. Tem o administrador obrigação de examinar a correção dos pareceres, até mesmo para corrigir eventuais disfunções na administração. Este dever exsurge com maior intensidade nas situações em que se está a excepcionar princípio (impessoalidade) e regra (licitação) constitucional. Deve agir com a máxima cautela possível ao examinar peças técnicas que concluam pela inviabilidade ou pela inconveniência da licitação*".[25]

No mesmo sentido:

> "*1.5. determinar à Defensoria Pública da União – DPU que:*
>
> *1.5.15. em caso de não atendimento às recomendações da Consultoria Jurídica do Órgão, emitidas em parecer que trata o parágrafo único do art. 38 da Lei 8.666/93, insira nos processos de contratação documento contendo as justificativas para o descumprimento dessas recomendações*".[26]

(...)

§ 2º A opção pelo RDC deverá constar de forma expressa do instrumento convocatório e resultará no afastamento das normas contidas na Lei nº 8.666, de 21 de junho de 1993, exceto nos casos expressamente previstos nesta Lei.

25. TCU. Acórdão nº 939/2010-Plenário. Relator Ministro Benjamin Zymler.

26. TCU. Acórdão nº 128/2009, da 2ª Câmara.

Cap. 1 • ASPECTOS GERAIS

Fosse vinculante o parecer jurídico que analisa as minutas de editais e contratos, não seria possível ao órgão consulente divergir das recomendações nele firmadas, conforme sedimentou o STF, em Acórdão relatado pelo ilustre Ministro Joaquim Barbosa:

> *"quando a lei estabelece a obrigação de decidir à luz de parecer vinculante, essa manifestação de teor jurídica deixa de ser meramente opinativa e o administrador não poderá decidir senão nos termos da conclusão do parecer ou, então, não decidir"*[27].

Com muita razão, Carlos Pinto Coelho Motta suscitou a incongruência de tentar dar a característica de "vinculante" a um parecer, pelo raciocínio lógico de que parecer vinculante não é parecer, é decisão[28]. Segundo o memorável autor, o parecer jurídico não se constitui como ato administrativo, representando apenas uma manifestação opinativa, que pode ser agregada como elemento de fundamentação do ulterior ato administrativo, nos termos permitidos pelo § 1º do artigo 50 da Lei nº 9.784/99[29].

Compete à Advocacia de Estado o dever constitucional de aperfeiçoamento da ordem jurídica, aconselhando, persuadindo ou induzindo os agentes políticos a adotarem as providências que conduzam à afirmação do primado dos valores jurídicos e democráticos[30]. Essa atribuição exige autonomia, tanto em relação à autoridade consulente, como a terceiros, sejam órgãos públicos ou privados. A quebra dessa autonomia compromete o próprio exercício da advocacia[31].

---

27. STF. MS 24.631-6.

28. MOTTA, Carlos Pinto Coelho. Eficácia nas licitações e contratos: estruturas da contratação, concessões e permissões, responsabilidade fiscal, pregão – parcerias público/privadas. 10ª ed. Belo Horizonte: Del Rey, 2005. p.330.

29. Idem. Ibidem.

30. MOREIRA NETO, A Advocacia de Estado revisitada: essencialidade ao Estado Democrático de Direito. *Debates em Direito Público*. Ano IV, nº 4. Outubro de 2005. p. 36-65.

31. TORRES, Ronny Charles Lopes de. "**A responsabilidade do Advogado de Estado em sua função consultiva**". In: Advocacia de Estado: questões institucionais para a construção de um Estado de Justiça. Estudos em homenagem

Nada obstante, inegável que a padronização de minutas de editais e de contratos gera enormes benefícios no âmbito das licitações públicas e deve ser fomentada, inclusive pelos órgãos de assessoramento jurídico.

Como ilustração, cabe mencionar o bom trabalho realizado no âmbito da Advocacia-Geral da União, com projetos que buscam padronizar minutas de editais e contratos. Além do trabalho de excelência na confecção de minutas padronizadas, desenvolvido pelos órgãos da Consultoria-Geral da União, podemos citar ainda propostas de parcerias entre órgão licitante e órgão assessorado, que otimizam a análise e aprovação dessas minutas, como: o Projeto Edital Eficiente, da Consultoria Jurídica da União no Estado de Pernambuco[32]; o Projeto Minuta Legal, da Consultoria Jurídica da União no Estado de São Paulo[33]; e o Projeto Minuta Digital da Consultoria Jurídica da União no Estado de Minas Gerais[34].

Em linhas gerais, todos esses Projetos objetivam aperfeiçoar e otimizar as fases internas nos processos de licitação, tendo como fundamento o princípio da eficiência e o artigo 7º da Lei nº 9.784/99 (Lei do Processo Administrativo), o qual estabelece:

> "Os órgãos e entidades administrativas deverão elaborar modelos ou formulários padronizados para assuntos que importem pretensões equivalentes."

Não há dúvida de que a padronização objetiva um novo grau de qualidade na confecção das minutas de editais e de contratos, o que materializa um alcance de eficiência na atuação administrativa contratual.

Ademais, a padronização também faz com que, necessariamente, sejam estabelecidos no âmbito da administração pública

---

a Diogo de Figueiredo Moreira Neto e José Antonio Dias Toffoli. (Coord) Jefferson Carús Guedes; Luciane Moessa de Souza. Belo Horizonte: Fórum, 2009. (ISBN 978-85-7700-236-8).

32. Vide informações em: www.agu.gov.br/cjupe.

33. Vide informações em: www.agu.gov.br/cjusp.

34. Vide informações em: www.agu.gov.br/cjumg.

parâmetros mínimos aplicáveis às licitações, objetivo que tende a tornar mais econômicas as contratações públicas.

1.4.2.3 Da inexistência de minutas padronizadas

Como já dito, a diretriz representa uma orientação e não uma regra cogente para submissão obrigatória e imediata.

Assim, embora tenha orientado a padronização das minutas, sua ausência não prejudica a utilização do RDC. Assim, embora o "caminho a ser seguido" tenha sido indicado pelo legislador, por questões várias, ainda há órgãos que adotam o RDC, sem a aprovação de instrumentos convocatórios padronizados para aquela modalidade. Neste sentido, ao tratar sobre o tema, a Advocacia-Geral da União, através da Procuradoria Federal junto ao DNIT, firmou o raciocínio de que a Lei nº 12.462/2011 define que a padronização dos instrumentos convocatórios "é uma **diretriz** a ser seguida, mas em momento algum proíbe a utilização do Regime Diferenciado de Contratações na hipótese de não haver instrumento convocatório padrão aprovado no âmbito da entidade condutora do procedimento licitatório"[35].

Frise-se, por sinal, que a padronização de minutas de licitação do RDC é um grande desafio, diante da flexibilidade desta nova modalidade, que permite diversas combinações e formatações possíveis para o edital.

Assim, embora esta seja uma providência que deva ser perseguida, a ausência de padronização das minutas não torna ilegal uma licitação realizada na modalidade RDC.

1.4.3 Busca de maior vantagem para a administração pública

Quanto à busca da maior vantagem para a administração pública, segundo requisitos previamente definidos, inclusive os ambientais[36], a Lei do RDC deixou claro que ela abrange os custos e

---

35. Nota n. 00342/2015/PFE-DNIT/PGF/AGU.
36. Artigo 4º, inciso III, da lei do RDC.

benefícios que possuam natureza econômica, social ou ambiental, de forma direta ou indireta.

A norma primou pela importância que deve ser dispensada às normas ambientais, o que pode ser facilmente percebido na leitura dos parágrafos 1º e 2º do artigo 4º, consagrando a busca pelo desenvolvimento nacional sustentável, já inserido como finalidade da licitação, pela Lei nº 8.666/93, bem como o preceito constitucional que impõe ao Poder Público e à coletividade o dever de defender o meio ambiente[37].

1.4.4 Condições compatíveis com as do setor privado

No que se refere à possibilidade de utilização, pela administração pública, das condições de pagamentos, seguros, garantias e aquisições compatíveis com as feitas pelo setor privado (inciso IV do art. 4º da Lei do RDC),[38] existe disposição assemelhada no inciso III do artigo 15, da Lei nº 8.666/1993.

O objetivo de tais dispositivos é trazer para o setor público o que é utilizado pelo setor privado, para otimizar seus contratos. Quando a Lei foca o setor privado como parâmetro, tem a intenção de que o gestor, procurando ser eficiente, na busca do atendimento ao interesse público, avalie e utilize opções negociais realizadas pelo setor privado e permitidas pelo regime jurídico dos contratos administrativos.

Uma importante manifestação da aplicação dessa diretriz se dá em relação à exigência de seguros e garantias, nas licitações de grandes obras e empreendimentos. A Lei nº 8.666/93 estabelece um limite reduzido, de 5% (por cento), em garantias contratuais exigidas pelo Poder Público, para resguardo do contrato[39]. Este limite

---

37. Art. 225. Todos têm direito ao meio ambiente ecologicamente equilibrado, bem de uso comum do povo e essencial à sadia qualidade de vida, impondo-se ao Poder Público e à coletividade o dever de defendê-lo e preservá-lo para as presentes e para as futuras gerações.

38. Redação dada pela Medida Provisória nº 630, de 2013.

39. Art. 56. A critério da autoridade competente, em cada caso, e desde que prevista no instrumento convocatório, poderá ser exigida prestação de garantia nas contratações de obras, serviços e compras.

é incompatível com obras de grande porte e impede o devido resguardo da entidade contratante. A percepção de que esse percentual é insuficiente pode ser identificada na pesquisa às condições exigidas pelo setor privado, em contratações de semelhante relevo.

Cabe observar que o limite percentual para exigência de garantia, identificado na Lei nº 8.666/93, não se aplica nas licitações regidas pelo RDC, tendo em vista a expressa previsão da Lei nº 12.462/2011, de que a opção pelo RDC resultará no afastamento das normas contidas na Lei nº 8.666, de 21 de junho de 1993, exceto nos casos expressamente previstos por ela.[40]

---

§ 1º Caberá ao contratado optar por uma das seguintes modalidades de garantia: (Redação dada pela Lei nº 8.883, de 1994)

I – caução em dinheiro ou em títulos da dívida pública, devendo estes ter sido emitidos sob a forma escritural, mediante registro em sistema centralizado de liquidação e de custódia autorizado pelo Banco Central do Brasil e avaliados pelos seus valores econômicos, conforme definido pelo Ministério da Fazenda; (Redação dada pela Lei nº 11.079, de 2004)

II – seguro-garantia; (Redação dada pela Lei nº 8.883, de 1994)

III – fiança bancária. (Redação dada pela Lei nº 8.883, de 8.6.94)

§ 2º A garantia a que se refere o caput deste artigo não excederá a cinco por cento do valor do contrato e terá seu valor atualizado nas mesmas condições daquele, ressalvado o previsto no parágrafo 3º deste artigo. (Redação dada pela Lei nº 8.883, de 1994)

§ 3º Para obras, serviços e fornecimentos de grande vulto envolvendo alta complexidade técnica e riscos financeiros consideráveis, demonstrados através de parecer tecnicamente aprovado pela autoridade competente, o limite de garantia previsto no parágrafo anterior poderá ser elevado para até dez por cento do valor do contrato. (Redação dada pela Lei nº 8.883, de 1994)

§ 4º A garantia prestada pelo contratado será liberada ou restituída após a execução do contrato e, quando em dinheiro, atualizada monetariamente.

§ 5º Nos casos de contratos que importem na entrega de bens pela Administração, dos quais o contratado ficará depositário, ao valor da garantia deverá ser acrescido o valor desses bens.

40. Art. 1º É instituído o Regime Diferenciado de Contratações Públicas (RDC), aplicável exclusivamente às licitações e contratos necessários à realização:

(...)

§ 2º A opção pelo RDC deverá constar de forma expressa do instrumento convocatório e resultará no afastamento das normas contidas na Lei nº 8.666, de 21 de junho de 1993, exceto nos casos expressamente previstos nesta Lei.

Assim, com base na diretriz que firma a necessidade de que o Poder Público contratante busque condições de pagamentos, seguros, garantias e aquisições compatíveis com as feitas pelo setor privado, é possível exigir-se percentuais superiores aos outrora admitidos pela Lei nº 8.666/93, de acordo com as condições usualmente exigidas pelo mercado, para contratações de mesmo patamar.

No RDC, a tentativa de adotar práticas do setor privado também se manifesta com a criação da "remuneração variável", atrelada ao desempenho da contratada, que será objeto de análise em tópico próprio.

1.4.4.1 O seguro *performance bond*

O mercado dispõe de uma espécie de seguro garantia, o seguro de performance (*performance bond*) ou "garantia do executante construtor". Nele a seguradora pode assumir a responsabilidade pela conclusão do empreendimento, se a contratada falhar neste objetivo. Outro modelo interessante é o seguro de garantia de proposta (*bid bond*), em que a seguradora fica responsável por determinado montante, se a empreiteira renegar o contrato[41].

Diante da diretriz de adoção de "condições de aquisição, de seguros, de garantias e de pagamento compatíveis com as condições do setor privado", é defensável, no RDC, a utilização da modelagem de seguro *performance bond*.

Nesse prumo são também as lições de Altounian e Cavalcante, para quem a Lei do RDC traz como novidade o debate sobre a utilização de "seguros compatíveis com o setor privado que, a depender da contratação e de acordo com as particularidades de cada ramo mercadológico, trazem consigo a viabilidade de trazer as companhias seguradoras como garantidoras da execução do empreendimento"[42].

---

41. Sobre o assunto, vide: TORRES, Ronny Charles Lopes de. Leis de licitações públicas comentadas, 10ª edição. Salvador: Juspodivm, 2019. P. 709.

42. ALTOUNIAN, Cláudio Sarian; CAVALCANTE, Rafael Jardim. RDC e contratação integrada na prática: 250 questões fundamentais. 2. ed. rev. ampl. Belo Horizonte: Fórum, 2014. P. 46.

Cap. 1 • ASPECTOS GERAIS

A opção de adotar modelos de seguro deve ser devidamente justificada, uma vez que pode impactar na precificação das propostas e também na redução da competitividade.

1.4.5 Utilização de elementos locais na planilha de custos

Em relação à preferência a ser observada pela administração e pelos licitantes, quando da apresentação de suas planilhas de custos constantes nas propostas por eles oferecidas para mão de obra, materiais, tecnologias e matérias primas existentes no local da execução do objeto (inciso V da lei do RDC), a inspiração veio do artigo 12 da Lei nº 8.666/1993. O mencionado dispositivo dispõe:

> *Art. 12. Nos projetos básicos e projetos executivos de obras e serviços serão considerados principalmente os seguintes requisitos:*
>
> *[...]*
>
> *IV – possibilidade de emprego de mão de obra, materiais, tecnologia e matérias primas existentes no local para execução, conservação e operação;*

A utilização do mencionado inciso deve ser processada levando-se em consideração a eficiência da contratação futura. A redução de custos com mobilização e desmobilização, fretes, aluguéis de equipamentos, materiais a serem adquiridos e contratação de mão de obra deve ser comprovada nos autos do processo de licitação.

Nada impede que os licitantes, verificando a provável falta de comprovação da eficiência a ser alcançada com a licitação, utilizem em suas planilhas custos relacionados à contratação de mão de obra, de materiais e matérias primas existentes em localidade diversa; contudo, para tanto, o limite do orçamento estimado para a contratação deverá ser respeitado.

1.4.6 Parcelamento do objeto

O inciso VI da Lei do RDC trouxe previsão expressa da necessidade de observância do parcelamento do objeto. Esse inciso teve como referência o § 1º do artigo 23 da Lei nº 8.666/1993, o qual prescreve:

> *Art. 23. As modalidades de licitação a que se referem os incisos I a III do artigo anterior serão determinadas em função dos seguintes limites, tendo em vista o valor estimado da contratação:*
>
> *[...]*
>
> *§ 1º As obras, serviços e compras efetuadas pela Administração serão divididas em tantas parcelas quantas se comprovarem técnica e economicamente viáveis, procedendo-se à licitação com vistas ao melhor aproveitamento dos recursos disponíveis no mercado e à ampliação da competitividade sem perda da economia de escala.*

Muitas vezes, a ampliação do objeto contratual torna colossal o certame, o que acaba por restringir a competição, já que muitos dos interessados terminam impossibilitados de participar da disputa, seja por não atuarem no mercado com todos os elementos materiais constantes do objeto, seja por não conseguirem arcar com as garantias e condições habilitatórias de um certame agigantado.

O dispositivo da Lei do RDC busca ampliar a competitividade e aproveitar da melhor forma os recursos disponíveis no mercado. Imagina-se, em tese, que o parcelamento permite que pequenas empresas e médias empresas, que não teriam condições de disputar o objeto ampliado (integral), possam participar da etapa competitiva com o parcelamento do objeto.

Referido parcelamento, de qualquer forma, já tem uma finalidade definida em Lei (ampliação da competitividade) e deve respeitar eventuais ganhos de economia de escala na manutenção do certame aglutinado.

Sobre o assunto, importante lembrar o que dispõe a Súmula do Tribunal de Contas da União nº. 247, *verbis*:

> *É obrigatória a admissão da adjudicação por item e não por preço global, nos editais das licitações para a contratação de obras, serviços, compras e alienações, cujo objeto seja divisível, desde que não haja prejuízo para o conjunto ou*

complexo ou perda de economia de escala, tendo em vista o objetivo de propiciar a ampla participação de licitantes que, embora não dispondo de capacidade para a execução, fornecimento ou aquisição da totalidade do objeto, possam fazê-lo com relação a itens ou unidades autônomas, devendo as exigências de habilitação adequar-se a essa divisibilidade.

Forçoso concluir que: a regra é o parcelamento, justamente, para possibilitar a ampla participação de licitantes que possam fornecer o serviço ou prestar o objeto, levando em consideração os itens ou unidades autônomas presentes no instrumento convocatório; contudo, pode o gestor juntar aos autos do processo licitatório sua justificativa para a não divisão do objeto a ser contratado.

Nesses casos, a justificativa pode calcar-se no argumento de que a divisão causaria prejuízos para o conjunto da contratação ou geraria perda de economia de escala.

1.4.7 Ampla publicidade eletrônica

Segundo o inciso VII do art.4º da Lei do RDC, incluído pela Lei nº 13.173/2015, consta como diretriz a ampla publicidade, em sítio eletrônico, de todas as fases e procedimentos do processo de licitação e da contratação.

O referido dispositivo demonstra a preocupação do legislador com a ampla publicidade que deve ser dispensada aos procedimentos licitatórios, apesar de ressaltar a necessidade de observância das nuances específicas, caso seja feita a opção pelo orçamento sigiloso.

A referência à publicidade feita através de sítios eletrônicos indica a sintonia da Lei as mudanças tecnológicas que marcam o atual estágio de nossa sociedade. A publicidade através da internet é mais eficiente e muito menos dispendiosa, pois, com menor gasto público, permite um acesso mais rápido e amplo às informações disponibilizadas.

De qualquer forma, é importante que os órgãos de controle atuem para impor padrões a esta publicidade, evitando artifícios que dificultem o acesso à informação.

1.5 DA NATUREZA JURÍDICA DO REGIME DIFERENCIADO DE CONTRATAÇÕES

A Lei nº 12.462/2011 trouxe certa inovação no ambiente jurídico das licitações, ao criar o Regime Diferenciado de Contratações. A criação deste novo modelo gerou e continua a gerar muitas discussões, acerca da sua real eficácia e até sobre sua constitucionalidade.

É preciso superar o raciocínio crítico equivocado, o qual ignora o fato de que várias das regras dispostas no regime diferenciado de contratações não se apresentam efetivamente como novidades em nosso ordenamento. Em geral, mesmo os dispositivos mais polêmicos do RDC, repetem regras já existentes nos modelos licitatórios executados em nosso país há anos ou tentam, justamente, dar amparo legal a algumas medidas tidas como exitosas nas contratações públicas, mas restringidas em razão da falta de previsão legal, na Lei nº 8.666/93.

Convém perceber que nosso atual modelo licitatório é falho, o que justifica a tentativa de criar novas opções para melhorar sua eficiência, sem uma preocupação exacerbada, e às vezes irrefletida, com as propostas de mudança.

É esta a vocação do RDC. Trazer algo novo para o ambiente jurídico das licitações, positivando experiências e ferramentas percebidas como aptas a tornar mais eficiente o procedimento licitatório e os contratos administrativos pactuados.

De qualquer forma, faz-se necessário identificar a natureza jurídica do Regime Diferenciado de Contratações. Compreendida a natureza jurídica deste novo modelo, restará facilitada a percepção sobre o que é este novo modelo, para fins de aplicação das competências legislativas estabelecidas pelo Constituinte.

Sempre bom lembrar o que estatui o inciso XXVII, do artigo 22 da Constituição Federal:

> *Art. 22. Compete privativamente à União legislar sobre:*
> *(...)*
> *XXVII – normas gerais de licitação e contratação, em todas as modalidades, para as administrações públicas diretas, autárquicas e fundacionais da União, Estados, Distrito Federal*

e Municípios, obedecido o disposto no art. 37, XXI, e para as empresas públicas e sociedades de economia mista, nos termos do art. 173, § 1º, III;

A Lei nº 12.462/2011 estaria então inserida dentro desta competência legislativa privativa outorgada à União, pelo Constituinte? Em caso positivo, todos os seus dispositivos se enquadrariam nesse conceito de norma geral, com competência legislativa privativa outorgada à União?

Para responder a estas questões, precisamos avaliar qual a natureza jurídica do RDC, para, após, identificar se esta nova Lei se caracteriza como regra geral (para fins de aplicação da competência legislativa privativa) e, mais ainda, se tal caracterização abrange todos os seus dispositivos.

1.5.1 RDC como norma geral e especial

Primeiramente, é importante diferenciar o aspecto "generalidade", em relação às demais normas de nosso ordenamento jurídico, do aspecto de "generalidade", em relação à matéria tratada.

Impõe-se identificar a existência de certo parâmetro de generalidade/especialidade, em razão do conjunto de normas existentes em nosso ordenamento. É cediço que o ordenamento jurídico não deve ser considerado como norma singular ou como um acervo de normas singulares, mas como uma unidade constituída pelo conjunto sistemático de todas as normas.[43] Diante da profusão de normas existentes, regradoras dos mais diversos fatos sociais, é comum identificarmos disciplinamentos legais divergentes para a mesma relação jurídica, do que resulta certa contradição dentro do sistema jurídico (antinomia jurídica).

Nosso ordenamento necessita ser coerente e garantir segurança jurídica na aplicação de suas normas, notadamente em relação às regras, caracterizadas como normas rígidas, inflexíveis. Em razão de

---

43. BOBBIO, Norberto. O positivismo jurídico: lições de filosofia do direito. São Paulo: Ícone, 2006. p. 197.

tal necessidade, cristalizou-se o princípio de que deve ser rejeitada a validade simultânea de normas incompatíveis entre si, já que a compatibilidade de uma norma com o ordenamento é condição necessária para sua validade. Conforme ensina Bobbio[44], "tal princípio é garantido por uma norma, implícita em todo o ordenamento, segundo a qual duas normas incompatíveis (ou antinômicas) não podem ser ambas válidas, mas somente uma delas pode (mas não necessariamente deve) fazer parte do referido ordenamento". Nesse raciocínio, a antinomia entre regras de nosso ordenamento seria apenas aparente, já que, para aplicação ao caso concreto, apenas uma seria válida.

Sistematizando a resolução dessas aparentes antinomias, foram estabelecidos critérios ou soluções fundamentais, quais sejam: o critério cronológico (norma posterior prevalece sobre a norma precedente), o critério hierárquico (norma de grau superior prevalece sobre norma de grau inferior) e o critério da especialidade (norma especial prevalece sobre norma geral).

Há também situações em que se verificam conflitos entre os critérios, como ocorre na aparente antinomia entre uma norma especial-precedente e uma norma geral-posterior. Nesses casos, a doutrina tem apontado o critério hierárquico e o critério da especialidade como fortes, em detrimento do critério cronológico, apontado como mais fraco.[45] Essas discussões, sobre as técnicas de utilização desses critérios, envolvem a dogmática analítica, que consiste na tarefa de identificação da norma a ser aplicada.[46]

Perceba-se que o critério da generalidade/especialidade, aqui, está relacionado à aparente antinomia entre regras jurídicas, dentro de nosso ordenamento. Assim, quando um determinado crime é identificado no Código Penal e também na Lei nº 8.666/93, tem-se que aquela regra disposta no estatuto licitatório é especial, em relação ao antinômico regramento previsto pelo Código Penal.

---

44. BOBBIO, Norberto. O positivismo jurídico: lições de filosofia do direito. São Paulo: Ícone, 2006. p. 203.

45. BOBBIO, Norberto, Teoria do ordenamento jurídico. 10ª edição. Brasília: UNB, 1999, p. 105/110.

46. FERRAZ JÚNIOR, Tércio Sampaio. Introdução ao estudo do direito: Técnica, decisão, dominação. 5ª edição. São Paulo: Atlas, 2007. p. 256.

Da mesma forma, quando para uma mesma situação jurídica (por exemplo: contratação direta de licitante remanescente), a Lei nº 12.462/2011 traz ao ordenamento regra diversa da estabelecida pela Lei nº 8.666/93, tem-se que a pertinente regra da Lei do RDC é especial, em relação à similar regra da Lei nº 8.666/93.

Noutro diapasão, o aspecto de generalidade suscitado pelo inciso XXVII do artigo 22 da Constituição Federal está relacionado à matéria tratada. Por exemplo: nada obstante a falha do legislador ordinário, ao não estabelecer tal classificação ou segmentação nos dispositivos da Lei nº 8.666/93, é evidente que aquele diploma possui dispositivos materialmente gerais (como ao estabelecer: modalidades, tipos de licitação, regimes de execução, critérios de julgamento, sanções, hipóteses de dispensa, entre outros) e também dispositivos materialmente específicos (restrições específicas para suas dispensas, prazos recursais, regras procedimentais, formato da comissão de licitação, entre outros).

Sobre esse prisma, deve-se perceber que existem dispositivo sobre licitações e contratos administrativos que são materialmente gerais, conquanto outros dispositivos se caracterizam como regras materialmente específicas.

Parece-nos evidente que a Lei nº 12.462/2011, ao estabelecer o RDC, traz em seu bojo uma diversidade de regras materialmente gerais, assim como regras materialmente específicas, embora não as segmente ou expressamente assim as classifique, incorrendo na mesma imprecisão técnica presente no texto da Lei nº 8.666/93. Outrossim, convém frisar que, diante de uma aparente antinomia entre a Lei nº 12.462/2011 e a Lei nº 8.666/93, a primeira (Lei nº 12.462/2011) possui relação de especialidade frente à segunda, considerada geral. Nesta feita, a opção pela utilização do RDC (quando cabível), constando de forma expressa no instrumento convocatório, afasta as disposições da Lei n 8.666/93, exceto naquelas situações excepcionadas pela própria Lei do RDC[47].

Em síntese: o RDC é norma geral (ao menos em sua maior parte) para fins de identificação da competência legislativa privativa,

---

47. Art. 1º, § 2º, da Lei do RDC.

bem como é norma especial em relação à Lei nº 8.666/93, para fins de resolução das aparentes antinomias entre as regras. Em outras palavras: a Lei nº 12462/2011 (em sua maior arte) é norma geral, materialmente falando, e norma especial, na sua relação com a Lei Geral de Licitações.

Esta mesma linha interpretativa é identificada nas lições de Egon Bockmann Moreira e Fernando Vernalha Guimarães:[48]

> *"Logo, o RDC é norma geral diferenciada de licitação e contratação administrativa. Afinal, a distinção constitucional entre normas gerais e normas federais, estaduais, distritais e municipais não diz respeito ao Direito Intertemporal e à solução das pseudoantinomias porventura constatadas pelo intérprete (em que se poderia cogitar da distinção, que ocupa outra categoria hermenêutica, entre normas gerais e normas especiais, distinguidas devido à abrangência da matéria legislada). Desta forma, o RDC é norma geral-especial, pois configura, ao mesmo tempo, uma norma geral de licitações públicas e uma norma especial em relação às demais leis que disciplinam licitações públicas.*
>
> *É, simultaneamente, norma geral em termos verticais (a competência do Congresso Nacional para promulgar normas vinculantes a todos os entes da federação) e norma especial em termos horizontais (disciplinando de forma exclusiva e diferenciada a matéria regida por outras leis).*
>
> *Constatação que permite a fixação de premissa que deve orientar a hermenêutica de toda a Lei nº 12.462/11: o RDC é regime excepcional de licitações e contratos administrativos que tem a natureza de norma geral e que, por isso mesmo, possui autonomia interpretativa –7 tanto em relação às licitações e contratos ordinários da LGL como no que respeita às demais licitações e contratos extraordinários (pregão, concessões comuns e parcerias público-privadas).*
>
> *Isto significa dizer que não se deve ler a Lei nº 12.462/11 com a lente da LGL (e/ou demais diplomas pretéritos).*

---

48. MOREIRA, Egon Bockmann; GUIMARÃES, Fernando Vernalha. Regime Diferenciado de Contratações: alguns apontamentos. *Revista de Contratos Públicos – RCP*, Belo Horizonte, ano 1, n. 1, p. 81124, mar./ago. 2012.

A LGL permanece válida e eficaz, exceção feita ao RDC (e demais normas especiais como, p.ex., a Lei nº 10.520/02 – que instituiu o pregão). Mais ainda: na justa medida em que se trata de leis com a mesma hierarquia normativa (leis ordinárias com dispositivos de natureza geral), a sucessão de leis no tempo confere autonomia específica ao RDC."

Comungamos neste livro da opinião de que o RDC é norma geral (para fins de estabelecimento da competência legislativa), mas também especial, em relação à Lei Geral de Licitações (Lei nº 8.666/93), mesmo raciocínio estabelecido com a Lei nº 10.520, de 17 de julho de 2002, que criou a modalidade Pregão.[49]

1.5.2 RDC como uma nova modalidade licitatória

O RDC foi idealizado como um regime licitatório inovador, que quebrou o paradigma do regime tradicional da Lei Geral de Licitações e sua disciplina rígida de modalidades licitatórias, as quais deveriam ser utilizadas de acordo com parâmetros estabelecidos como: valor estimado ou natureza do objeto.

Convém lembrar que a Lei do RDC não permite a adoção das modalidades indicadas pela Lei nº 8666/93, em razão da regra que afasta as normas contidas naquele diploma, exceto nos casos expressamente previstos por ela.[50] De tal assertiva, conclui-se que as modalidades licitatórias previstas na Lei de Licitações, por não serem citadas pela Lei do RDC, não devem ser aplicadas nesse novo

---

49. Convém registrar a opinião contrária de Maurício Zockun. Para ele, o RDC não é norma geral, devendo ser considerado norma federal especial. Vide seu artigo "Apontamentos do Regime Diferenciado de Contratação à luz da Constituição da República". In CAMMAROSANO, Márcio; DAL POZZO, Augusto Neves; VALIM Rafael (Coordenadores). *Regime Diferenciado de Contratações Públicas – RDC*: aspectos fundamentais. Belo Horizonte: Fórum, 2011. p. 19-25.

50. Art. 2º (...)
§ 2º A opção pelo RDC deverá constar de forma expressa do instrumento convocatório e resultará no afastamento das normas contidas na Lei nº 8.666, de 21 de junho de 1993, exceto nos casos expressamente previstos nesta Lei.

regime. Sob essa ótica, é forte o entendimento de que o RDC é uma nova "modalidade" de licitação, com regras próprias para seus procedimentos e seus contratos.

Esse raciocínio é percebido nos textos de Benjamin Zymler e Laureano Canabarro Dios:[51]

> "*A Lei do RDC prevê uma nova sistemática para as contratações públicas. Trata-se de uma modalidade licitatória única, de forma que não há a divisão do procedimento em diversas modalidades licitatórias definidas exclusivamente em função do valor da contratação (v.g. convite, tomada de preços e concorrência).*
>
> *Essa unicidade de modalidades afasta inúmeras controvérsias acerca de qual teria sido a modalidade licitatória adequada para determinada contratação e permite uma maior assimilação do procedimento como um todo pela sociedade e pelos agentes públicos, o que potencialmente contribui para a diminuição de erros quando da realização das contratações públicas.*"

Frise-se que a criação de uma nova modalidade, fora do regramento da Lei nº 8.666/93, não é uma novidade em nosso ordenamento. A mesma atitude legislativa pode ser identificada na criação da modalidade Pregão que, hoje regulada pela Lei nº 10.520/2002, não consta registrada na Lei nº 8.666/93.

A definição de que o RDC deve ser percebido como uma nova modalidade resta evidente, notadamente após a Medida Provisória nº 961/2020, que, no inciso III de seu artigo 1º, admite sua aplicação para licitações e contratações de quaisquer obras, serviços, compras, alienações e locações, tornando o RDC uma modalidade alternativa às previstas na Lei nº 8.666/93 e na Lei nº 10.520/2002[52].

---

51. ZYMLER, Benjamin; DIOS, Laureano Canabarro. O Regime Diferenciado de Contratações – RDC. Belo Horizonte: Fórum, 2013. p. 12.

52. Medida Provisória 961/2020:
    Art. 1º Ficam autorizados à administração pública de todos os entes federativos, de todos os Poderes e órgãos constitucionalmente autônomos:

1.5.3 RDC como modalidade licitatória flexível

O regime tradicional da Lei nº 8.666/93 prioriza a forma, ao estabelecer rígidas opções de modalidades, de acordo com os critérios estabelecidos pela Lei. Já o foco do RDC é oferecer opções para a solução adequada em uma seleção compatível com o objeto licitado e o futuro contrato a ser celebrado. Há claramente um raciocínio gerencial que permite certa flexibilidade ao ente público licitante, para que ele possa, diante de várias opções, montar o procedimento licitatório que resulte na melhor contratação administrativa possível.

Nesse diapasão, o Regime Diferenciado de Contratações se apresenta como uma nova modalidade de licitação (com regime próprio para seu procedimento e para os contratos decorrentes), que possui uma característica diferenciadora: é flexível!

Tal nuance permite que um enorme conjunto de ferramentas e características procedimentais possam ser utilizadas, de acordo com a necessidade e a escolha do ente/órgão licitante. Tal entendimento é identificado também na doutrina do ilustre Ministro do TCU, Benjamin Zymler[53]:

I – a dispensa de licitação de que tratam os incisos I e II do caput do art. 24 da Lei nº 8.666, de 21 de junho de 1993, até o limite de:

a) para obras e serviços de engenharia até R$ 100.000,00 (cem mil reais), desde que não se refiram a parcelas de uma mesma obra ou serviço, ou, ainda, para obras e serviços da mesma natureza e no mesmo local que possam ser realizadas conjunta e concomitantemente; e

b) para outros serviços e compras no valor de até R$ 50.000,00 (cinquenta mil reais) e para alienações, desde que não se refiram a parcelas de um mesmo serviço, compra ou alienação de maior vulto que possa ser realizada de uma só vez;

II – o pagamento antecipado nas licitações e nos contratos pela Administração, desde que:

a) represente condição indispensável para obter o bem ou assegurar a prestação do serviço; ou

b) propicie significativa economia de recursos; e

III – a aplicação do Regime Diferenciado de Contratações Públicas – RDC, de que trata a Lei nº 12.462, de 4 de agosto de 2011, para licitações e contratações de quaisquer obras, serviços, compras, alienações e locações.

53. ZYMLER, Benjamin. Direito Administrativo e Controle. 3ª edição. Belo Horizonte: Fórum, 2013.

> *A Lei do RDC prevê uma nova sistemática para as contratações públicas. Trata-se de uma modalidade licitatória única, de forma que não há a divisão do processo em diversas modalidades licitatórias definidas exclusivamente em função do valor da contratação...*

A opção pela adoção deste novo regime permite ao agente público utilizar uma modalidade flexível, na qual ele pode construir o melhor procedimento para alcançar a contratação que atenda aos anseios da Administração Pública.

Traçando um paralelo com o raciocínio cristalizado nesses anos de adoção da Lei nº 8.666/93, o Regime Diferenciado de Contratações pode ser considerado uma nova modalidade licitatória. Esta nova modalidade, partindo de um modelo básico (inspirado claramente na modalidade pregão), permite ao órgão público a utilização de ferramentas diversas, de acordo com a pretensão contratual envolvida. A Lei nº 12.462/2011 admite ainda que o eixo procedimental das licitações realizadas nesta nova modalidade seja alterado, adotando-se um procedimento semelhante ao identificado nas modalidades tradicionais da Lei nº 8.666/93.

Diante desse quadro, reitere-se, uma das mais interessantes características do RDC é se apresentar como uma "modalidade flexível", que permite a escolha das características necessárias para a melhor configuração do procedimento licitatório (em um grande rol de opções), de acordo com a pretensão contratual do órgão ou ente público.

Em suma, o RDC é, portanto, uma "modalidade licitatória flexível", que pode adotar configurações simples, muito próximas do formato adotado pelo pregão, ou mesmo alterar totalmente seu procedimento e agregar novos elementos, para melhor selecionar contratações complexas ou de nuances específicas.

1.5.4 Da competência legislativa para tratar sobre o RDC

Sendo uma nova modalidade licitatória, o RDC está inserido na competência legislativa privativa outorgada à União, pelo Constituinte, tendo validade tanto para órgãos e entes federais, como

Cap. 1 • ASPECTOS GERAIS

para órgãos e entes dos Estados, Município e DF, os quais podem adotá-lo, nos objetos passíveis de utilização desta nova modalidade.

Importante lembrar que a competência privativa da União, para legislar sobre licitações, restringe-se às regras gerais. Em relação às regras específicas, Estados, Municípios e DF possuem autonomia para legislar, podendo criar regras diversas da prevista pelo ente federal.

Há, portanto, uma competência privativa da União, no que tange às regras gerais, e uma competência comum, no que se refere às regras específicas. Conclui-se que todos os entes podem editar leis sobre licitação, devendo obedecer àquelas normas gerais traçadas pela União, mas podendo inovar em relação às regras específicas, uma vez que a Constituição Federal, em seu inciso XXVII do artigo 22, restringe a competência legislativa privativa da União às "normas gerais".

De tal disposição constitucional podemos extrair algumas premissas, dentre elas:

- Quando considerada geral, a regra da Lei nº 12.462/2011 vincula União, estados, municípios e DF, devendo ser aplicada pelos pertinentes entes e órgãos públicos dessas unidades federativas;

- Quando considerada geral, a regra da Lei nº 12.462/2011 não pode restringir sua normatização às relações jurídicas contratuais da União, pois isso fraudaria a competência constitucionalmente estabelecida;

- Quando considerada específica, a regra da Lei nº 12.462/2011 apenas vincula a União, permitindo regramento diferente por Estados, Distrito Federal e Municípios;

1.5.5 Da possibilidade de criação da nova modalidade

Para alguns, a criação de uma nova modalidade seria vedada, em virtude do prescrito pelo § 8º do artigo 22 da Lei nº 8.666/93, segundo o qual:

> *Art. 22. São modalidades de licitação:*
> *I – concorrência;*

II – tomada de preços;

III – convite;

IV – concurso;

V – leilão.

(...)

§ 8º É vedada a criação de outras modalidades de licitação ou a combinação das referidas neste artigo.

Como é cediço, tal dispositivo de vedação, embora válido, pode ser confrontado por outra regra, que crie uma nova modalidade. Dar-se-á, no caso, uma aparente antinomia entre a regra que cria a vedação e a regra que cria uma nova modalidade (a despeito da vedação). Essa aparente antinomia entre as regras jurídicas é comum em nosso ordenamento, o qual deve ser considerado não como norma singular ou como um acervo de normas singulares, mas como unidade constituída pelo conjunto sistemático de todas as normas, cristalizando-se o princípio de que deve ser rejeitada a validade simultânea de normas incompatíveis entre si, já que a compatibilidade de uma norma com o ordenamento é condição necessária para sua validade[54].

Conforme já aqui explicado, "tal princípio é garantido por uma norma, implícita em todo o ordenamento, segundo a qual duas normas incompatíveis (ou antinômicas) não podem ser ambas válidas, mas somente uma delas pode (mas não necessariamente deve) fazer parte do referido ordenamento".[55]

Diante da aparente antinomia entre a vedação disposta pela Lei nº 8.666/93 e a nova modalidade estabelecida pela Lei nº 12.462/2011, uma vez que as duas possuem *status* de lei ordinária e que a Lei nº 12.462/2011 é especial e posterior, podemos suscitar o critério cronológico e o critério da especialidade como favoráveis à validade da regra que cria a novel modalidade denominada Regime Diferenciado de Contratações.

---

54. BOBBIO, Norberto. O positivismo jurídico: lições de filosofia do direito. São Paulo: Ícone, 2006. P.197.

55. BOBBIO, Norberto. O positivismo jurídico: lições de filosofia do direito. São Paulo: Ícone, 2006. P. 203.

A edição da Lei nº 8.666/93 não exauriu a competência da União para estabelecer regras gerais, tanto que (assim como agora se identifica no RDC) já foram aprovadas outras normas com estabelecimento de regras gerais que se somam ao estatuto, como a Lei nº 8.987/95 (Concessões Públicas) e a Lei nº 10.520/2002 (Pregão).

2

DOS OBJETOS PASSÍVEIS DE ADOÇÃO DO RDC

Inicialmente, o Regime Diferenciado de Contratações Públicas (RDC), aprovado pela Lei nº 12. 462/2011, era aplicável, exclusivamente, às licitações e contratos necessários à realização:

a) dos **Jogos Olímpicos e Paraolímpicos de 2016**, constantes da Carteira de Projetos Olímpicos a ser definida pela Autoridade Pública Olímpica (APO);

b) da **Copa das Confederações** da Federação Internacional de Futebol Associação – Fifa 2013 e da **Copa do Mundo Fifa 2014**, definidos pelo Grupo Executivo – Gecopa 2014 do Comitê Gestor instituído para definir, aprovar e supervisionar as ações previstas no Plano Estratégico das Ações do Governo Brasileiro para a realização da Copa do Mundo Fifa 2014 – CGCOPA 2014, restringindo-se, no caso de obras públicas, às constantes da matriz de responsabilidades celebrada entre a União, Estados, Distrito Federal e Municípios; e

c) de obras de infraestrutura e de contratação de serviços para os **aeroportos das capitais dos Estados da Federação distantes até 350 km** (trezentos e cinquenta quilômetros) **das cidades sedes dos mundiais** referidos acima.

Contudo, a Lei nº 12.462/2012 foi alterada, sendo acrescidos novos objetos passíveis de adoção do Regime Diferenciado de Contratações, livres desta mesma transitoriedade, quais sejam:

d) ações integrantes do Programa de Aceleração do Crescimento (PAC)[1];

e) obras e serviços de engenharia no âmbito do Sistema Único de Saúde – SUS;[2]

f) obras e serviços no âmbito do Programa Nacional de Dragagem Portuária e Hidroviária II;[3]

g) Contratações destinadas à modernização, construção, ampliação ou reforma de aeródromos públicos;[4]

h) Obras e serviços de engenharia para construção, ampliação e reforma de estabelecimentos penais e unidades de atendimento socioeducativo;[5]

i) Ações no âmbito da segurança pública[6];

j) Obras e serviços de engenharia, relacionadas a melhorias na mobilidade urbana ou ampliação de infraestrutura logística[7];

k) Contratos de locação sob medida (built to suit) (art. 47-A)[8];

---

1. Incluído pela Lei nº 12.688, de 2012.
2. Incluído pala Lei nº 12.745, de 2012.
3. Incluído pela Lei nº 12.815, de 2013.
4. Incluído pela Lei nº 12.833, de 2013.
5. Incluído pela Lei nº 13.190/2015.
6. Incluído pela Lei nº 13.190, de 2015.
7. Incluído pela Lei nº 13.190, de 2015.
8. Incluído pela Lei nº 13.190, de 2015

   Art. 47-A. A administração pública poderá firmar contratos de locação de bens móveis e imóveis, nos quais o locador realiza prévia aquisição, construção ou reforma substancial, com ou sem aparelhamento de bens, por si mesmo ou por terceiros, do bem especificado pela administração. (Incluído pela Lei nº 13.190, de 2015)

   § 1º A contratação referida no caput sujeita-se à mesma disciplina de dispensa e inexigibilidade de licitação aplicável às locações comuns. (Incluído pela Lei nº 13.190, de 2015)

Cap. 2 • DOS OBJETOS PASSÍVEIS DE ADOÇÃO DO RDC

l)   Às licitações e aos contratos necessários à realização de obras e serviços de engenharia no âmbito dos sistemas públicos de ensino e de pesquisa, ciência e tecnologia[9];

m) Ações em órgãos e entidades dedicados à ciência, à tecnologia e à inovação[10]; e

Cabe ainda citar: a Lei 12.873, de 2013, permite que a Companhia Nacional de Abastecimento (CONAB) utilize o RDC para a contratação de todas as ações relacionadas à reforma, modernização, ampliação ou construção de unidades armazenadoras próprias destinadas às atividades de guarda e conservação de produtos agropecuários em ambiente natural.

A CONAB poderá também contratar instituição financeira pública federal, dispensada a licitação, para atuar nas ações acima. Neste caso, a instituição financeira pública federal contratada também poderá utilizar o RDC para a contratação das respectivas ações[11].

Em 2020, com a aprovação da Medida Provisória 961, o RDC pôde ser utilizado nas licitações e contratações de quaisquer obras, serviços, compras, alienações e locações. Esta alteração legislativa ampliou sobremaneira a adoção do RDC, durante o estado de calamidade pública reconhecido pelo Decreto Legislativo nº 6, de 20 de março de 2020[12].

A expansão de objetos passíveis à submissão do regime diferenciado demonstra uma tendência de ampliação e perenização desse modelo, concebido inicialmente como provisório e diferenciado.

---

§ 2º A contratação referida no caput poderá prever a reversão dos bens à administração pública ao final da locação, desde que estabelecida no contrato. (Incluído pela Lei nº 13.190, de 2015)

§ 3º O valor da locação a que se refere o caput não poderá exceder, ao mês, 1% (um por cento) do valor do bem locado. (Incluído pela Lei nº 13.190, de 2015)

9.   Incluído pela Lei nº 13.190, de 2015.

10. Incluído pela Lei nº 13.243, de 2016.

11. Há disposições semelhantes, em favor da Secretaria de Aviação Civil (SAC) e da Secretaria de Políticas para Mulheres (SPM).

12. Medida Provisória Nº 961, de 2020.

Outra tendência evidente é a possibilidade de mudança do regime tradicional de licitações, para algo semelhante ao RDC, como é de fácil observação pela análise das disposições do Projeto de Lei da nova de lei de licitações (PL 1292/95), que repete diversas regras do Regime Diferenciado de Contratações.

Importante ponderar que, sendo concebido para objetos determinados e transitórios, o RDC buscou atender às necessidades específicas apresentadas, motivo pelo qual a ampliação de seu objeto torna inevitável que sejam procedidas alterações legislativas em seu texto, para adaptá-lo, resguardando sua escorreita aplicabilidade, como um regime licitatório estável.

2.1 RDC E OBJETOS TRANSITÓRIOS

Os objetos inicialmente previstos para aplicação do RDC estavam claramente relacionados aos megaeventos esportivos marcados para os anos de 2013, 2014 e 2016. Tal relação gerava uma marca de transitoriedade ao novo regime, uma vez que as licitações e contratos necessários à realização dos megaeventos citados e às obras de infraestrutura e de contratação de serviços para os aeroportos das capitais dos Estados da Federação distantes até 350 quilômetros das cidades sedes dos mundiais, restariam (em tese) exauridas quando da realização desses eventos.

O Tribunal de Contas da União, por meio do Acórdão nº 1.324/2012-Plenário, em relação aos objetos relacionados com os megaeventos e as obras de infraestrutura indicados acima, decidiu que apenas as parcelas das obras que fossem concluídas até os megaeventos esportivos determinados pela Lei do RDC poderiam ser licitadas por esse regime específico. Quando essa conclusão não fosse possível, deveria haver justificativa sobre a inviabilidade técnica e econômica em ser dividida a obra para utilização do regime diferenciado, além desse período determinado.

É o que demonstra o trecho abaixo transcrito, de notícia veiculada em informativo daquele Tribunal:

> *"A utilização do RDC em obras com término posterior à Copa do Mundo de 2014 – ou às Olimpíadas de 2016,*

Cap. 2 • DOS OBJETOS PASSÍVEIS DE ADOÇÃO DO RDC

conforme o caso – só é legítima nas situações em que ao menos fração do empreendimento tenha efetivo proveito para a realização desses megaeventos esportivos, cumulativamente com a necessidade de se demonstrar a inviabilidade técnica e econômica do parcelamento das frações da empreitada a serem concluídas a posteriori, em atendimento ao disposto nos arts. 1º, incisos de I a III; 39 e 42 da Lei 12.462/2011, c/c o art. 23, § 1º, da Lei 8.666/93".

Foi a esse entendimento a que chegou o TCU ao apreciar auditoria na qual tratou da execução das obras e dos serviços de engenharia para reforma, ampliação e modernização do Terminal de Passageiros, adequação do sistema viário de acesso e ampliação do pátio de aeronaves para o Aeroporto Pinto Martins, em Fortaleza/CE, ação que se insere no esforço para a realização da Copa do Mundo de 2014 – Copa/2014. Chamou a atenção do relator o fato de que a vigência do contrato seria de 47 meses, ultrapassando, portanto, a Copa/2014, tendo o ajuste se baseado no Regime Diferenciado de Contratações Públicas – RDC (Lei 12.462/2011), o qual, no art. 1º, incisos de I a III, estabelece que só poderão se utilizar do RDC as obras relacionadas à Copa de 2014 e às Olimpíadas de 2016. Após a oitiva da Empresa Brasileira de Infra-Estrutura Aeroportuária – (Infraero), responsável pelo certame, o relator compreendeu que deveria ser feito juízo sistêmico da questão, considerando-se, necessariamente, o parcelamento compulsório jazido no art. 23, § 1º, da Lei 8.666/93, c/c art. 39 da Lei 12.462/2011, o qual, independente de se tratar de uma obra inclusa ou não no RDC, deveria ser realizado. Por conseguinte, para o relator, "em uma visão ampla das leis aplicáveis ao caso, somente as parcelas da obra a serem tempestivamente concluídas até a Copa (ou às Olimpíadas) podem se valer do RDC. Configurada a inviabilidade técnica e econômica de se parcelar o restante da empreitada, o empreendimento como um todo pode ser licitado pelo novo Regime. Caso contrário, o restante da obra com término ulterior deverá se utilizar do regime tradicional estabelecido na Lei 8.666/93". Votou, então, por que fosse expedida determinação à Infraero, de modo a registrar o entendimento mantido pelo Tribunal, o que

> *foi acatado pelo do Plenário (Info TCU nº 108. Acórdão n.º 1324/2012-Plenário. Rel. Min. Valmir Campelo, 30.5.2012).*

Em relação a esses objetos (vinculados aos eventos esportivos acima mencionados), cumpre observar certa transitoriedade das regras do RDC. Exauridos tais eventos, não persistiriam mais contratações passíveis à adoção do novo regime.

Outrossim, os objetos inicialmente previstos muito restringiam as unidades órgãos e entes públicos que poderiam adotar o novo regime, impedindo que a grande parte dos órgãos e entes públicos o utilizassem.

Nada obstante, a expansão identificada no RDC, com a inserção de novos objetos passíveis de adoção deste novo regime (como as obras e serviços relacionados ao PAC, ao Sistema Único de Saúde ou ao Sistema Público de Ensino), rompeu com esse caráter eminentemente temporal da aplicação do novel regime, permitindo que a adoção se estenda para além do marco temporal dos mega eventos esportivos.

Mais ainda, tais acréscimos permitem que centenas de órgãos e entes públicos que não poderiam, em tese, adotar o novo regime, possam utilizá-lo, uma vez que as ações relacionadas ao PAC, ao SUS e ao Sistema Público de Ensino envolvem milhares de órgãos e entes públicos, por todo o país.

3

DAS REGRAS APLICÁVEIS
ÀS LICITAÇÕES DO RDC

3.1 CARÁTER SIGILOSO DO ORÇAMENTO

Segundo a Lei nº 12.462/2011, o objeto da licitação deverá ser definido de forma clara e precisa no instrumento convocatório, vedadas especificações excessivas, irrelevantes ou desnecessárias. Contudo, no RDC, via de regra, o orçamento previamente estimado para a contratação será tornado público apenas e imediatamente após o encerramento da licitação, possuindo caráter sigiloso para o público em geral e sendo disponibilizado, nesse período, estrita e permanentemente aos órgãos de controle externo e interno.

Vejamos o dispositivo legal:

> Art. 6º Observado o disposto no § 3º, o orçamento previamente estimado para a contratação será tornado público apenas e imediatamente após o encerramento da licitação, sem prejuízo da divulgação do detalhamento dos quantitativos e das demais informações necessárias para a elaboração das propostas.
>
> § 1º Nas hipóteses em que for adotado o critério de julgamento por maior desconto, a informação de que trata o caput deste artigo constará do instrumento convocatório.
>
> § 2º No caso de julgamento por melhor técnica, o valor do prêmio ou da remuneração será incluído no instrumento convocatório.
>
> § 3º Se não constar do instrumento convocatório, a informação referida no caput deste artigo possuirá caráter sigiloso

e será disponibilizada estrita e permanentemente aos órgãos de controle externo e interno.

A proposta de postergar a publicidade da estimativa de custos, que funciona como um delimitador do preço máximo a ser pago pela Administração, não é inspirada na tentativa de fugir ao princípio da publicidade ou de tentar esconder os custos daquela contratação de toda a sociedade; na verdade, ela decorre de um raciocínio natural às relações de negociação, em que uma parte esconde da outra o preço máximo ou mínimo aceitável.

Em interessante artigo, Lira e Nóbrega traçam um paralelo entre a licitação e a teoria dos leilões, para analisar alguns aspectos do Regime Diferenciado de Contratações, dentre eles: o orçamento sigiloso. Transcreveremos trechos das lições dos autores[1]:

> *Como se sabe, a licitação está umbilicalmente associada à ideia de concorrência entre os interessados. Ela envolve o recebimento de várias propostas, cabendo, à Administração Pública, a análise e seleção daquela que melhor se adequa ao seu interesse. Como se pode perceber, tal procedimento não passa de uma espécie de leilão.*
>
> *Os leilões têm sido alvo de um grande número de estudos dentro da seara econômica. Isto se deve, por um lado, à sua grande importância prática. Como se sabe, um grande volume de transações econômicas é conduzido através de leilões. Além do setor público, as próprias empresas privadas utilizam esse instituto para comprar commodities ou subcontratar serviços com menores custos possíveis.*
>
> *Além de serem muito utilizados no dia a dia, os leilões vêm assumindo um papel de preponderância nas pesquisas econômicas. Por serem simples e bem definidos, eles são o ambiente propício para servirem de base de testes para as mais diversas teorias econômicas, especialmente em modelagens de teoria dos jogos com informações incompletas. (...)*

---

1. LIRA, Bruno. e NÓBREGA, Marcos. **O Estatuto do RDC é contrário aos cartéis em licitação? Uma breve análise baseada na teoria dos leilões.** Revista Brasileira de Direito Público – RBDP. Belo Horizonte, ano 9, n. 35, out./dez. 2011.

Cap. 3 • DAS REGRAS APLICÁVEIS ÀS LICITAÇÕES DO RDC

Em face desta grande importância prática, empírica e por razões teóricas, a ciência econômica criou um ramo específico de estudos chamado teoria dos leilões (auction theory). Suas descobertas devem ser devidamente analisadas pelos juristas a fim de se construir normas de controle social que sejam mais efetivas ao combate dos cartéis em licitação.

Ao tratar sobre o orçamento sigiloso, mais especificamente, os autores fazem interessantes ponderações[2]:

Quanto a esta questão, deve-se atentar para um importante efeito produzido pela apresentação do preço de reserva. Ao anunciá-lo em uma licitação, a Administração está, a princípio, retirando do certame as empresas que possuam um custo de produção maior do que o preço por ela determinado. Chega-se a tal conclusão ao se constatar que, caso tais empresas venham ganhar a licitação, com uma cotação dentro dos parâmetros definidos, acabarão por ter prejuízos na execução contratual.

Por outro lado, as empresas que não se enquadram na situação acima (custos de produção maiores do que o preço de reserva) sabem, de antemão, que irão competir com outras empresas que também estejam na mesma condição. Visando ganhar o certame, qualquer participante terá de submeter uma oferta menor do que habitualmente faria, no caso de licitações sem o estabelecimento do referido preço de reserva.

Assim, o preço de reserva atende a uma dupla função. Primeiro, ele retira do certame as empresas que tenham um custo de produção maior do que ele. Por outro lado, há um acirramento do nível de competitividade das empresas participantes do certame, já que estas deverão compensar a menor probabilidade de ganhar a licitação com a apresentação de cotações mais baixas.

Por outro lado, com a divulgação do preço de reserva, os cartéis adquirem uma referência vital para a parametrização

---

2.   LIRA, Bruno. e NÓBREGA, Marcos. **O Estatuto do RDC é contrário aos cartéis em licitação? Uma breve análise baseada na teoria dos leilões.** Revista Brasileira de Direito Público – RBDP. Belo Horizonte, ano 9, n. 35, out./ dez. 2011.

> *do lucro a ser obtido através de sua atuação coordenada. Por exemplo, se a Administração pública um edital de uma obra cujo preço de referência é de 100 milhões, o cartel saberá, de antemão, que poderá, no máximo, fazer um lance na faixa de 115 a 130 milhões (assumindo que a diferença possa ser explicada de forma "razoável"). Mais do que isso, seria um flagrante sobrepreço, que poderá provocar a anulação/cancelamento do certame.*
>
> *Com o orçamento sigiloso, o cartel perde esta referência. Desta forma, tenderá a ofertar lances que sejam mais próximos da realidade, para que o certame não seja cancelado ou anulado.*

Realmente, quando a Administração omite o orçamento estimado, deixando de informar aos competidores o preço máximo que admite pagar pelo objeto da licitação, ela retira essa referência do conhecimento dos licitantes e estes, em tese, apresentarão suas propostas de acordo com suas próprias estimativas. Sob esse ponto de vista, as propostas representarão de forma mais real o preço que o mercado oferece para tal pretensão contratual, sem a influência da estimativa feita pelo Poder Público, a qual aponta valores muitas vezes superiores aos que o mercado efetivamente oferece.

Essa percepção é ressaltada pelo ilustre Sidney Bittencourt, ao tratar sobre o orçamento sigiloso[3]:

> *A justificativa é plausível: inexistindo conhecimento prévio do valor referencial do objeto contratual, os licitantes tenderão a oferecer um perco menor, mais consentâneo com o efetivamente praticado no mercado.*

Sobre outro aspecto, defende-se que a ausência da prévia estimativa do valor máximo a ser contratado pelo Poder Público dificulta a formação de cartéis, já que o montante envolvido é um elemento fundamental para as negociações escusas geradoras de tais grupos. Vale transcrever o raciocínio sintetizado por parte da doutrina[4]:

---

3. BITTENCOURT, Sidney. Licitação através do Regime Diferenciado de Contratações Públicas. Belo Horizonte, Fórum, 2012. p. 106.

4. OLIVEIRA, Rafael Carvalho Rezende. Licitações e contratos administrativos. Rio de Janeiro: Forense; São Paulo: Método, 2012. p. 183.

Cap. 3 • DAS REGRAS APLICÁVEIS ÀS LICITAÇÕES DO RDC

A necessidade de modificação da regra tradicional de licitação, com a previsão do orçamento sigiloso, sempre foi defendida por parcela da doutrina, especialmente para evitar que a divulgação do orçamento influenciasse a elevação dos valores constantes das propostas e a formação de cartel entre os licitantes, já que, sem a ciência do preço estimado pela Administração, fica mais difícil de fazer combinações entre concorrentes.

Em acréscimo, importante destacar que a Organização para Cooperação e Desenvolvimento Econômico (OCDE)[5] recomenda no *"Guidelines for fighting bid rigging in public procurement"*[6] a não publicização prévia dos preços máximos de referência, como regra. Vejamos:

Recorrer à utilização de preços máximos de aquisição apenas quando estes se baseiam numa cuidadosa pesquisa de mercado e se as entidades adjudicantes estiverem convencidas de que se tratam de preços muito competitivos. Esses preços máximos não devem ser publicados, antes devem ser mantidos confidenciais durante o processo ou depositados noutra autoridade pública.

Percebe-se então que o "caráter sigiloso do orçamento" (que é relativo, já que os órgãos de controle terão acesso a tais informações) tem o condão de omitir dos interessados na relação negocial (licitantes) o valor máximo que a Administração se propõe a pagar, imaginando-se que tal omissão auxiliará para que as propostas não sejam apresentadas com base nesse valor máximo admitido pela Administração, mas sim baseadas no real valor de mercado para aquela contratação.

O "caráter sigiloso do orçamento" tem o evidente intuito de alcançar melhores propostas, atendendo aos princípios da eficiência

---

5. Em inglês: ORGANISATION FOR ECONOMIC CO-OPERATION AND DEVELOPMENT – OECD.

6. Diretrizes para combater o conluio entre concorrentes em contratações públicas. Disponível em: http://www.cadterc.sp.gov.br/usr/share/documents/Diretrizes-OCDE.pdf. Acesso em: 26/06/2013.

e da economicidade. Ademais, reitere-se que a publicidade para o público em geral é apenas postergada, restando resguardado o acesso às informações pertinentes, após o encerramento da licitação.

Cabe registrar ainda um efeito prático do sigilo do orçamento. A não publicação da planilha de custos, preenchida com a estimativa de custos feita pela administração, prejudica a participação de empresas com menor capacidade de planejamento ou com pouca responsabilidade técnica na formatação de suas propostas; isto porque estas, normalmente, costumam usar o preço estimado pela administração como parâmetro, aplicando apenas um percentual de redução dos valores, muitas vezes sem um trabalho técnico e responsável de orçamentação, por sua própria equipe.

3.1.1 Sigilo do orçamento em outros regimes licitatórios

Nada obstante a previsão de orçamento sigiloso, no RDC, tenha gerado certa repercussão e crítica, importante destacar que ela não se apresenta propriamente como uma novidade em nosso ordenamento.

A Lei nº 8.666/93 prevê expressamente, no inciso II do § 2º de seu artigo 40, que o "orçamento estimado em planilhas de quantitativos e preços unitários" é um anexo que integra o edital. De tal dispositivo sedimentou-se o raciocínio de que a divulgação do orçamento seria obrigatória, nas licitações sob a égide da Lei nº 8.666/93.

Noutro prumo, nas licitações sob a modalidade pregão, tal obrigatoriedade não é identificada na Lei de regência (Lei nº 10.520/02). Essa omissão fundamenta a interpretação de que nesta modalidade não cabe a aplicação da exigência constante no inciso II do § 2º do artigo 40 da Lei nº 8.666/93, admitindo-se que as licitações na modalidade pregão possam ser realizadas sem a previsão do orçamento prévio estimado em edital, para conhecimento público.

O Tribunal de Contas da União, inclusive, tem adotado entendimento neste sentido:[7]

---

7. TCU, Ac. 1153/2013, Plenário. Relator: Min. Valmir Campelo.

Cap. 3 • DAS REGRAS APLICÁVEIS ÀS LICITAÇÕES DO RDC

7. Quanto à contradição apontada entre o subitem "19.2.8" e a legislação vigente afeta ao pregão, noto imprecisão na ciência direcionada ao jurisdicionado que, por poder gerar dúvida, merece ajuste. Tal imprecisão refere-se à obrigatoriedade ou não de se ter, diretamente no edital, o registro do custo do objeto em licitação. Apesar de o subitem ora questionado indicar a necessidade de o edital dispor da dita estimativa de custo, não verifico tal obrigatoriedade na Lei nº 10.520/2002 e no Decreto 5.450/2005, que instituiu e regulamentou essa modalidade de licitação, bem como na Instrução Normativa do Ministério do Planejamento.

8. Cotejando esses dispositivos legais, observo que a legislação específica para essa modalidade de licitação possibilita ao gestor a disposição do custo do objeto do certame nos autos do procedimento licitatório, não havendo a obrigatoriedade de essa informação constar diretamente no edital. Melhor dizendo, em que pese os normativos legais não dispensar o registro do custo estimado do bem ou serviço a ser adquirido no processo licitatório, este poderá não estar diretamente descrito no edital, oportunidade na qual o instrumento convocatório terá de informar aos interessados o local do processo e os meios para obter esta informação.

No mesmo prumo, em relação às licitações da Petrobrás, o TCU admitiu que a empresa deixasse de registrar o orçamento estimado em seus editais, quando essa divulgação fosse relacionada à sua atividade fim e se apresentasse prejudicial à atividade negocial da empresa:[8]

> *"ACORDAM os Ministros do Tribunal de Contas da União, reunidos em Sessão Plenária, diante das razões expostas pelo relator, com fundamento no art. 43, parágrafo único, da Lei 8.443/1992, c/c o art. 250, inciso II e IV, do Regimento Interno/TCU, em:*
>
> *(...)*
>
> *9.3.2. faça constar, como anexos aos editais dos procedimentos licitatórios que realizar, cópia do orçamento*

---

8. TCU. Acórdão 1.062/2011-Plenário, relator Ministro Walton Alencar Rodrigues, 05.05.2011.

> *estimado em planilhas de quantitativos e preços unitários, em observância ao princípio da publicidade que permeia o Regulamento do Procedimento Licitatório Simplificado, aprovado pelo Decreto 2.745, de 24/8/1998, dando especial atenção aos subitens 1.2, 1.8.1 e 5.3.1, alínea b, salvo quando essa divulgação constituir óbice intransponível à atividade negocial da empresa, fato a ser devidamente justificado no processo licitatório;*

Convém registrar que o TCU, embora admita que o pregão possa dispensar o registro do custo estimado no edital, firma que tais informações devem constar no processo licitatório, sendo ainda necessária a indicação dos meios necessários para que os licitantes obtenham essa informação:[9]

> *"a legislação específica para essa modalidade de licitação possibilita ao gestor a disposição do custo do objeto do certame nos autos do procedimento licitatório, não havendo a obrigatoriedade de essa informação constar diretamente no edital. Melhor dizendo, em que pese os normativos legais não dispensarem o registro do custo estimado do bem ou serviço a ser adquirido no processo licitatório, este poderá não estar diretamente descrito no edital, oportunidade na qual o instrumento convocatório terá de informar aos interessados o local do processo e os meios para obter esta informação".* Recurso parcialmente provido.

No pregão eletrônico, esta posição do TCU foi superada pela previsão do regulamento federal, materializado no Decreto nº 10.024/2019, definindo que "o valor estimado ou o valor máximo aceitável para a contratação, se não constar expressamente do edital, possuirá caráter sigiloso"[10].

---

9. TCU. Acórdão 1153/2013-Plenário, relator Ministro Valmir Campelo, 15.5.2013.

10. Art. 15. O valor estimado ou o valor máximo aceitável para a contratação, se não constar expressamente do edital, possuirá caráter sigiloso e será disponibilizado exclusiva e permanentemente aos órgãos de controle externo e interno.

De qualquer forma, necessário salientar que, diferentemente do que ocorre no pregão, no RDC não ocorre apenas uma omissão legal que torna desnecessária a disposição do custo estimativo da contratação no edital. Neste novel regime, o legislador expressamente admite o caráter sigiloso ao orçamento, estipulando que ele será tornado público apenas depois do encerramento da licitação, embora fique disponibilizado estrita e permanentemente aos órgãos de controle externo e interno.

Assim, no RDC, a opção pelo orçamento sigiloso fará com que esta estimativa de custos seja necessariamente omitida dos licitantes, que não terão meios legítimos de acessar esses valores, até o momento admitido pelo legislador.

3.1.2 RDC e o orçamento sigiloso como opção discricionária

É importante destacar que a escolha do orçamento sigiloso se insere dentro da esfera da conveniência do gestor público, não se tratando de uma regra a ser aplicada em qualquer certame.

O Tribunal de Contas da União, em decisão importante[11], ao identificar problemas práticos na adoção do orçamento sigiloso, interpretou corretamente a Lei de forma a estabelecer o raciocínio de que a adoção do orçamento sigiloso (fechado) insere-se na esfera discricionária do gestor.

Convém transcrever trecho de notícia veiculada pelo Informativo nº 131 do TCU, que trata sobre a decisão abordada pelo Acórdão nº 3011/2012, do Plenário do TCU, relatado pelo Ministro Valmir Campelo.

> *A opção por orçamento aberto ou fechado em licitação regida pelo RDC insere-se na esfera de discricionariedade do gestor. A adoção do orçamento fechado, em obras com parcela relevante dos serviços sem referências de preços nos*

---

11. Acórdão nº 3011/2012, do Plenário do TCU, relatado pelo Min. Valmir Campelo, 8.11.2012.

> *sistemas Sicro ou Sinapi, tende a elevar o risco de retardo na conclusão do empreendimento.*
>
> *(...) o relator (...) Lembrou que "O orçamento fechado, no RDC [Regime Diferenciado de Contratações Públicas], foi pensado em prestígio à competitividade dos certames. Isso porque, a disponibilização prévia do valor estimado das contratações tende a favorecer a formação de conluios". Nessa hipótese, a perda de transparência estaria justificada pelo aumento da competitividade. Anotou que os orçamentos de obras públicas têm seus custos estimados com base fundamentalmente nos sistemas Sinapi e Sicro. (...) O relator lembrou, ainda, que a opção pelo orçamento aberto ou fechado decorre do exercício de competência discricionária. O "contraponto" dessa maior margem de manobra conferida aos gestores "é um maior dever motivador". Ressaltou que caberia à Infraero avaliar a pertinência de "realizar procedimentos com preço fechado em obras mais complexas, com prazo muito exíguo para conclusão e em que parcela relevante dos serviços a serem executados não possua referência explícita no Sinapi/Sicro, em face da possibilidade de fracasso das licitações decorrente dessa imponderabilidade de aferição de preços materialmente relevantes do empreendimento". O Tribunal, então, ao acolher proposta do relator, decidiu "recomendar à Infraero... que, em face do caráter optativo do orçamento fechado em licitações vigidas segundo o RDC, pondere a vantagem, em termos de celeridade, de realizar procedimentos com preço fechado em obras mais complexas, com prazo muito exíguo para conclusão e cuja parcela relevante dos serviços a serem executados não possua referência explícita no Sinapi/Sicro, em face da real possibilidade de preços ofertados superiores aos orçados, decorrente da imponderabilidade da aferição dos custos dessa parcela da obra".[12]*

Embora o texto da lei não seja exatamente claro em relação a esta discricionariedade, tal intelecção pode ser extraída da redação

---

12. *Acórdão nº 3011/2012-Plenário, TC-017.603/2012-9, rel. Min. Valmir Campelo, 8.11.2012.*

Cap. 3 • DAS REGRAS APLICÁVEIS ÀS LICITAÇÕES DO RDC

do parágrafo terceiro do artigo 6º da Lei nº 12.462/2011[13]. Ademais, parece correta (e interessante) a interpretação dada pelo TCU, ao permitir que (seguindo o norte da maioria das disposições do RDC) o orçamento sigiloso, enquanto ferramenta de gestão para o êxito do procedimento licitatório, seja opcional, dentro da esfera da conveniência do gestor público, não se tratando de uma regra a ser aplicada a qualquer certame, mas apenas quando esta ferramenta for útil à busca da melhor proposta.

Assim, nas situações em que o gestor entenda que o sigilo no orçamento pode gerar a obtenção de melhores propostas, adotará essa ferramenta. Noutro prumo, quando mencionado sigilo não for apto ao alcance de um melhor resultado no certame, poderá o gestor adotar o modelo tradicional, com a exposição pública da estimativa de custos para a futura contratação.

Vale relembrar a correta orientação do Ministro Valmir Campelo, por exemplo, para que, tendo em vista o caráter optativo do orçamento sigiloso (fechado) no RDC, o gestor público pondere se realmente é vantajosa sua adoção "em obras mais complexas, com prazo muito exíguo para conclusão e cuja parcela relevante dos serviços a serem executados não possua referência explícita no Sinapi/Sicro"[14], pelo risco de oferta de preços superiores ou inexequíveis.

3.1.3 Situações que não permitem o orçamento sigiloso

Por expressa previsão legal, nas hipóteses de julgamento por maior desconto, o orçamento com estimativa de custos constará do instrumento convocatório. Referida nuance é óbvia, pois neste critério as propostas serão apresentadas através de percentuais referenciados justamente na estimativa de custos feita pelo órgão/ente licitante.

---

13. Art. 6º. In omissis.
    § 3º Se não constar do instrumento convocatório, a informação referida no caput deste artigo possuirá caráter sigiloso e será disponibilizada estrita e permanentemente aos órgãos de controle externo e interno.
14. Acórdão nº 3011/2012-Plenário, TC-017.603/2012-9, rel. Min. Valmir Campelo, 8.11.2012.

Da mesma forma, não haverá sigilo na hipótese de julgamento por melhor técnica ou conteúdo artístico, uma vez que o próprio instrumento convocatório já definirá previamente o valor do prêmio ou da remuneração que será atribuída ao(s) vencedor(es).

Essas situações estão expressamente previstas no artigo 6º da Lei nº 12.462/2011:

> *Art. 6º In omissis.*
>
> *§ 1º Nas hipóteses em que for adotado o critério de julgamento por maior desconto, a informação de que trata o caput deste artigo constará do instrumento convocatório.*
>
> *§ 2º No caso de julgamento por melhor técnica, o valor do prêmio ou da remuneração será incluído no instrumento convocatório.*

Importante frisar que nestas situações não há opção discricionária para utilização do orçamento sigiloso. Existe expresso impedimento legal, além do impeditivo lógico de adoção desta ferramenta, quando utilizados tais critério de julgamento (por maior desconto, por melhor técnica ou conteúdo artístico), por evidente incompatibilidade.

3.1.4 Momento da divulgação do orçamento

O orçamento sigiloso (ou fechado) fica todo o tempo disponível aos órgãos de controle externo e interno. Para os demais interessados, ele deve ser omitido, tornando-se público apenas posteriormente. Importante frisar que o sigilo envolve apenas o orçamento estimado, devendo o edital e seus anexos apresentar as informações necessárias para a elaboração das propostas.

Deve haver especial cuidado com o controle sobre as informações contidas no orçamento estimado, sob pena de, ocorrendo vazamento, ser identificado um desrespeito à isonomia, gerando vícios ao certame. Vale registrar, contudo, que eventual anulação exige a devida ponderação. Analisando caso concreto, o TCU entendeu que "a violação do sigilo do orçamento base da licitação por um dos licitantes motiva a desclassificação da sua proposta, podendo a licitação prosseguir caso não haja indícios de que os demais licitantes tenham tido acesso ao orçamento sigiloso"[15].

O Decreto federal nº 7.581/2011 não cuidou de estabelecer regras básicas para garantia do sigilo para os demais interessados, deixando aos órgãos de execução a definição de como se dará essa etapa do procedimento, com o resguardo necessário para que o resultado da pesquisa não seja repassado a algum eventual licitante, beneficiando-o ilegitimamente.

Na hipótese de correr o mencionado vazamento, ele poderá implicar na invalidação do certame, além da responsabilização dos agentes envolvidos.

Nada obstante, há um momento em que esta restrição à publicidade deve cessar. De acordo com o artigo 6º da Lei nº 12.462/2011, o orçamento estimado será tornado público imediatamente após o "encerramento da licitação".

> *Art. 6º Observado o disposto no § 3º, o orçamento previamente estimado para a contratação será tornado público apenas e imediatamente após o encerramento da licitação, sem prejuízo da divulgação do detalhamento dos quantitativos e das demais informações necessárias para a elaboração das propostas.*

Já o Decreto nº 7.581/2011, ao regulamentar o tema, estabelece que o orçamento previamente estimado para a contratação será tornado público imediatamente após a adjudicação do objeto.

> *Art. 9º O orçamento previamente estimado para a contratação será tornado público apenas e imediatamente após a adjudicação do objeto, sem prejuízo da divulgação no instrumento convocatório do detalhamento dos quantitativos e das demais informações necessárias para a elaboração das propostas.*

Não haveria problemas na regulamentação, em princípio, pela tentativa de definir o momento "imediatamente após a adjudicação

---

15. TCU. Acórdão 10572/2017 Primeira Câmara, Pedido de Reexame, Relator Ministro Benjamin Zymler.

do objeto" como o de "encerramento da licitação", para fins de dar-se publicidade ao orçamento estimado.

Contudo, a análise da própria Lei nº 12.462/2011 parece indicar que o legislador já definiu o momento no qual o procedimento licitatório restaria encerrado. De acordo com o artigo 28 da referida Lei, exauridos os recursos administrativos, o procedimento licitatório será tido como encerrado, encaminhando-se os autos para autoridade superior, para que ela então tome as medidas cabíveis, entre elas a adjudicação do objeto e homologação da licitação. Vejamos o dispositivo:

> *Art. 28. Exauridos os recursos administrativos, o procedimento licitatório será encerrado e encaminhado à autoridade superior, que poderá:*
>
> *I – determinar o retorno dos autos para saneamento de irregularidades que forem supríveis;*
>
> *II – anular o procedimento, no todo ou em parte, por vício insanável;*
>
> *III – revogar o procedimento por motivo de conveniência e oportunidade; ou*
>
> *IV – adjudicar o objeto e homologar a licitação.*

Há então uma singela divergência entre a Lei e o Decreto regulamentador.

Para a Lei, levando-se em conta a redação do artigo 28, que não pode ser desprezada pelo intérprete, logo após o julgamento dos recursos considerar-se-á encerrado o procedimento licitatório. Ora, é exatamente neste momento, encerramento da licitação, que o próprio legislador estabeleceu (no artigo 6º) que deve ser tornado público o orçamento até então sigiloso (fechado).

Noutro diapasão, para o regulamento, a publicidade deve ser feita apenas após a adjudicação do objeto (momento posterior ao indicado pelo legislador).

Parece-nos inconteste que a aparente antinomia deve ser resolvida em favor da prescrição dada pelo legislador, já que ela possui grau hierárquico normativo superior ao decreto que a regulamenta.

Cap. 3 • DAS REGRAS APLICÁVEIS ÀS LICITAÇÕES DO RDC

André Guscow Cardoso[16] faz interessante crítica, pontuando que a previsão regulamentar atenta, ainda, contra a redação do próprio Decreto:

> *A redação do regulamento merece ser criticada. Sob um ângulo, a previsão regulamentar extrapola o que havia sido definido pela Lei nº 12.462, que fala em encerramento do certame. Trata-se de situação que foi definida pelo art. 28, da lei nº 12.462, como já indicado acima. Ademais, o próprio Decreto nº 7.581 definiu que "exaurida a negociação prevista no art. 59, o procedimento licitatório será encerrado e os autos encaminhados à autoridade superior" (art. 60). Ou seja, a previsão de que a publicidade do orçamento será produzida apenas após a adjudicação, contida no art. 9º do Decreto nº 7.581, mostra-se incompatível não apenas com o contido na Lei nº 12.462, mas também com o art. 60 do próprio Decreto.*

Impõe-se que, diante da aparente antinomia entre a previsão da Lei e a previsão do Decreto, deve prevalecer o regramento estabelecido pelo legislador, firmando-se o raciocínio de que logo após o julgamento dos recursos (antes mesmo da adjudicação do objeto), considerar-se-á encerrado o procedimento licitatório, para fins de tornar-se público o orçamento até então sigiloso (fechado).

Por fim, cabe registrar que, analisando um caso concreto, o TCU admitiu que, nas licitações regidas pelo RDC, é possível a abertura do sigilo do orçamento na fase de negociação de preços com o primeiro colocado, desde que em ato público e devidamente justificado[17]. Vale transcrever trecho da notícia veiculada pelo informativo daquele Tribunal[18]:

---

16. CARDOSO, André Guscow. O Regime diferenciado de contratações públicas: a questão da publicidade do orçamento estimado. In: JUSTEN FILHO, Marçal; PEREIRA, Cesar A. Guimarães (Coord.). O Regime Diferenciado de Contratações Públicas (RDC): Comentários à Lei nº 12.462 e ao Decreto nº 7.581. Belo Horizonte: Fórum, 2012. p. 73/99.

17. Acórdão 306/2013-Plenário. Relator Ministro Valmir Campelo, 27.2.2013.

18. Informativo TCU nº 141.

Ainda no âmbito da auditoria realizada em obras no Aeroporto Internacional de Salvador/BA, o diretor da unidade técnica encarregada da instrução do processo apontou possível quebra de sigilo do orçamento na fase de negociação efetuada após a definição da melhor proposta da fase de lances. A negociação ocorreu porque o menor lance fora significativamente superior ao valor orçado. Como o valor final negociado representou desconto irrisório (0,023%) em relação ao orçamento da administração, a ocorrência poderia apontar para quebra do sigilo do orçamento em benefício da empresa licitante e em prejuízo à obtenção de proposta mais vantajosa. O relator considerou não haver elementos materiais mínimos para corroborar a ocorrência da irregularidade. Considerou também que, não obstante o momento da publicação do orçamento estar previsto na Lei 12.462/2011 (imediatamente após o encerramento da licitação, art. 6º) e no Decreto 7.581/2011 (imediatamente após a adjudicação do objeto, art. 9º), a questão merece cautela, notadamente por se tratar de novidade em matéria licitatória, pois "existem situações em que não vislumbro como manter, de modo judicioso e a estrito rigor, o sigilo na fase de negociação". Após apresentar situações hipotéticas para corroborar seu entendimento, concluiu: para se "fazer valer a real possibilidade de negociar, desde que em ato público e devidamente justificado, não vejo, em princípio, reprovabilidade em abrir o sigilo na fase de negociação". O Tribunal, então, endossou o entendimento do relator quanto a essa questão. Acórdão 306/2013-Plenário, TC 039.089/2012-6, relator Ministro Valmir Campelo, 27.2.2013.

Na hipótese, o Ministro corretamente percebeu que, no mundo real, a negociação com o fornecedor melhor classificado, notadamente quando se objetiva a obtenção de proposta final inferior ao valor máximo estimado pela Administração, pode gerar implícita ou explicitamente o conhecimento sobre o limite para contratação estabelecido pela estimativa de preços (até então sigilosa), o que restaria legitimado, "desde que em ato público e devidamente justificado".

Parece-nos assistir razão ao ilustre Ministro, que construiu juridicidade, ao perceber que a regra deve se adaptar ao mundo real. Cumprindo sua função como jurista, nos moldes ensinados por Bobbio, o aplicador do direito deve tornar-se cada vez mais sensível ao fenômeno da "práxis", onde quer que ela se manifeste, seja no mundo empresarial, sindical, judiciário ou administrativo[19].

Seguindo o movimento apontado pela referida jurisprudência do TCU, o Decreto nº 8.080/2013, alterando o regulamento federal do RDC, firmou que, encerrada a etapa competitiva do processo, poderão ser divulgados os custos dos itens ou das etapas do orçamento estimado que estiverem abaixo dos custos ou das etapas ofertados pelo licitante da melhor proposta, para fins de reelaboração da planilha com os valores adequados ao lance vencedor.[20]

3.1.5 Ponderações necessárias sobre o orçamento sigiloso

Não identificamos vício de inconstitucionalidade na adoção do orçamento sigiloso (ou orçamento fechado) pelo órgão/ente licitante. Os princípios se diferenciam das regras justamente por se expressarem em estruturas abertas, flexíveis, podendo, por isso mesmo, ser mais ou menos observados[21]. No caso do orçamento sigiloso, não há impedimento à publicidade (já que eles estarão permanentemente acessíveis aos órgãos de controle e posteriormente serão divulgados para todos os interessados), mas apenas a sua postergação, com o objetivo de alcançar certames mais econômicos e eficientes, atendendo, portanto, a outros princípios igualmente importantes para o ambiente licitatório.

Além da inexistência de afronta ao princípio da publicidade e o pretenso favorecimento aos princípios da eficiência e da economicidade, importante sopesar que a omissão da informação acerca do valor máximo/mínimo a ser pago/fornecido é algo comum nas relações negociais, conquanto a disposição de tais informações beneficia geralmente apenas a parte contrária da negociação.

---

19. BOBBIO, Norberto. Da estrutura à função: novos estudos de teoria do direito. Tradução de Daniela Becccia Versiani. Barueri,SP: Manole, 2007. p.44.

20. Vide atual redação do § 3º do artigo 43 do Decreto nº 7.581/2011.

21. MACHADO, Hugo de Brito. Introdução ao estudo do Direito. 2ª ed. São Paulo: Saraiva, 2004. p. 210.

Maurício Portugal Ribeiro além de firmar que a não disposição prévia do orçamento apenas iguala as condições na negociação entre o Poder Público e os licitantes, pondera que a ausência de referencial de preços pode ajudar no combate aos cartéis.

> *De uma perspectiva acadêmica, a discussão sobre o sigilo é antiga e se dá em torno do assim chamado "preço de reserva" de qualquer vendedor ou comprador monopolista, como é geralmente o caso da Administração Pública. (...)*
>
> *Dessa perspectiva, o principal argumento em favor do sigilo temporário parece ser a de assegurar uma assimetria de informações entre o Poder Público e os licitantes, de maneira que os licitantes não possam se balizar no preço estimado pelo poder Público, mas que este tenha um preço de referência para proceder à eventual negociação com o primeiro colocado na ordem de classificação da licitação (Art. 26). Dada essa assimetria, a ausência de um referencial de preços pode também dificultar a composição dos cartéis em licitação.[22]*

No mesmo sentido explica Cardoso[23]:

> *Em outras palavras, há demonstrações objetivas no âmbito da ciência econômica de que, em regra, a não divulgação do orçamento estimado pela Administração para determinada contratação tem como efeito o incentivo a comportamentos competitivos pelos licitantes, conduzindo potencialmente à obtenção de propostas mais vantajosas, derivadas da ampliação da disputa.*

Concordamos com as ponderações feitas pelos referidos autores. Nada obstante, deve-se ter em mente que a Administração Pública

---

22. RIBEIRO, Maurício Portugal. Regime Diferenciado de Contratação. Licitação de infraestrutura para Copa do Mundo e Olimpíadas. Maurício Portugal Ribeiro, Lucas Navarro e Mário Engler Pinto Júnior. São Paulo: Atlas, 2012. Pág. 69.

23. CARDOSO, André Guscow. O Regime diferenciado de contratações públicas: a questão da publicidade do orçamento estimado. In: JUSTEN FILHO, Marçal; PEREIRA, Cesar A. Guimarães (Coord.). O Regime Diferenciado de Contratações Públicas (RDC): Comentários à Lei nº 12.462 e ao Decreto nº 7.581. Belo Horizonte: Fórum, 2012. p. 73/99.

Cap. 3 • DAS REGRAS APLICÁVEIS ÀS LICITAÇÕES DO RDC

não é um negociante comum; o regime jurídico administrativo e os objetivos intentados com as contratações públicas se fundamentam em valores diferentes, que por vezes divergem do intento que baliza a atuação do negociante privado. Apresenta-se como grande desafio nas contratações públicas, por exemplo, evitar um ambiente propício a certames fracassados e a contratações frustradas (apenas parcialmente executadas).

O raciocínio negocial que torna justificável o caráter sigiloso do orçamento, parte da premissa de que o preço estimado pela Administração não representa, muitas vezes, o real valor de mercado para o atendimento da pertinente pretensão contratual. Seus defensores argumentam que a pesquisa de preços feita na fase interna da licitação, no mais das vezes, não representa o real valor de mercado e que há uma tendência de que as propostas "orbitem" em razão do valor estimado pelo Poder Público.

A solução adequada para tal inaptidão seria o aperfeiçoamento das ferramentas e procedimentos para identificação desses custos estimados. Isso porque, nas situações em que o preço estimado pela Administração reflete efetivamente a mediana dos preços de mercado, será natural (e até recomendável) que as propostas apresentadas se situem perifericamente ao orçamento estimado, caso contrário existirá grande probabilidade de preços inexequíveis ou sobrepreços.

Noutro diapasão, nas situações em que exista incerteza sobre a precisão dos custos estimados pelo Poder Público para a contratação, o caráter sigiloso do orçamento produz algumas desvantagens no transcurso no procedimento burocrático da licitação. Isso porque o sigilo impede que as falhas de tais estimativas sejam identificadas pelos licitantes interessados, antes mesmo da realização do certame. Com a publicidade prévia do orçamento, eventuais interessados, ao identificar incongruência no orçamento estimado, podem apontar essas falhas, permitindo a devida correção antes mesmo de iniciado o certame.

O TCU já sugeriu, por exemplo, que em face do caráter optativo do orçamento fechado em licitações regidas pelo RDC, deve o gestor ponderar a vantagem na realização de procedimentos com preço fechado em obras mais complexas, com prazo muito exíguo para conclusão e cuja parcela relevante dos serviços a serem executados não possua referência explícita no Sinapi/Sicro. Nessas situações, o TCU ponderou a real possibilidade de que os preços ofertados se apresentem superiores aos orçados, decorrente da imponderabilidade da aferição dos custos dessa parcela da obra[24].

O Poder Público não tem a disposição, que tem o setor privado, de descartar propostas imaginadas como irresponsáveis ou inexequíveis, exceto nas hipóteses admitidas pela legislação. A ausência de uma estimativa, de conhecimento prévio, pode motivar propostas inexequíveis.

Neste prumo, embora o orçamento sigiloso ou fechado seja constitucional e não afronte o princípio da publicidade, ponderamos que ele pode não ser interessante em algumas licitações, embora seja recomendável em muitas outras.

3.2 INOVAÇÕES PARA AQUISIÇÃO

No caso de licitações para aquisição de bens, o RDC expressamente previu a possibilidade da aplicação de algumas regras específicas, quais sejam:

a) Indicação de marca;

b) Exigência de amostra;

c) Certificação de qualidade;

d) Carta de solidariedade.

Não há propriamente uma novidade na previsão de tais regras. Na verdade, elas foram "criadas" pelos agentes públicos envolvidos com o ambiente licitatório, como instrumentos para garantir certa melhoria na qualidade das compras feitas pelo Poder Público.

O ainda crescente fenômeno de democratização das licitações públicas, com ampliação da participação de fornecedores nos certames, teve um grande impulso com a implantação do pregão eletrônico. A simplificação do procedimento, a redução dos custos para participação e a desnecessidade da (muitas vezes opressora)

---

24. Acórdão nº 3011/2012-Plenário, TC-017.603/2012-9, rel. Min. Valmir Campelo, 8.11.2012.

sessão presencial geraram benefícios vários, entre eles o aumento da competitividade, ampliação da transparência, além da redução dos preços alcançados no certame.

Por outro lado, a expansão de participantes na sessão virtual proporcionada pelo certame eletrônico, somada à inversão de fases, própria da modalidade pregão, contribuiu para o maior aparecimento de propostas relacionadas a fornecimentos de bens com qualidade inferior ao necessário para a satisfação da pretensão contratual.

Este desafio obrigou a administração a aperfeiçoar a definição do objeto pretendido, de forma a certificar-se que o bem oferecido pelo licitante era o adequado para atender à necessidade administrativa.

Além do aperfeiçoamento da descrição do objeto, podemos indicar as ferramentas que serão descritas abaixo como instrumentos que podem ser utilizados, quando necessários, para dar maior segurança sobre a adequação do bem ofertado pelo licitante. Algumas já são aplicadas nos procedimentos licitatórios sob a égide da Lei nº 8.666/93 e Lei nº 10.520/2002, outras careciam de autorização legal, diante da restritiva redação dos dispositivos do estatuto geral de licitações, acerca das condições de habilitação.

3.2.1 Indicação de marca

No que tange à escolha de marcas, via de regra, ela deve ser evitada, por restringir a competitividade e, consequentemente, a consecução da melhor proposta para a Administração. Mencionada assertiva, contudo, não pode ser compreendida de forma incondicional, visto que, por vezes, as condições necessárias à contratação exigirão prévia seleção de uma marca. Rafael Oliveira lembra que, embora a indicação de marca seja, em regra, vedada, situações excepcionais, devidamente justificadas, viabilizam tal apontamento[25].

Nos moldes da Lei do RDC, desde que formalmente justificada, é possível a indicação de marcas nas hipóteses de:

a)   necessidade de padronização do objeto;

---

25.   OLIVEIRA, Rafael Carvalho Rezende. Licitações e contratos administrativos. Rio de Janeiro: Forense; São Paulo: Método, 2012. p. 175.

b) quando a marca ou modelo for a única capaz de atender às necessidades da Administração;

c) quando a indicação da marca servir como referência de qualidade (neste caso, será obrigatório o acréscimo da expressão "ou similar ou de melhor qualidade").

Importante registrar que a indicação de marcas, nesses moldes, já era admitida pela doutrina e pelo Tribunal de Contas da União, em construção jurisprudencial realizada com base na interpretação dos dispositivos da própria Lei nº 8.666/93.

A utilização de marcas, quando há necessidade de padronização do objeto, pode ser tecnicamente justificada pelo órgão licitante, conforme precedentes do TCU:

> *Ementa: determinação ao HFA para que se abstenha de indicar preferência por marca de objeto a ser adquirido por meio de procedimento licitatório, por contrariar os arts. 7º, § 5º, e 15, § 7º, inc. I, da Lei nº 8.666/1993 e, na hipótese de se tratar de objeto com características e especificações exclusivas, a justificativa para a indicação de marca, para fins de padronização, deverá ser fundamentada em razões de ordem técnica[26].*

Da mesma forma, há precedentes do TCU admitindo a indicação de marcas quando ela é a única capaz de atender à necessidade da entidade contratante ou quando essa indicação serve como referência de qualidade. Neste último caso, passa a ser obrigatório o acréscimo da expressão "ou similar", "ou de melhor qualidade", "ou equivalente"[27].

> *Ementa: recomendação (...) para que evite a indicação de marcas de produtos para configuração do objeto, quando da realização de seus certames licitatórios para a aquisição de bens, salvo se seguidas das expressões "ou equivalente" ou "ou similar", ou quando legalmente possível e estritamente necessária para atendimento das exigências de uniformização e padronização, sempre mediante justificativa prévia, em*

---

26. TCU. Acórdão nº 3.964/2009-2ª Câmara.

27. TCU – Acórdão nº 2.401/2006 – Plenário.

Cap. 3 • DAS REGRAS APLICÁVEIS ÀS LICITAÇÕES DO RDC

processo administrativo regular, no qual fiquem comprovados que a escolha, em termos técnicos e econômicos, é a mais vantajosa para a administração[28].

Ementa: determinação ao (...) para que se abstenha da indicação de marcas: a) a fim de não restringir o caráter competitivo do certame e, na eventual necessidade de indicação de marcas como parâmetro de qualidade, diante de justificativas técnicas circunstanciadas, faça constar expressamente do edital e demais documentos da licitação a aceitação de objeto "similar", "equivalente" ou "de qualidade igual ou superior"; b) quando da realização de certames licitatórios para a aquisição de bens de informática, a não ser quando legalmente possível e estritamente necessária para atendimento das exigências de uniformização e padronização, sempre mediante justificativa prévia, em processo administrativo regular, no qual fiquem comprovados os mencionados requisitos, em obediência ao princípios da isonomia e da competitividade[29].

Naquelas hipóteses em que a marca específica for a "única capaz de atender a necessidade da entidade contratante" e exista apenas um fornecedor (fornecedor exclusivo), a competição se tornará inviável, justificando uma hipótese de inexigibilidade.

Importante firmar que, em qualquer caso, a opção pela indicação de marcas ou modelos deve ser tecnicamente justificada, orientação firmada pelo Decreto federal nº 7.581/2011.[30] A motivação técnica, para justificar a incidência da referida exceção, deve ser claramente descrita, de forma a demonstrar sua indispensabilidade para a execução do objeto pretendido, além de ser confirmada pela autoridade competente.

3.2.2 Exigência de amostra

Outra ferramenta adotada pelo poder público para melhor aferir a qualidade do produto oferecido, agora expressamente admitida pelo RDC, é a exigência de amostra.

---

28. TCU. Acórdão nº 5.339/2009 – 2ª Câmara.

29. TCU. Acórdão nº 2.470/2009 – 1ª Câmara.

30. Artigo 4º, na alínea b do seu inciso IV.

Assim como a indicação de marcas, a exigência de amostras já era admitida, com base na interpretação dos dispositivos da própria Lei nº 8.666/93. O manual de Orientações básicas do TCU já definia, com muita precisão, o objetivo da exigência de amostras:

> *Durante realização de procedimento licitatório, a Administração poderá, se previsto no documento de convocação, solicitar dos licitantes amostras ou protótipos dos produtos ofertados.*
>
> *Objetiva a exigência de amostra ou protótipo o confronto de materiais cotados com especificações estabelecidas no ato convocatório da licitação, em especial no que diz respeito a qualidade, durabilidade, desempenho e funcionalidade dos produtos.*[31]

Nesse mesmo norte, em julgado relatado pelo Ministro Benjamin Zymler, reiterou-se o entendimento consolidado pela Corte de Contas, segundo o qual a "exigência de apresentação de amostras é admitida apenas na fase de classificação das propostas, somente do licitante provisoriamente classificado em primeiro lugar e desde que previamente disciplinada e detalhada no instrumento convocatório".[32]

Firmou-se o raciocínio de que a apresentação de amostras deve ser estabelecida apenas em relação àquele classificado em primeiro lugar (mesmo que provisoriamente), sob pena deste procedimento se constituir em verdadeira condição de habilitação, não prevista na Lei nº 8.666/93.

> *Apresentação de amostras ou protótipos, quando exigida, não pode constituir condição de habilitação dos licitantes. Deve limitar-se ao licitante classificado provisoriamente em primeiro lugar. Caso não seja aceito o material entregue para analise, deve ser exigido do segundo e assim sucessivamente ate ser classificada empresa que atenda plenamente as exigências do ato convocatório.*[33]

---

31. BRASIL. Tribunal de Contas da União. Licitações e contratos: orientações básicas. 3.ed. Brasília: TCU, Secretaria de controle Interno, 2010. p.529/530.

32. TCU. Acórdão nº 2368/2013-Plenário.

33. BRASIL. Tribunal de Contas da União. Licitações e contratos: orientações básicas. 4ª ed. Brasília: TCU, Secretaria de controle Interno, 2010. p. 530.

Cap. 3 • DAS REGRAS APLICÁVEIS ÀS LICITAÇÕES DO RDC

No RDC, as amostras podem ser exigidas no procedimento de pré-qualificação ou nas licitações do RDC para aquisições na fase de julgamento das propostas ou de lances, desde que justificada a necessidade da sua apresentação.

A possibilidade de exigência das amostras na pré-qualificação permanente relativiza o raciocínio de limitação da sua exigência apenas ao classificado em primeiro lugar, já que neste procedimento ela será exigida de todos os interessados na pré-qualificação. Neste caso, não haverá prejuízo à competitividade, já que este procedimento, na pré-qualificação, poderá servir para vários certames.

Cabe observar ainda que, no RDC, a exigência de amostras foi prevista apenas para as aquisições. Outrossim, ela tornar-se-á desnecessária quando a demonstração de qualidade puder ser produzida por meio de prova documental (como na hipótese do certificado de qualidade). O TCU, inclusive, já entendeu que a exigência de apresentação de laudos de ensaios técnicos por parte de todos os licitantes, como requisito de habilitação técnica, não encontra amparo na Lei 8.666/1993. Isto porque, segundo o TCU, as exigências de habilitação técnica devem se referir ao licitante, não ao objeto do certame, e não podem onerar o licitante em custos que não sejam necessários anteriormente à celebração do contrato[34].

Tendo como parâmetro as orientações já sedimentadas em julgados do TCU, é possível apontar algumas observações importantes sobre a exigência de amostras:

a) Deve o edital definir detalhadamente as condições para a apresentação das amostras, quando exigidas em edital, inclusive a hipótese de solicitação da nova apresentação de amostras por parte dos licitantes;[35]

b) Deve-se evitar a concessão de nova oportunidade para apresentação de amostras a licitantes desclassificadas nessa etapa, sem previsão no edital para tal procedimento;[36]

---

34. TCU. Acórdão nº 1624/2018-Plenário.

35. TCU. Acórdão nº 2.404/2010-Plenário.

36. TCU. Acórdão nº 1.461/2010-Plenário.

REGIME DIFERENCIADO DE CONTRATAÇÕES • Ronny Charles | Michelle Marry

c) Devem ser estabelecidos critérios objetivos, detalhadamente especificados, de apresentação e avaliação, bem como de julgamento técnico e de motivação das decisões relativas às amostras apresentadas;[37]

d) A desclassificação de licitante deve ser fundamentada tecnicamente, indicando as deficiências da amostra.[38]

3.2.3 Certificação de qualidade

O RDC também admite que nas aquisições seja exigida "certificação da qualidade do produto ou do processo de fabricação, inclusive sob o aspecto ambiental, por qualquer instituição oficial competente ou por entidade credenciada"[39].

Da redação legal, percebe-se que a exigência de certificação abrange não apenas o produto em si; alternativamente, ela tem como objeto de aferição o processo de fabricação do respectivo bem.

A exigência de certificação de qualidade é um procedimento comum ao mercado de compras. É corriqueiro, por exemplo, que nas aquisições de determinados bens, o consumidor em geral busque identificar se o produto por ele desejado detém determinada certificação que garanta qualidade. Assim ocorre, por exemplo, na compra de colchões, de café, móveis, eletrodomésticos, entre outros. Importante frisar que a "qualidade" pode estar relacionada a diversos fatores, como: durabilidade, pureza, procedência, eficiência energética, entre outros.

Embora naturais ao mercado e comumente utilizadas pelos particulares em suas contratações, mencionadas exigências são tidas como proibidas no regime geral de licitações, em virtude da restritiva redação da Lei nº 8.666/93. O texto do caput do artigo 30 ("A documentação relativa à qualificação técnica limitar-se-á a:") realmente é prejudicial à tentativa dos gestores de, através da utilização de certificações, buscar melhores contratações para o Poder Público. Isso porque, o dispositivo,

---

37. TCU. Acórdão n.º 2077/2011, Plenário.
38. TCU. Acórdão n.º 1291/2011, Plenário.
39. Art. 7º, inc. III, da Lei nº 12.462/2011.

Cap. 3 • DAS REGRAS APLICÁVEIS ÀS LICITAÇÕES DO RDC

ao enumerar a documentação relativa e impor a limitação, indica que o acréscimo de exigência pode incidir na vedação legal do artigo 3º, pelo comprometimento à competitividade.

O próprio TCU já determinou que não fossem exigidos, na habilitação técnica, documentos além daqueles constantes no artigo 30 da Lei nº 8.666/1993[40]. Assim, nas licitações sob a égide da Lei nº 8.666/93 e da Lei nº 10.520/2002, face à literal disposição do artigo 30 da Lei Geral de Licitações, o TCU firmou a Jurisprudência de que seria ilegal a exigência de apresentação de certificação de qualidade como requisito de habilitação em procedimentos licitatórios, "aceitando apenas a possibilidade da sua previsão no edital como critério de pontuação técnica"[41]. Em outras palavras, o Tribunal não admite a exigência de certificados específicos, como critério prévio de habilitação, mas apenas enquanto critério de pontuação (sem caráter eliminatório), nas licitações do tipo técnica e preço.[42]

No mesmo sentido são as manifestações do TCU acerca da exigência de certificado de boas práticas de fabricação. Segundo aquele Tribunal, sob a égide da Lei nº 8.666/93, essa exigência era vedada, por absoluta falta de amparo legal[43]. Vale a leitura de trecho da notícia veicula pelo informativo de Jurisprudência da Corte[44]:

> *Pregão para registro de preços: 1 – A exigência de certificado de boas práticas de fabricação não se coaduna com os requisitos de habilitação previstos na Lei 8.666/1993.*
> *Em face de representação, o Tribunal tomou conhecimento de potenciais irregularidades no Pregão nº 208/2010, realizado pelo Ministério da Saúde – MS, para registro de preços, e cujo objeto consistiu na aquisição de kits de testes de quantificação de RNA viral do HIV-1, em tempo real, no total de 1.008.000 unidades, a serem distribuídos para*

---

40. TCU. Acórdão nº 1.529/2006, Plenário.
41. TCU. Acórdão nº 492/2011, Plenário. Rel. Min-Subst. Marcos Bemquerer Costa, 23.02.2011.
42. TCU. Acórdão nº 998/2006, Plenário.
43. TCU. *Acórdão n.º 392/2011-Plenário. Rel. Min. José Jorge, 16.02.2011.*
44. Info TCU nº 51.

> *as 79 unidades que compõem a Rede Nacional de Laboratórios (com previsão de mais quatro a serem instaladas), em todos os estados da Federação. Dentre tais irregularidades, constou exigência, para o fim de qualificação técnica, de certificado de boas práticas de fabricação, o qual, na visão da representante, estaria em contrariedade à ordem jurídica. Para o relator, assistiria razão à representante, em razão da ausência de previsão legal para a exigência em questão. Para ele, "o art. 30 da Lei nº 8.666/93 enumera os documentos que poderão ser exigidos para fim de comprovação da qualificação técnica, entre os quais não se incluem certificados de qualidade". Assim, não haveria sido observado o princípio da legalidade. Além disso, ainda para o relator, "ainda que se considerasse legal a exigência supra, ela não atenderia, no caso concreto, ao princípio da proporcionalidade, não se revelando, na espécie, indispensável à garantia do cumprimento das obrigações a serem assumidas perante o Ministério da Saúde". Por conseguinte, votou, e o Plenário aprovou, por que se determinasse ao Ministério da Saúde a exclusão do edital do Pregão nº 208/2010 da exigência do certificado de boas práticas de fabricação, por absoluta falta de amparo legal, bem como por não se mostrar indispensável à garantia do cumprimento das obrigações a serem pactuadas.*

Cabe o registro, contudo, de que a jurisprudência da Corte de Contas federal admitia, ainda nas licitações sob a égide da lei nº 8.666/93, a exigência de certificação quando ela fosse compulsória, necessária à comercialização do produto[45].

A pertinente crítica jurisprudencial à impossibilidade de exigência dos certificados de qualidade, pela ausência de previsão legal, é resolvida pelo RDC com a previsão legal autorizadora dessa exigência, tanto em relação ao produto, como em relação ao respectivo processo de fabricação e inclusive sob o aspecto ambiental.

A certificação será dada por instituição oficial competente ou por entidade credenciada. Esta restrição é válida, pelo objetivo de resguardar maior credibilidade às certificações admitidas.

---

45. TCU. Acórdão n.º 463/2010, Plenário. Rel. Min. José Jorge, 17.03.2010.

Obviamente, com o tempo, as entidades certificadoras sérias conseguirão o devido credenciamento perante os órgãos oficiais, valorizando mais ainda seu trabalho de certificação e ampliando a procura de novos fornecedores interessados.

Importante frisar que esse credenciamento deve ser dado mediante o cumprimento de regras objetivas e abertas. Assim, qualquer entidade certificadora que cumprir os requisitos exigidos, terá direito ao respectivo credenciamento.

Outrossim, não é admissível a limitação ilegítima ao número de entidades certificadoras ou mesmo a indicação, na licitação, de entidade certificadora específica, em detrimento de outras credenciadas, como forma de restringir indevidamente a competitividade. Os licitantes terão liberdade para escolher a certificação por qualquer das entidades possíveis, seja instituição oficial ou entidade credenciada.

3.2.4 Carta de solidariedade

Outra novidade do RDC, em relação às aquisições, é a possibilidade de exigir-se carta de solidariedade. Ela "representa documento em que o fabricante se responsabiliza solidariamente ao fornecedor pelo adequado padrão de qualidade e de funcionamento do objeto"[46].

Desde que motivadamente, poderá ser solicitada sua emissão pelo fabricante, de forma a assegurar a execução do contrato, no caso de licitante revendedor ou distribuidor.

Citada previsão se apresenta como uma inovação, já que, nos contratos sob a égide da Lei nº 8.666/93, essa exigência era tida como indevida, diante da regra restritiva estabelecida pelo Estatuto Geral de Licitações.

Segundo entendimento do TCU, não haveria amparo legal para se exigir carta de solidariedade do fabricante para fins de habilitação técnica em licitação, uma vez que tal requisito extrapolaria as exi-

---

46. ALTOUNIAN, Cláudio Sarian; CAVALCANTE, Rafael Jardim. RDC e contratação integrada na prática: 250 questões fundamentais. 2. ed. rev. ampl. Belo Horizonte: Fórum, 2014. P. 170.

gências contidas no artigo 30 da Lei nº 8.666/1993[47]. Nem mesmo era admitida a imposição de declaração de corresponsabilidade[48] ou a exigência de declaração emitida pelo fabricante, afirmando condições de fornecer o produto e garantia mínima:

> *Ementa: determinação ao SEBRAE Nacional para que se abstenha de prever, em licitação, a exigência de declaração emitida por fabricante consignando que tem condições de fornecer o produto e conceder garantia mínima, tendo em vista configurar-se "carta de solidariedade" e contrariar a jurisprudência do TCU[49].*

Diante da ausência de previsão legal admitindo a carta de solidariedade como requisito de habilitação, a doutrina e jurisprudência a admitiam (nas licitações sob a égide da lei nº 8.666/93) apenas como critério de pontuação nas licitações do tipo técnica e preço.

Com a redação proporcionada pela Lei nº 12.462/2011, nas situações em que essa exigência for interessante para garantir a execução contratual, haverá amparo legal para a exigência do mencionado requisito habilitatório. Este também é o entendimento de Zymler e Dios, em obra conjunta sobre o RDC.

> *É bem verdade que, sob a égide da lei nº 8.666/93, há entendimentos do TCU no sentido de que a carta de solidariedade somente deve ser considerada como critério de pontuação em licitação do tipo técnica e preço. Entretanto, de acordo com a disciplina da Lei nº 12.462/2011, esse entendimento não se aplica ao RDC[50].*

De qualquer forma, importante firmar que a exigência da carta de solidariedade é excepcional, devendo ser motivada sua opção e demonstrada sua necessidade para assegurar a execução do contrato.

---

47. TCU. Acórdão nº 166/2008-TCU-2ª Câmara.
48. TCU. Acórdão nº 2.035/2013-2ª Câmara.
49. TCU. Acórdão nº 1.500/2010, Plenário.
50. ZYMLER, Benjamin; DIOS, Laureano Canabarro. O Regime Diferenciado de Contratações – RDC. Belo Horizonte: Fórum, 2013. p. 132.

Cap. 3 • DAS REGRAS APLICÁVEIS ÀS LICITAÇÕES DO RDC

Jacoby Fernandes e Reolon fazem importantes ponderações sobre a ferramenta, pontuando que, embora ela restrinja a competição, pode ser útil e necessária em algumas pretensões contratuais:

> *A previsão do edital de que o fornecedor apresente carta de solidariedade do fabricante restringe a competição e de fato favorece que o fabricante possa escolher qual revendedor deva participar da licitação, pois estaria garantindo apenas um deles.*
>
> *Por outro lado, também procede a crítica no sentido de que para aquisições de maior vulto a exigência se faz necessária sob pena de o fornecedor não poder honrar com compromissos de grande monta, que muitas vezes afetam a capacidade produtiva do fabricante, o qual só vem a tomar conhecimento da venda na fase posterior à assinatura do contrato, tornando inviável a execução.*
>
> *Tome-se, por exemplo, a compra de 300 impressoras pela Administração. Não é raro fornecedores do varejo ingressarem na licitação para, somente após a vitória no certame, buscarem o produto que consta em suas propostas, olvidando dificuldades que podem ocorrer por diversos fatores referentes à sazonalidade da oferta e procura.*
>
> *A permissão para a exigência é bem-vinda e vai facilitar a execução dos contratos[51].*

Assiste razão aos ilustres doutrinadores. A exigência da "carta de solidariedade" no RDC passa a ser possível, diante da expressa previsão legal, superando o óbice tradicionalmente apontado pelo TCU (ausência de fundamento legal para exigência do referido compromisso de solidariedade),[52] mas só deve ser exigida quando necessária a assegurar a devida execução contratual e mediante decisão devidamente motivada.

---

51. FERNANDES, Jorge Ulisses Jacoby; REOLON, Jaques Fernando. **Regime Diferenciado de Contratações Públicas (RDC)**. Fórum de Contratação e Gestão Pública – FCGP. Nº 117. Setembro/2011.

52. OLIVEIRA, Rafael Carvalho Rezende. Licitações e contratos administrativos. Rio de Janeiro: Forense; São Paulo: Método, 2012. p. 176/177.

3.3 REGIMES

Segundo dispõe o artigo 8º da Lei do RDC, na execução indireta de obras e serviços de engenharia, pode ser adotado um dos seguintes regimes:

- empreitada por preço unitário;
- empreitada por preço global;
- contratação por tarefa;
- empreitada integral; ou
- contratação integrada.

O assunto já havia sido tratado pela Lei nº 8.666/93, como pode ser observado na leitura do artigo 6º, incisos VII e VIII, e artigo 10, daquele diploma legal.[53]

---

53.   Art. 6º Para os fins desta Lei, considera-se:

[...]

VII – Execução direta – a que é feita pelos órgãos e entidades da Administração, pelos próprios meios;

VIII – Execução indireta – a que o órgão ou entidade contrata com terceiros sob qualquer dos seguintes regimes:

a) empreitada por preço global – quando se contrata a execução da obra ou do serviço por preço certo e total;

b) empreitada por preço unitário – quando se contrata a execução da obra ou do serviço por preço certo de unidades determinadas;

c) (Vetado).

d) tarefa – quando se ajusta mão-de-obra para pequenos trabalhos por preço certo, com ou sem fornecimento de materiais;

e) empreitada integral – quando se contrata um empreendimento em sua integralidade, compreendendo todas as etapas das obras, serviços e instalações necessárias, sob inteira responsabilidade da contratada até a sua entrega ao contratante em condições de entrada em operação, atendidos os requisitos técnicos e legais para sua utilização em condições de segurança estrutural e operacional e com as características adequadas às finalidades para que foi contratada;

[...]

Art. 10. As obras e serviços poderão ser executados nas seguintes formas:

I – execução direta;

II – execução indireta, nos seguintes regimes:

a) empreitada por preço global;

Cap. 3 • DAS REGRAS APLICÁVEIS ÀS LICITAÇÕES DO RDC

A execução indireta é utilizada quando a Administração resolve contratar terceiros para execução das obras e serviços de engenharia considerados necessários pelo órgão, o qual escolheu licitar no lugar de realizá-la por meios próprios, seja pelo fato de não ter servidores qualificados para tal desiderato ou porque chegou à conclusão de que seria mais vantajoso para a Administração sua contratação junto a terceiros.

Releva destacar que, na Lei do RDC, o § 1º do mesmo artigo 8º dispõe expressamente que nas licitações para obras e serviços de engenharia deverão ser adotados, preferencialmente, determinados regimes, quais sejam:

- empreitada por preço global;

- empreitada integral; ou

- contratação integrada.

Apenas em caso de inviabilidade, constatada pelo gestor, da adoção de um dos regimes descritos acima, é que deverá ser feita a opção por um dos outros regimes previstos pelo RDC (empreitada por preço unitário ou contratação por tarefa), obrigatoriamente, após justificativa adequada para essa escolha.

Forçoso reconhecer que a empreitada por preço unitário e a contratação por tarefa são exceções e, caso a escolha seja feita para aplicação de um desses dois regimes, a justificativa deve estar presente nos autos do procedimento, conforme dispõe o § 2º do artigo 8º, da Lei do RDC.

3.3.1 Empreitada por preço unitário

A empreitada não é uma modalidade de contrato a ser formalizada pela Administração, mas sim um gênero entre os regimes de execução daqueles contratos.

---

b) empreitada por preço unitário;
c) (Vetado).
d) tarefa;
e) empreitada integral.
Parágrafo único. (Vetado).

De acordo com o artigo 2º, inciso III, da Lei do RDC, é utilizada a empreitada por preço unitário "quando se contrata a execução da obra ou do serviço por preço certo de unidades determinadas". Este conceito já constava na Lei nº 8.666/1993, notadamente em seu artigo 6º, inciso VIII, alínea "b", sendo apenas repetido pela Lei do RDC.

A empreitada por preço unitário historicamente é utilizada para projetos básicos que, motivadamente, contemplem uma complexidade relevante, para os quais a quantidade do serviço e dos materiais que serão utilizados na parcela considerada mais relevante da obra ou do serviço de engenharia (com valor significativo) não tenham tecnicamente como ser definidos precisamente nos anexos do instrumento convocatório. Em outras palavras, a empreitada por preço unitário deve ser utilizada quando não for possível definir precisamente os quantitativos necessários para a execução contratual.

Foi exatamente o entendimento preconizado pelo Tribunal de Contas da União, no Acórdão nº 1978/2013-Plenário:

> Por essa razão, concluiu o relator, que "nesses empreendimentos eivados de imprecisão congênita, é preferível a utilização de empreitadas por preço unitário, pelas características próprias do sistema de medição". E acrescentou que outra não pode ser a inteligência a ser extraída do art. 47 da Lei 8.666/93, ao correlacionar a adoção da modalidade de execução de empreitada por preço global ao "completo conhecimento do objeto da licitação".[54]

Dessa forma, opta-se por fazer o pagamento de acordo com as unidades que são entregues (seguindo o cronograma físico da obra e, também, o financeiro), como, por exemplo, colocação de piso e pintura. Nesses casos, os quantitativos podem sofrer alterações significativas, em sua fase de execução, justamente porque não se tem, desde o início, definição precisa em relação ao aspecto quantitativo do objeto.

---

54. TCU. Acórdão 1978/2013-Plenário, Relator Ministro Valmir Campelo, 31.7.2013.

Costuma-se utilizar, nesse caso, para definição do preço, as unidades necessárias à execução da obra ou serviço (metros quadrados, metro cúbicos, quilômetros...), de acordo com o objeto a ser contratado.

Diante desta percepção, é forçoso concluir que, utilizando-se a empreitada por preço unitário, diante da possibilidade de oscilação no quantitativo a ser executado, pela imprecisão do planejamento, apenas na execução do objeto é que será efetivamente definido o preço total. Referida opção pode se apresentar como interessante, de acordo com a pretensão contratual envolvida.

Explicam o assunto, Zymler e Dios:[55]

> *Na verdade, a definição dos regimes de execução de obras e serviços de engenharia deve ocorrer de acordo com o objeto a ser contratado. Veja-se a empreitada por preço unitário, a qual é melhor aplicável a situações em que há maiores incertezas acerca dos quantitativos dos serviços mais relevantes, como obras que envolvam grandes movimentos de terra, cujas características somente seriam adequadamente definidas quando da execução contratual.*

Os autores lembram, ainda, que a incerteza acerca dos quantitativos contratuais a serem executados "constitui um risco adicional para o contratado que deve refletir na sua proposta de preços".[56] Diante dessa premissa, a contratação por preço unitário, ao minimizar tal risco, já que será pago exatamente o que for executado, pode produzir redução do valor das propostas, sendo interessante sua adoção.

De qualquer forma, é importante que o projeto básico reflita da maneira mais fiel possível as quantidades necessárias da obra ou serviço de engenharia que será contratado, evitando que sejam necessários, na fase de execução, aditivos para acréscimo, sem fundamentação adequada para tanto.

Outrossim, importante que o estabelecimento do orçamento seja lastreado em metodologia adequada de aceitabilidade de preços

---

55. ZYMLER, Benjamin; DIOS, Laureano Canabarro. O Regime Diferenciado de Contratações – RDC. Belo Horizonte: Fórum, 2013. p. 171.

56. ZYMLER, Benjamin; DIOS, Laureano Canabarro. O Regime Diferenciado de Contratações – RDC. Belo Horizonte: Fórum, 2013. p. 171.

unitários, possuindo como característica determinante a não admissão de compensação de sobrepreços unitários de alguns serviços com subpreços unitários de outros, e utilizando, na fase licitatória, sistemática de verificação dos preços conforme as exigências da lei de diretrizes orçamentária, a qual exige que as tabelas referenciais, notadamente Sicro e Sinapi, sejam os preços máximos adotados pela Administração Pública em suas licitações.[57]

3.3.2 Empreitada por preço global

O inciso II do artigo 2º da Lei do RDC define a empreitada por preço global como aquela utilizada "quando se contrata a execução da obra ou serviço por preço certo e total". Também nesse caso, a definição já constava do artigo 6º da Lei nº 8.666/93, tendo a Lei do RDC apenas a repetido em seu texto.

Na empreitada por preço global deve existir, desde o início do planejamento da contratação, a definição certa e total do objeto e do preço. Nesta feita, conforme entendimento assentado pelo TCU, em Acórdão relatado pelo Ministro Valmir Campelo, a empreitada por preço global deve ser adotada quando for possível definir previamente no projeto, com boa margem de precisão, as quantidades dos serviços a serem executados, especificando-se, de forma objetiva, as regras para as respectivas medições.[58]

Dessa forma, nas empreitadas por preço global, o projeto básico deve estimar, com a maior precisão possível, tanto o aspecto quantitativo, quanto o qualitativo do objeto, uma vez que as alterações no projeto ou nas especificações de obra ou serviço, realizadas unilateralmente pela Administração, implicarão a necessidade de celebração de termo aditivo, de modo a evitar o enriquecimento sem causa de qualquer das partes.[59]

---

57. TCU. Acórdão n.º 2086/2012-Plenário, Rel. Min. Ana Arraes, 8.8.2012.

58. TCU. Acórdão 1978/2013-Plenário, Relator Ministro Valmir Campelo, 31.7.2013.

59. TCU. Acórdão 1977/2013-Plenário, Relator Ministro Valmir Campelo, 31.7.2013.

Cap. 3 • DAS REGRAS APLICÁVEIS ÀS LICITAÇÕES DO RDC

Considerando que a escolha entre a adoção da empreitada por preço unitário ou global decorre da natureza do objeto da contratação, Marçal Justen filho[60] fez ressalva no seguinte sentido:

> "*É relevante destacar que a escolha entre empreitada por preço global e por preço unitário não envolve uma decisão discricionária da Administração Pública. Se a contratação tiver um objeto global e insuscetível de fracionamento, é obrigatório promover a contratação mediante empreitada por preço global. Lembre-se que a empreitada por preço unitário somente se aplica quando a Administração contratar o particular para executar obra ou serviço 'por preço certo de unidades determinadas'. Se a Administração pretende obter uma obra no seu conjunto, não há cabimento de promover empreitada por preço unitário.*"

Importantes decisões foram tomadas pelo Tribunal de Contas da União, em relação ao assunto:

> *A utilização da empreitada por preço global para objetos com imprecisão intrínseca de quantitativos deve ser justificada no processo, em termos técnicos, econômicos ou outros devidamente motivados.*[61]
>
> *Nas empreitadas por preço global, alterações no projeto ou nas especificações de obra ou serviço, realizadas unilateralmente pela Administração, implicam a necessidade de celebração de termo aditivo.*[62]
>
> *Nas empreitadas por preço global, erros ou omissões relevantes no orçamento poderão ensejar termos aditivos, de modo a evitar o enriquecimento sem causa de qualquer das partes.*[63]

---

60. FILHO, Marçal Justen. Comentários à Lei de licitações e contratos administrativos. 12ª edição. Dialética. São Paulo: 2008. Página 125.
61. Acórdão 1977/2013-Plenário, TC 044.312/2012-1, relator Ministro Valmir Campelo, 31.7.2013.
62. Acórdão 1977/2013-Plenário, TC 044.312/2012-1, relator Ministro Valmir Campelo, 31.7.2013.
63. Acórdão 1977/2013-Plenário, TC 044.312/2012-1, relator Ministro Valmir Campelo, 31.7.2013.

Eventos imprevistos pelos licitantes e não considerados em suas propostas levam a necessidade de realização de termos aditivos. Importante se torna, portanto, a definição precisa do objeto da licitação, bem como do orçamento da licitação para que a Administração não sofra com aditivos infindáveis, por conta de um objeto mensurado de forma não devidamente definida.

Por outro lado, o TCU já admitiu que a empreitada por preço global pode ser utilizada para objetos com imprecisão intrínseca de quantitativos, mas, nesse caso, deverá existir justificada no processo, em termos técnicos, econômicos ou outros devidamente motivados para essa situação específica[64].

Enfim, pode-se chegar à conclusão que a distinção entre a empreitada por preço global e a empreitada por preço unitário reside na remuneração que será dada ao contratado. Quando o objeto puder ser estimado com precisão, tanto em seu aspecto quantitativo, quanto no qualitativo, será propícia, em princípio, a adoção da empreitada por preço global; noutro diapasão, nas hipóteses em que o aspecto quantitativo não puder ser definido com precisão, possivelmente a empreitada por preço unitário poderá se apresentar mais vantajosa, fazendo-se o pagamento da contratação em função de unidades determinadas.

3.3.3 Contratação por tarefa

Presente no artigo 6º, inciso VIII, alínea "d" da Lei geral de licitações, esse tipo de regime é utilizado quando se faz necessária a contratação de mão de obra para trabalhos pequenos e por preço certo, podendo abranger ou não os materiais.

No RDC, o art. 2º, inciso VI, apenas repetiu o conceito constante da Lei 8.666/1993. Vale transcrever as lições de Ivan Barbosa Rigolin e Marco Tullio Bottino:[65]

---

64. Acórdão 1977/2013-Plenário, TC 044.312/2012-1, relator Ministro Valmir Campelo, 31.7.2013.

65. RIGOLIN, Ivan Barbosa e BOTTINO, Marco Tullio. Manual Prático das Licitações, 5ª Edição. São Paulo: Saraiva, 2005. p. 164.

> *"Quis aqui a lei oferecer à Administração mais esta categoria de serviço, referente a pequenos trabalhos, como por exemplo o de conserto de um muro derrubado por uma árvore que caiu, ou o conserto de uma instalação hidráulica, ou a pequena construção – por exemplo, de um muro – que não se possa, pela diminuta proporção, classificar como obra, ainda que o tarefeiro também forneça material. Pelo reduzido custo, muitas vezes a tarefa dispensará licitação (art. 24, II), mas tarefas podem existir as quais, como pequenas obras, precisam ser licitadas, o que se fará por carta-convite no máximo, pois que, se o custo do trabalho exigir tomada de preço, tarefa não será, mas obra ou serviço."*

Para Marçal Justen Filho, a tarefa pode caracterizar uma empreitada ou uma pura prestação de serviço, com as despesas de material assumidas pela Administração[66]. Sua característica marcante seria o pequeno valor envolvido, a pouca dimensão da prestação executada e a transitoriedade da atividade envolvida.

Enfim, a tarefa envolve pequenos trabalhos ou serviços de reduzida duração, com preços já definidos no contrato.

3.3.4 Empreitada integral

Esse regime de execução também se encontra disciplinado pela Lei nº 8.666/1993, mais precisamente na alínea "e" do inciso VIII de seu artigo 6º. Na Lei do RDC, esse regime está disposto no inciso I de seu artigo 2º, reproduzindo o conceito já presente na lei geral de licitações.

Nas duas definições legais, empreitada integral é entendida como o regime de execução no qual se contrata um empreendimento em sua integralidade, compreendendo a totalidade das etapas de obras, serviços e instalações necessárias, sob inteira responsabilidade da contratada, até a sua entrega ao contratante em condições de entrada em operação, atendidos os requisitos técnicos

---

66. JUSTEN FILHO, Marçal. Comentários à Lei de licitações e contratos administrativos. 11ª ed. São Paulo: Dialética, 2005. p. 100.

e legais para sua utilização em condições de segurança estrutural e operacional, além das características adequadas às finalidades para a qual foi contratada.

Segundo a Lei, o contratado será responsável por todas as despesas necessárias à realização da obra, portanto, ele terá a incumbência de executar todo o objeto da obra ou serviço para o qual foi contratado. Neste regime, o objeto deve ser entregue ao contratante pronto para funcionar.

A contratação decorrente de um certame em regime de empreitada integral será feita por preço certo e total, assim como ocorre no regime de empreitada por preço global; contudo, pela natureza do objeto, deverá a Administração verificar a adequação entre uma ou outra hipótese:

> *"A empreitada integral é uma variação da empreitada por preço global. O que a peculiariza é a abrangência da prestação imposta ao contratado, que tem o dever de executar e entregar um 'empreendimento' em sua integralidade, pronto, acabado e em condições de funcionamento. A expressão 'empreendimento' indica uma obra ou um serviço não consumível que serve de instrumento para produzir outras utilidades. A diferença entre os conceitos de empreitada por preço global e de empreitada integral fica evidente no caso do fracionamento da obra. Nesse caso, não haverá empreitada integral, pois o contratado executará apenas uma parte do empreendimento. No entanto, poderá existir empreitada por preço global. Basta que a fração da obra seja contratada por um preço que abranja todas as prestações do particular".*[67]

Zymler e Dios[68], em obra que trata sobre o RDC, destacam a "pouca experiência da administração pública no uso dessas modalidades de contratações globais ou integradas", já que as obras e serviços

---

67. FILHO, Marçal Justen. Comentários à Lei de licitações e contratos administrativos. 12ª edição. Dialética. São Paulo: 2008. Página 127.

68. ZYMLER, Benjamin; DIOS, Laureano Canabarro. O Regime Diferenciado de Contratações – RDC. Belo Horizonte: Fórum, 2013. p. 171.

de engenharia são geralmente contratadas mediante empreitada por preço unitário. Explicam os autores:[69]

> *A experiência em empreitada integral, por exemplo, é concentrada no segmento das obras industriais (v.g., setores elétricos e petrolíferos), em que significativa parte dos investimentos é representada por equipamentos de grande porte, que exigem harmonia plena entre fabricação e montagem.*
>
> *Nessas situações, com maior dificuldade de apuração de preços unitários e maior padronização dos equipamentos, torna-se interessante que o fornecimento, a montagem e a operação sejam realizados por um único responsável, diminuindo os problemas de interfaces entre vários contratos.*

A escolha da Administração, entre o regime da empreitada integral e da empreitada global, decorre do objeto que se pretende contratar, devendo ser levado em consideração se haverá necessidade de fracionamento ou não da obra.

Embora a empreitada integral se assemelhe à contratação integrada, presente no art. 9º da Lei do RDC, possui diferença fundamental, pelo fato de que neste último regime (contratação integrada), é responsabilidade do contratado a apresentação também do projeto básico, o que não ocorre na empreitada integral. Na empreitada integral, o que se busca é a contratação de todo objeto, mas é o órgão ou ente licitante que irá apresentar o projeto básico. Egon Bockman Moreira e Fernando Guimarães explicam este regime:[70]

> *Na empreitada integral há a definição acerca da completude do objeto, configurando-se um empreendimento pronto. O contratado assume o risco de fornecer um objeto acabado – mas, para que isto aconteça e não venha instalar dificuldades no controle da execução, faz-se necessário que o instrumento*

---

69. ZYMLER, Benjamin; DIOS, Laureano Canabarro. O Regime Diferenciado de Contratações – RDC. Belo Horizonte: Fórum, 2013. p. 171.

70. MOREIRA, Egon Bockmann; GUIMARÃES, Fernando Vernalha. A Leis Geral de Licitações – LGL e o Regime Diferenciado de Contratação – RDC. São Paulo: Malheiros, 2013. p. 200.

convocatório contenha o mais completo e minucioso rol de informações.

Os autores lembram ainda que a empreitada integral apresenta vantagens, como: a redução de prazos, precisão do objeto, negócio unitário. Por outro lado, ponderam que o referido regime de execução possui também algumas desvantagens, como: custos do edital e dos projetos, necessidade de domínio de várias técnicas, menor possibilidade de alterações no projeto.[71]

Um ponto controvertido, contudo, envolve a possibilidade de aditivos em contratações sob o regime de empreitada integral. Para muitos, a empreitada integral é indicada para obras não sujeitas a aditivos, não sendo propícia às obras sujeitas a alto grau de imprevisibilidade[72].

Nada obstante as opiniões em contrário, embora, no mundo ideal, fosse interessante a não realização de aditivos, seja em contratações sob o regime de empreitada integral ou global, eventuais situações imprevisíveis ou deficiências no planejamento feito pelo órgão/ente licitante podem justificar a necessidade de alteração do contrato, até para, muitas vezes, resguardar a eficácia da contratação ou recompor a equação econômica do contrato.

Não há na Lei Geral de Licitações vedação aos aditivos em contratações sob o regime de empreitada integral. Nem parece plausível conceber esse raciocínio de forma absoluta, pois, muitas vezes, será a deficiência ou discrepância entre o planejamento do órgão/ente público e a execução contratual, algo infelizmente comum em obras de engenharia mais complexas, que irá gerar a necessidade de readequação da execução contratual, através de aditivo.

A lógica produzida pelos regimes de execução tradicionais impõe a assunção desses riscos pelo órgão público, ao passo que ele se incumbe da apresentação do documento de planejamento da contratação (projeto básico), o qual norteia as propostas dos licitan-

---

71. MOREIRA, Egon Bockmann; GUIMARÃES, Fernando Vernalha. A Leis Geral de Licitações – LGL e o Regime Diferenciado de Contratação – RDC. São Paulo: Malheiros, 2013. p. 200.

72. TCU. Acórdão nº 2.873/2008, Plenário.

Cap. 3 • DAS REGRAS APLICÁVEIS ÀS LICITAÇÕES DO RDC **109**

tes. A quebra desse paradigma é a grande inovação produzida pelo regime de contratação integrada, uma vez que nele, o planejamento da obra, através do Projeto básico, é transferido para o contratado, que acabará, por isso, assumindo o risco de eventuais discrepâncias entre o planejamento e a execução do empreendimento.

3.3.5 Contratação integrada

3.3.5.1 Introdução

Dentre as novidades presentes na Lei do RDC destaca-se a criação de um novo regime de execução contratual, o qual foi denominado de contratação integrada. Neste regime, a contratada é responsável tanto pela elaboração do projeto básico, quanto do executivo, bem como pela execução e entrega da obra acabada, pronta para funcionar.

A ideia fundamental da contratação integrada é reduzir as falhas nos projetos básicos e executivos (evitando-se a celebração de termo aditivo ou algum tipo de compensação financeira) ou transferir a responsabilidade para a contratada, já que, na contratação integrada, é ela a responsável pelo documento de planejamento.

Em síntese, a ideia básica seria transferir a responsabilidade pelo documento inicial de planejamento, o projeto básico, para o contratado, evitando que eventuais prejuízos econômicos decorrentes de discrepâncias entre esse documento e a execução contratual tivessem que ser assumidos pelo órgão/ente licitante.

Cabe registrar que a contratação integrada já era utilizada pela Petrobrás. O Decreto nº 2.745, de 24 de agosto de 1998, em seu item 1.9, trouxe redação semelhante a que é encontrada hoje no RDC, tendo servido como inspiração para a criação do regime denominado contratação integrada.

Nos termos dispostos pelo Decreto supramencionado, "*sempre que economicamente recomendável, a PETROBRÁS poderá utilizar-se da contratação integrada, compreendendo realização de projeto básico e/ou detalhamento, realização de obras e serviços, montagem, execução de testes, pré-operação e todas as demais operações necessárias e suficientes para a entrega final do objeto, com a solidez e segurança especificadas*".

Também a Lei nº 8.987, de 13 de fevereiro de 1995, sem seu art. 18, inciso XV, admitia, em contratos de concessão, que a licitação fosse processada com a especificação no edital apenas dos "elementos do projeto básico", expressão que guarda certa semelhança com o anteprojeto de engenharia, necessário quando da utilização do regime de contratação integrada. Vejamos:

> *Art. 18. O edital de licitação será elaborado pelo poder concedente, observados, no que couber, os critérios e as normas gerais da legislação própria sobre licitações e contratos e conterá, especialmente:*
> *[...]*
> *XV – nos casos de concessão de serviços públicos precedida da execução de obra pública, os dados relativos à obra, dentre os quais os elementos do projeto básico que permitam sua plena caracterização, bem assim as garantias exigidas para essa parte específica do contrato, adequadas a cada caso e limitadas ao valor da obra.*

O regime de contratação integrada foi pensado como proposta de solução para combater o planejamento falho ou incompleto das contratações públicas, resultante de projetos básicos mal elaborados, fato que ocorre com certa frequência, notadamente em contratações de obras complexas, e tem sido apontado pelo Tribunal de Contas da União como fator resultante no desperdício dos recursos públicos, pela necessidade de revisão dos contratos e ampliação dos custos inicialmente previstos.

Cabe frisar, por exemplo, que em relação aos aditamentos contratuais, o artigo 9º, § 4º, da Lei do RDC, veda expressamente a celebração de termos aditivos aos contratos firmados em razão do regime de contratação integrada.

O mencionado regime também tem a utilidade de agilizar o procedimento e evitar questões problemáticas relacionadas à contratação de empresas para a confecção de projetos.

3.3.5.2 Definição do regime de contratação integrada

A contratação integrada tem previsão no artigo 9º da Lei do RDC, o qual delimita o regime, destacando que ele compreende "a

Cap. 3 • DAS REGRAS APLICÁVEIS ÀS LICITAÇÕES DO RDC

elaboração e o desenvolvimento dos projetos básico e executivo, a execução de obras e serviços de engenharia, a montagem, a realização de testes, a pré-operação e todas as demais operações necessárias e suficientes para a entrega final do objeto", além de apontar algumas condições para sua adoção.

> *Art. 9º Nas licitações de obras e serviços de engenharia, no âmbito do RDC, poderá ser utilizada a contratação integrada, desde que técnica e economicamente justificada e cujo objeto envolva, pelo menos, uma das seguintes condições:*
>
> *I – inovação tecnológica ou técnica;*
>
> *II – possibilidade de execução com diferentes metodologias; ou*
>
> *III – possibilidade de execução com tecnologias de domínio restrito no mercado.*
>
> *§ 1º A contratação integrada compreende a elaboração e o desenvolvimento dos projetos básico e executivo, a execução de obras e serviços de engenharia, a montagem, a realização de testes, a pré-operação e todas as demais operações necessárias e suficientes para a entrega final do objeto.*
>
> *§ 2º No caso de contratação integrada:*
>
> *I – o instrumento convocatório deverá conter anteprojeto de engenharia que contemple os documentos técnicos destinados a possibilitar a caracterização da obra ou serviço, incluindo:*
>
> *a) a demonstração e a justificativa do programa de necessidades, a visão global dos investimentos e as definições quanto ao nível de serviço desejado;*
>
> *b) as condições de solidez, segurança, durabilidade e prazo de entrega, observado o disposto no capute no § 1º do art. 6º desta Lei;*
>
> *c) a estética do projeto arquitetônico; e*
>
> *d) os parâmetros de adequação ao interesse público, à economia na utilização, à facilidade na execução, aos impactos ambientais e à acessibilidade;*
>
> *II – o valor estimado da contratação será calculado com base nos valores praticados pelo mercado, nos valores pagos pela administração pública em serviços e obras similares ou na avaliação do custo global da obra, aferida mediante orçamento sintético ou metodologia expedita ou paramétrica.*

> *§ 3º Caso seja permitida no anteprojeto de engenharia a apresentação de projetos com metodologias diferenciadas de execução, o instrumento convocatório estabelecerá critérios objetivos para avaliação e julgamento das propostas.*
>
> *§ 4º Nas hipóteses em que for adotada a contratação integrada, é vedada a celebração de termos aditivos aos contratos firmados, exceto nos seguintes casos:*
>
> *I – para recomposição do equilíbrio econômico-financeiro decorrente de caso fortuito ou força maior; e*
>
> *II – por necessidade de alteração do projeto ou das especificações para melhor adequação técnica aos objetivos da contratação, a pedido da administração pública, desde que não decorrentes de erros ou omissões por parte do contratado, observados os limites previstos no § 1º do art. 65 da Lei nº 8.666, de 21 de junho de 1993[73].*

Como já destacado, a contratação integrada muito se assemelha ao regime de empreitada integral, caracterizando-se os regimes por envolverem prestações contratuais não fracionáveis, nas quais o objeto deverá ser executado de forma associada e unitária. Ambas correspondem à forma de contratação denominada *turnkey* ou EPC *(Engineering, Procurement and Construction),* na qual o contratado fica obrigado a entregar a obra em condições de pleno funcionamento[74].

Além disso, os mencionados regimes deverão ser utilizados quando, por razões técnicas ou econômicas, considerar-se inviável

---

73. A Medida Provisória nº 630, de 2013, alterou a redação do *caput* do artigo, incluiu os incisos I, II e III (esses três incisos já constavam no art. 28 do regulamento do RDC, apenas foram trazidos para o texto da Lei com o intuito de direcionar a interpretação a ser feita quando da justificativa para a adoção do regime de contratação integrada), alterou a redação do inciso II, do § 2º e revogou o inciso III, o qual trazia disposição obrigando a adoção do critério de julgamento pela técnica e preço quando a escolha da contratante fosse pela utilização do regime de contratação integrada.

74. OLIVEIRA. Rafael Carvalho Rezende. FREITAS, Rafael Véras de. O Regime Diferenciado de Contratações públicas (RDC) e a administração de resultados. Revista Brasileira de Direito Público – RBDP. Belo Horizonte, ano 9, n. 35, out./dez. 2011.

Cap. 3 • DAS REGRAS APLICÁVEIS ÀS LICITAÇÕES DO RDC 113

licitar parcelas do serviço ou obras de engenharia em unidades autônomas, dissociadas umas das outras. Todavia, existe diferença entre os regimes de empreitada integral e a contratação integrada. No primeiro (empreitada integral), o encargo da elaboração do projeto básico fica por conta da contratante, que apresenta este documento de planejamento como base para as propostas no certame relacionado ao empreendimento; já na contratação integrada, a elaboração do projeto básico passa a ser encargo do contratado, que assumirá a responsabilidade também pela execução do empreendimento.

A propósito do tema, parcelamento do objeto, o Tribunal de Contas da União, por meio do Acórdão nº 1510/2013, fez observação importante relacionada à necessidade de constar nos autos do processo de licitação, quando a escolha for pela contratação integrada, justificativa relacionada à inviabilidade de parcelamento do objeto, tendo em vista o disposto no artigo 4º, inciso VI, da Lei nº 12.462/2011[75]. Tal raciocínio é compartilhado pela doutrina, ao indicar a vocação desse regime para prestações contratuais não fracionáveis[76]:

> *O ponto de identidade entre esses três regimes reside em que eles devem ser, em regra, reservados a prestações contratuais não fracionáveis, isto é, a objetos cuja execução deve ser promovida de forma conjunta ou unitária. Utilizam-se esses regimes quando, por razões técnicas ou econômicas, resta afastada a viabilidade de licitar parcelas desses serviços ou obras de engenharia como unidades autônomas. É o que se confirma da leitura conjugada dos artigos 8º, § 1º, e 11, § 2º, da Lei nº 12.462 [...]*

---

75. "Art. 4º Nas licitações e contratos de que trata esta Lei serão observadas as seguintes diretrizes:
[...]
VI – parcelamento do objeto, visando à ampla participação de licitantes, sem perda de economia de escala."

76. REISDORFER, Guilherme Fredherico Dias. A contratação integrada no Regime Diferenciado de Contratações Públicas. In: JUSTEN FILHO, Marçal; PEREIRA, Cesar A. Guimarães (Coord.). O Regime Diferenciado de Contratações Públicas (RDC): Comentários à Lei nº 12.462 e ao Decreto nº 7.581. Belo Horizonte: Fórum, 2012. p. 149-167.

Nesse sentido, a primeira conclusão plausível é a de que, nos termos do *caput* do artigo 9º da Lei do RDC, a contratação integrada foi reservada para a execução de obras e serviços de engenharia; além disso, sua adoção deve ser preferencial, como ocorre também em relação aos regimes de empreitada integral e por preço global, conforme disposição expressa do artigo 8º, § 1º:

> *Art. 8º Na execução indireta de obras e serviços de engenharia, são admitidos os seguintes regimes:*
> *I – empreitada por preço unitário;*
> *II – empreitada por preço global;*
> *III – contratação por tarefa;*
> *IV – empreitada integral; ou*
> *V – contratação integrada.*
> *§ 1º Nas licitações e contratações de obras e serviços de engenharia serão adotados, preferencialmente, os regimes discriminados nos incisos II, IV e V do caput deste artigo.*

Com isso, pode-se definir a contratação integrada como sendo um regime de execução para a contratação de obras e serviços de engenharia, por um contratado que ficará responsável pela execução total do empreendimento, com autonomia ampla para desenvolver por sua conta e risco o projeto básico e o executivo, obrigando-se, ao final, a entregar o empreendimento pronto e acabado.

Forçoso reconhecer que, com a criação da contratação integrada, buscou-se a transferência dos riscos do empreendimento ao particular.

3.3.5.3 Práticas Internacionais

Pode-se dizer que a contratação integrada se assemelha ao chamado contrato *turnkey* ou *"EPC" (Engineering, Procurement and Construction Contracts)*. Nesse tipo de contrato, o órgão apenas apresenta o objeto da licitação (no caso do RDC, através de um anteprojeto), para que, com isso, o licitante elabore o projeto (de acordo com a obra por ele idealizada para aquele objeto) e formula a proposta de preços que lhe convém. Assim, projeto arquitetônico, estrutural, custos, métodos construtivos são itens que ele deverá levar em consideração no momento da apresentação da proposta.

Nos Estados Unidos, há a utilização do chamado *Design Build System*, utilizado nas situações nas quais se verifica a falta de capacidade técnica do ente público para desenvolver o projeto, desejando-se, de alguma forma, transferir para o setor privado os riscos do empreendimento que o Estado busca realizar. Pode-se dizer que o sistema supramencionado equivale à contratação integrada presente na Lei do RDC.

Cabe apontar, como ganhos nesse tipo de contratação: a redução do tempo necessário para a realização do objeto e a redução de riscos relacionados à execução do objeto, por parte do Estado.

Por outro lado, é interessante que o contratante traga, como previsão no contrato, a forma de acompanhamento e controle sobre o que está sendo realizado pelo contratado, pois o regime de contratação integrada de certa forma diminui sua capacidade de controlar o que de fato será realizado, uma vez que não foi ele quem desenvolveu o projeto básico. Nessa nova sistemática, há a redução do domínio sobre o que foi desenvolvido ou, ao menos, sobre a forma de desenvolver determinada solução.

Na Inglaterra, o *Design Build System* também é usado, mas para obras de pequeno porte e como forma de repelir o que se convencionou chamar de *claim culture*, praticada no início do procedimento licitatório, quando os participantes oferecem preços muito baixos intentando, posteriormente (na execução contratual), aumentar o valor do contrato. Mencionada prática acaba resultando em prejuízos para a contratante, pois a execução da obra sofre alargamento do seu período de duração, muitas vezes resta frustrada ou o contrato gera aditivos de valor. A França também adota prática semelhante.

Podem ser apontados, ainda, a utilização de dois sistemas, na Inglaterra, o *private finance iniciative* e o *prime contracting*. Em ambos, a responsabilidade contratual recai sobre um único contratante. No *prime contracting*, o preço do contrato não é fixado de início, o que existe é um "preço máximo" e o resultado entre esse preço e o custo de fato será dividido entre o particular e o Poder Público.

O que esse modelo pretende é que as empresas busquem sempre nas propostas apresentadas reduzir custos e trazer novas técnicas.

REGIME DIFERENCIADO DE CONTRATAÇÕES • Ronny Charles | Michelle Marry

Para assegurar transparência, obriga-se a empresa a dar livre acesso ao livro de contabilidade relacionado ao objeto contratado.

Todos os modos de contratação até aqui apresentados utilizam-se dos contratos de incentivos como forma de dividir os riscos da obra entre o Estado e o particular. É o caso, por exemplo, do Japão, que premia o contratante com a metade do valor economizado durante a execução do contrato. Esta, sem dúvida alguma, é uma forma de estímulo para que as empresas desenvolvam cada vez mais práticas de racionalização e desenvolvimento tecnológico.

Esse foi o espírito do RDC, que buscou incentivar a utilização de inovação tecnológica e práticas de racionalização contratual, fomentando que as técnicas adotadas pelo mercado possam ser utilizadas para ganho de eficiência nas contratações públicas.

3.3.5.4 Do anteprojeto de engenharia

Nas licitações sob a égide da Lei nº 8.666/93 e da Lei nº 10.520/2002, a confecção de um documento para o planejamento da contratação foi estabelecida como condição necessária para a realização do certame.

Nesse sentido, o § 2º do artigo 7º da Lei Geral de Licitações já estabelecia que as obras e os serviços somente poderão ser licitados quando, entre outras coisas, houver projeto básico aprovado pela autoridade competente, disponível para exame dos interessados em participar do processo licitatório.

Vale registrar o artigo 2º, parágrafo único, da Lei do RDC, que manteve definição semelhante a constante no inciso IX do artigo 6º da lei nº 8.666/93, e estabeleceu o conteúdo necessário ao projeto básico:

> *Art. 2º [...]*
> *Parágrafo único. O projeto básico referido no inciso IV do caput deste artigo deverá conter, no mínimo, sem frustrar o caráter competitivo do procedimento licitatório, os seguintes elementos:*
> *I – desenvolvimento da solução escolhida de forma a fornecer visão global da obra e identificar seus elementos constitutivos com clareza;*

Cap. 3 • DAS REGRAS APLICÁVEIS ÀS LICITAÇÕES DO RDC

II – soluções técnicas globais e localizadas, suficientemente detalhadas, de forma a restringir a necessidade de reformulação ou de variantes durante as fases de elaboração do projeto executivo e de realização das obras e montagem a situações devidamente comprovadas em ato motivado da administração pública;

III – identificação dos tipos de serviços a executar e de materiais e equipamentos a incorporar à obra, bem como especificações que assegurem os melhores resultados para o empreendimento;

IV – informações que possibilitem o estudo e a dedução de métodos construtivos, instalações provisórias e condições organizacionais para a obra;

V – subsídios para montagem do plano de licitação e gestão da obra, compreendendo a sua programação, a estratégia de suprimentos, as normas de fiscalização e outros dados necessários em cada caso, exceto, em relação à respectiva licitação, na hipótese de contratação integrada;

VI – orçamento detalhado do custo global da obra, fundamentado em quantitativos de serviços e fornecimentos propriamente avaliados.

O projeto básico é o documento que deve conter a descrição do objeto, de maneira a permitir sua identificação, bem como dos objetivos pretendidos pelo órgão licitante, a viabilidade, a necessidade dessa contratação e seu orçamento. Ele tem o condão de fomentar o planejamento administrativo, bem como permitir um melhor conhecimento, pelos eventuais licitantes, pelo público e pelos órgãos de controle, do objeto da pretendida contratação.[77]

O projeto básico deve caracterizar a obra ou serviço de engenharia, com precisão necessária a lastrear as propostas apresentadas pelos licitantes, já que é ele que formalmente define com clareza a pretensão contratual.

Disso se extrai certa importância deste documento para o poder público contratante, pela definição precisa da pretensão contratual e

---

77. TORRES, Ronny Charles Lopes de. Leis de licitações públicas comentadas, 5ª edição. Salvador: Juspodivm, 2013. P. 68.

dos gastos que deverão ser assumidos. Noutro prisma, para o particular contratado, o projeto básico se mostra importante por conta, justamente, da identificação que ele faz do objeto que está sendo licitado, servindo como base para compreensão dos custos envolvidos e do tipo de execução que se pretende implementar.

Com a contratação integrada, muda-se o paradigma. O projeto básico, que deve ser composto por uma quantidade mínima de elementos que permitam a identificação de qual prestação deverá ser realizada, bem como do atendimento da parte do objeto contratual aos requisitos ambientais e de sua viabilidade econômica, passa a ser produzido pelo contratado, não sendo mais antecedente necessário à realização do certame.

Nada obstante, embora tenha sido retirada da Administração a responsabilidade pela confecção do projeto básico, no caso da utilização do regime de contratação integrada, a Lei do RDC não dispensou a apresentação de um documento de planejamento. Foi nesse sentido que o § 2º do artigo 9º da Lei nº 12.462/2011 determinou que o instrumento convocatório conterá documento denominado "anteprojeto de engenharia", o qual deve contemplar os documentos técnicos destinados a possibilitar a caracterização da obra ou serviço.

Zymler e Dios[78], após destacar a forte semelhança entre o regime da contratação integrada e o regime de empreitada integral, explicam:

> Enquanto a empreitada integral é orçada e realizada mediante projeto básico ou executivo, a contratação integrada é orçada e realizada mediante anteprojeto de engenharia, o qual constitui documento de engenharia mais simplificado. O anteprojeto de engenharia deverá possibilitar a caracterização da obra ou serviço e possuir nível de definição suficiente para proporcionar a comparação entre as propostas recebidas das licitantes...

Oliveira e Freitas, embora anotem que uma das principais diferenças entre o regime de contratação integrada e os demais re-

---

78. ZYMLER, Benjamin; DIOS, Laureano Canabarro. O Regime Diferenciado de Contratações – RDC. Belo Horizonte: Fórum, 2013. p. 181.

gimes é justamente a desnecessidade de confecção do projeto básico previamente à licitação, pelo órgão licitante e aprovado pela autoridade competente, fazem questão de registrar que tal nuance não significa dizer que o Poder Público não possui qualquer parâmetro para definir o objeto da contratação e fixar os critérios objetivos de julgamento:[79]

> *É possível constatar que uma das principais diferenças entre o regime de contratação integrada e os demais regimes é a desnecessidade de elaboração prévia do projeto básico devidamente aprovado pela autoridade competente. No caso da contratação integrada, o licitante vencedor será o responsável por sua elaboração (arts. 8º, § 5º, e 9º, § 1º, da Lei nº 12.462/11).*
>
> *Isto não significa dizer que o Poder Público não possui qualquer parâmetro para definir o objeto da contratação e fixar os critérios objetivos de julgamento.*
>
> *É exigida a apresentação, no instrumento convocatório, do denominado "anteprojeto de engenharia" que deverá conter as seguintes informações: a) a demonstração e a justificativa do programa de necessidades, a visão global dos investimentos e as definições quanto ao nível de serviço desejado; b) as condições de solidez, segurança, durabilidade e prazo de entrega; c) a estética do projeto arquitetônico; e d) os parâmetros de adequação ao interesse público, à economia na utilização, à facilidade na execução, aos impactos ambientais e à acessibilidade (art. 9º, § 2º, I, da Lei nº 12.462/11).*

De fato, mesmo sem a necessidade de aprovação prévia do projeto básico, a contratação integrada não abdica da confecção prévia de um documento de planejamento, embora neste novo regime de execução o documento indicado pelo legislador, denominado anteprojeto de engenharia, possua, em tese, menor precisão que o projeto básico.

---

79. OLIVEIRA. Rafael Carvalho Rezende. FREITAS, Rafael Véras de. O Regime Diferenciado de Contratações públicas (RDC) e a administração de resultados. Revista Brasileira de Direito Público – RBDP. Belo Horizonte, ano 9, n. 35, out./dez. 2011.

No § 2º do artigo 9º da Lei do RDC, foram estabelecidos os requisitos mínimos que deverão estar presentes no anteprojeto de engenharia, para que o objeto da licitação não reste indefinido, os resultados esperados pela Administração sejam atingidos e as licitantes possam elaborar suas propostas. De acordo com o referido dispositivo, o anteprojeto de engenharia deve contemplar os documentos técnicos destinados a possibilitar a caracterização da obra ou serviço, incluindo:

- a demonstração e a justificativa do programa de necessidades, a visão global dos investimentos e as definições quanto ao nível de serviço desejado;

- as condições de solidez, segurança, durabilidade e prazo de entrega, observado o disposto no caput e no § 1º do art. 6º da Lei nº 12.462/2011[80];

- a estética do projeto arquitetônico;

- os parâmetros de adequação ao interesse público, à economia na utilização, à facilidade na execução, aos impactos ambientais e à acessibilidade.

O Decreto federal nº 7.581/2011 explicitou que devem constar do anteprojeto, quando couber, os seguintes documentos técnicos:

- concepção da obra ou serviço de engenharia;

- projetos anteriores ou estudos preliminares que embasaram a concepção adotada;

- levantamento topográfico e cadastral;

- pareceres de sondagem;

- memorial descritivo dos elementos da edificação, dos componentes construtivos e dos materiais de construção, de forma a estabelecer padrões mínimos para a contratação.

---

80. Art. 6º Observado o disposto no § 3º, o orçamento previamente estimado para a contratação será tornado público apenas e imediatamente após o encerramento da licitação, sem prejuízo da divulgação do detalhamento dos quantitativos e das demais informações necessárias para a elaboração das propostas.

§ 1º Nas hipóteses em que for adotado o critério de julgamento por maior desconto, a informação de que trata o caput deste artigo constará do instrumento convocatório.

Cap. 3 • DAS REGRAS APLICÁVEIS ÀS LICITAÇÕES DO RDC

A expressão "quando couber" indica que o regulamento federal, com acerto, preferiu deixar ao gestor a prerrogativa de definir quais documentos deverão compor o anteprojeto de engenharia, de acordo com o caso concreto. Por conta desse raciocínio, o rol não deve ser considerado exaustivo, permitindo-se ao gestor, caso venha a considerar necessário no caso concreto, exigir outros documentos.

Noutro diapasão, caso o gestor decida não adotar no anteprojeto nenhum dos documentos acima citados, deverá justificar essa opção nos autos.

Espera-se que, por meio do anteprojeto, reste definida a viabilidade técnica, econômica e ambiental do empreendimento que se pretende contratar. Os documentos técnicos exigidos pelo Decreto demonstram que, embora menos exaustivo que o projeto básico, o anteprojeto de engenharia pode (e deve) garantir sim a caracterização da pretensão contratual, pelo ente/órgão público licitante.

Ademais, no caso do regime de contratação integrada, embora os projetos básicos e executivos não sejam confeccionados pelo órgão/ente licitante, previamente ao certame, eles serão, obrigatoriamente, confeccionados pelo licitante/contratado, no curso da contratação.

Caso o anteprojeto de engenharia admita a apresentação de projetos básicos, pelos licitantes, com metodologias diferenciadas de execução, o instrumento convocatório estabelecerá critérios objetivos para avaliação e julgamento das propostas, pois o anteprojeto de engenharia deverá possuir nível de definição suficiente para proporcionar a comparação entre as propostas recebidas das licitantes.

O TCU, em Acórdão relatado pelo Ministro Benjamin Zymler[81], já firmou o entendimento de que, nas contratações do tipo *turnkey*, em que a elaboração do projeto básico for de responsabilidade da contratada (contratação integrada), deve ser promovida, previamente à abertura da licitação, a definição adequada das características do objeto a ser contratado, por meio de estudos, ensaios e projetos preliminares de engenharia[82].

---

81. TCU. Acórdão 2145/2013-Plenário. Relator Ministro Benjamin Zymler, 14.8.2013.

82. Informativo TCU nº 164.

Outrossim, ao menos no âmbito federal, os Ministérios supervisores dos órgãos e entidades da administração pública, que executam as licitações nesse regime de contratação integrada, poderão definir o detalhamento dos elementos mínimos necessários para a caracterização do anteprojeto de engenharia[83].

Uma importante alteração foi realizada na Lei do RDC com a adição do parágrafo 5o[84] ao artigo 9º estabelecendo que se o anteprojeto contemplar matriz de alocação de riscos entre a administração pública e o contratado, o valor estimado da contratação poderá considerar taxa de risco compatível com o objeto da licitação e as contingências atribuídas ao contratado, de acordo com metodologia predefinida pela entidade contratante.

3.3.5.5 Da justificativa técnica e econômica

Como determinado pelo artigo 9º, *caput*, da Lei do RDC, para que seja utilizada a contratação integrada, deverá existir justificativa técnica e econômica. Na alteração processada pela Medida Provisória 630/2013, que posteriormente foi convertida na Lei federal nº 12.980/2014, foi adicionada, ao *caput*, exigência no sentido de ser necessário que o objeto envolva, pelo menos, uma das seguintes condições:

- inovação tecnológica ou técnica;
- possibilidade de execução com diferentes metodologias, ou;
- possibilidade de execução com tecnologias de domínio restrito no mercado.

Conforme o Tribunal de Contas da União, a opção pelo regime de contratação integrada exige que haja justificativa sob os prismas econômico e técnico. Para o Tribunal, no econômico, "a Administração deve demonstrar em termos monetários que os gastos totais a serem realizados com a implantação do empreendimento serão inferiores se comparados aos obtidos com os demais regimes de execução"; no técnico, "deve demonstrar que as

---

83. Referida possibilidade foi expressamente incluída no regulamento federal do RDC, através do Decreto nº 8.080, de 2013.

84. Lei Nº 13.190, de 2015.

Cap. 3 • DAS REGRAS APLICÁVEIS ÀS LICITAÇÕES DO RDC

características do objeto permitem que ocorra competição entre as licitantes para a concepção de metodologias/tecnologias distintas, que levem a soluções capazes de serem aproveitadas vantajosamente pelo Poder Público"[85].

Deve-se firmar o entendimento de que a justificativa técnica e econômica não necessitará demonstrar que a contratação integrada é o melhor regime ou o único compatível com a pretensão contratual, mas sim pontuar os motivos que conduziram à decisão de atribuir ao licitante contratado a confecção tanto do projeto básico como o executivo. Guilherme Fredherico Dias Reisdorfer[86] buscou delimitar esta necessidade de justificativa técnica e econômica:

> [...] Significa dizer que a Administração Pública deve demonstrar a viabilidade e a utilidade técnica de atribuir ao particular a elaboração dos projetos. A adoção da contratação integrada pode justificar-se a partir da demonstração de que ela constitui solução mais eficiente em determinado caso – seja porque mais econômica, seja por possibilitar agregar maior qualidade técnica à futura contratação.
>
> Como observa Cesar A. Guimarães Pereira a respeito da opção por um ou outro regime de contratação, 'há o dever legal de identificar razões (ou seja, de expor fatos e demonstrar seu enquadramento jurídico) que justifiquem a opção por esse instrumento de atuação estatal. Tais razões vinculantes e controláveis. Não se inserem em um campo de suposta discricionariedade técnica – ainda que possam envolver apreciações técnicas, as quais a Administração deve demonstrar com transparência'.

Portanto, o primeiro requisito para utilização da contratação integrada é que exista justificativa técnica que aponte o acerto na escolha deste regime de execução, tanto tecnicamente, quanto economicamente, além da demonstração de que objeto envolve, pelo menos, uma das condições impostas legalmente, quais sejam: a) inovação tecnológica ou técnica, b) possibilidade de execução

---

85. TCU. Acórdão 2618/2018 Plenário. Relator Ministro Benjamin Zymler.
86. Ibidem. p. 152-153.

com diferentes metodologias ou c) possibilidade de execução com tecnologias de domínio restrito no mercado.

No que concerne ao aspecto econômico supramencionado, ele levará em consideração o conjunto da obra ou serviço de engenharia, não usando como parâmetro apenas os valores das propostas, eventualmente obtidos com outros regimes de execução, pois é evidente que o custo das propostas, com a utilização do regime de contratação integrada, será maior, haja vista a maior transferência ao particular do risco negocial.

Necessária uma visão ampla sobre a pretensão contratual para que se perceba, por exemplo, que haverá potencial ganho para a Administração, pela absorção de soluções técnicas inovadoras, muitas vezes desconhecidas pela burocracia administrativa, mas detidas por alguns agentes do Mercado, pela *expertise* que eles desenvolvem a cada dia.

Deverá ser demonstrado, no processo, que pela dimensão da obra, resultados, celeridade e pela qualidade técnica que se busca, apresenta-se vantajoso que a obra ou serviço de engenharia seja desempenhado pela iniciativa privada, em regime com as características próprias da contratação integrada.

Em síntese, é imperativo demonstrar de modo objetivo que a contratação integrada permite atingir um ajuste contratual vantajoso[87].

3.3.5.6 Da adoção (não obrigatória) do critério técnica e preço

Inicialmente, a Lei do RDC estabeleceu a adoção obrigatória do critério técnica e preço[88], quando a escolha for pela utilização da contratação integrada. Contudo, a Medida Provisória 630/2013, posteriormente convertida na Lei federal nº 12.980/2014, retirou do texto legal a adoção obrigatória do critério técnica e preço[89], quando a escolha for pela utilização da contratação integrada.

---

87. Ibidem. p. 155.
88. Inciso III do § 2º do artigo 9º.
89. Inciso III do § 2º do artigo 9º.

Cap. 3 • DAS REGRAS APLICÁVEIS ÀS LICITAÇÕES DO RDC

Parte da doutrina criticava a imposição obrigatória do critério técnica e preço, na contratação integrada, por identificar uma "tentativa de compensar suposta insegurança causada pelo fato da licitação ser realizada com estudos menos detalhados (anteprojeto)".[90] Por outro lado, parece evidente que as nuances de uma pretensão contratual compatível com o regime de contratação integrada envolvem relativa complexidade e apontam certa necessidade de exame específico das soluções técnicas apresentadas, o que justifica a dissociação do julgamento das propostas técnicas e de preço.

Um ponto relevante, sobre a obrigatória adoção da contratação integrada ao critério de técnica e preço, está relacionado à restrição que esta condição impõe às pretensões administrativas passíveis de adoção deste regime.

Esta nuance foi interpretada como excessiva limitação ao uso do regime (contratação integrada), resultando na "preocupação" de alguns órgãos e entes públicos executores, que percebiam na obrigatoriedade de uso do critério técnica e preço uma restrição que impedia a adoção do novo regime para uma diversidade de contratações. Citada percepção derivava, na verdade, do raciocínio sedimentado pelo TCU, nas licitações sob a égide da Lei nº 8.666/93, de que a técnica e preço apenas é cabível quando o objeto for considerado de natureza eminentemente intelectual. Neste sentido:

> *Ementa: determinação ao Ministério do Planejamento, Orçamento e Gestão para que, nos procedimentos licitatórios, abstenha-se de: a) adotar certame do tipo "técnica e preço" quando não estiver perfeitamente caracterizada a natureza predominantemente intelectual do objeto que se pretende contratar, considerando que tal procedimento restringe o caráter competitivo da licitação, consagrado no art. 3º, § 1º, inc. I, da Lei nº 8.666/1993, além de contrariar o disposto no art. 46, "caput", do referido diploma legal; (...) (TCU. Acórdão nº 327/2010-Plenário).*

---

90. RIBEIRO, Maurício Portugal. Regime Diferenciado de Contratação. Licitação de infraestrutura para Copa do Mundo e Olimpíadas. Maurício Portugal Ribeiro, Lucas Navarro e Mário Engler Pinto Júnior. São Paulo: Atlas, 2012. Pág. 56.

O raciocínio acima, externado pelo Egrégio Tribunal de Contas da União, está relacionado à expressa previsão da Lei nº 8.666/93, a qual, no seu artigo 46, estabelece que os tipos de licitação "melhor técnica" ou "técnica e preço" serão utilizados exclusivamente para serviços de natureza predominantemente intelectual, em especial na elaboração de projetos, cálculos, fiscalização, supervisão e gerenciamento e de engenharia consultiva em geral e, em particular, para a elaboração de estudos técnicos preliminares e projetos básicos e executivos. O dispositivo ressalva a esta regra restritiva, apenas, a contratação de bens e serviços de informática que envolvam certa complexidade, não sendo passíveis da contratação através do pregão.

Em razão desta "preocupação", a Advocacia Geral da União, em processo provocado pelo Ministério do Planejamento, emitiu o Parecer Nº AGU/RA – 03/2012.[91] Esta manifestação, curiosamente, interpretou que a Contratação Integrada, embora devesse ser julgada, obrigatoriamente, pelo critério técnica e preço, como estabelecia a Lei do RDC, não se encontrava restrita ao regramento dado pela mesma Lei, em relação ao critério Técnica e Preço!

> *CONTRATAÇÃO INTEGRADA. OBRAS E SERVIÇOS DE ENGENHARIA. CRITÉRIO DE JULGAMENTO DE TÉCNICA E PREÇO. INTERPRETAÇÃO E APLICAÇÃO.*
>
> *I – A Lei nº 12.462, de 5 de agosto de 2011, que disciplina o Regime Diferenciado de Contratações Públicas – RDC, ampliou no ordenamento pátrio a utilização da contratação denominada "contratação integrada".*
>
> *II – A "contratação integrada" compreende desde a elaboração e o desenvolvimento dos projetos básico e executivo até a entrega final da obra contratada.*
>
> *III – Nos termos da Lei do RDC a "contratação integrada", que obrigatoriamente deve ser julgada pelo critério de técnica*

---

91. Ressalva merece ser feita, no sentido de que a referida manifestação jurídica foi processada antes da alteração feita pela Medida Provisória 630/2013, a qual retirou a obrigatoriedade de utilização do critério de julgamento pela técnica e preço do texto.

e preço, é um dos regimes de contratação preferenciais a ser adotado pela Administração Pública.

IV – A adoção do regime de contratação integrada não se encontra restrito às hipóteses previstas nos incisos I e II do § 1º do art. 20 da Lei do RDC, sob pena de torná-lo excepcional.

De acordo com esta manifestação, a Administração Pública poderia utilizar o Regime de Contratação Integrada, previsto pela Lei do RDC, desde que essa opção fosse técnica e economicamente justificável, adotando o critério técnica e preço, contudo, sem admitir as condicionantes criadas pela própria Lei, para a utilização da técnica e preço! Em outras palavras, o parecer defendia uma aplicação apenas parcial da Lei, sem indicar qual a outra fonte legal seria aplicável para regrar o uso da técnica e preço, na contratação integrada.

Vale registrar que esse entendimento não se coadunava com o externado pela melhor doutrina, segundo a qual, "diversamente do verificado na empreitada integral, a contratação é restrita às licitações do tipo técnica e preço"[92], já que a redação anterior à edição da Medida Provisória 630/2013 era direcionada nesse sentido.[93]

Com a *devida venia*, a solução apresentada pelo Parecer-AGU/RA nº 03/2012 destoava da redação legal. Primeiro, porque o raciocínio casuístico não teve o rigor técnico-científico de apresentar fundamentação razoável para que a Lei do RDC fosse aplicada apenas parcialmente à contratação integrada, através de uma interpretação que retirava de parte do texto da Lei sua aplicação.[94]

---

92. ZYMLER, Benjamin; DIOS, Laureano Canabarro. O Regime Diferenciado de Contratações – RDC. Belo Horizonte: Fórum, 2013. p. 184.

93. A interpretação trazida pelo Parecer Nº AGU/RA – 03/2012, antes da alteração feita pela MP 630/2013, parecia insustentável, pois, embora a Lei do RDC tivesse estabelecido a obrigatoriedade de adoção do critério de julgamento pela melhor combinação de técnica e preço, a adoção deste critério, necessariamente, deveria ser justificada nos moldes do que estava pautado pela própria Lei do RDC, notadamente nos incisos presentes no artigo 20 da referida Lei Ademais, a referida manifestação da AGU não cuidou de apontar qual diploma legal seria então aplicável à espécie.

94. Isso porque o Parecer admitia a obrigatoriedade de adoção do critério técnica e preço, como estabelecido na lei, mas não as regras da mesma Lei para a utilização deste critério.

Em segundo, porque o "esforço interpretativo" do Parecer da AGU usou como referência a forte restrição à adoção da técnica e preço, nos certames sob a égide da Lei nº 8.666/93, o que se apresentou como um equívoco técnico-jurídico, pois a contratação integrada é um regime previsto pela Lei do RDC, à qual não se aplicam as regras da Lei nº 8.666/93, em relação ao certame licitatório, por expressa previsão legal[95].

Inaplicável a restrição da Lei nº 8.666/93 ao critério "técnica e preço", no RDC. As condições para a adoção de tal critério, especificamente criadas pela Lei nº 12.462/2011, encontram-se no artigo 20 do citado diploma legal. Naquele dispositivo, a natureza predominantemente intelectual é apenas uma das alternativas para as pretensões contratuais possíveis de adoção da técnica e preço. Vejamos:

> *Art. 20. No julgamento pela melhor combinação de técnica e preço, deverão ser avaliadas e ponderadas as propostas técnicas e de preço apresentadas pelos licitantes, mediante a utilização de parâmetros objetivos obrigatoriamente inseridos no instrumento convocatório.*
>
> *§ 1º O critério de julgamento a que se refere o caput deste artigo será utilizado quando a avaliação e a ponderação da qualidade técnica das propostas que superarem os requisitos mínimos estabelecidos no instrumento convocatório forem relevantes aos fins pretendidos pela administração pública, e destinar-se-á exclusivamente a objetos:*
>
> *I – de natureza predominantemente intelectual e de inovação tecnológica ou técnica; ou*
>
> *II – que possam ser executados com diferentes metodologias ou tecnologias de domínio restrito no mercado, pontuando-se as vantagens e qualidades que eventualmente forem oferecidas para cada produto ou solução.*

---

95. Art. 1º É instituído o Regime Diferenciado de Contratações Públicas (RDC), aplicável exclusivamente às licitações e contratos necessários à realização:
    (...)
    § 2º A opção pelo RDC deverá constar de forma expressa do instrumento convocatório e resultará no afastamento das normas contidas na Lei nº 8.666, de 21 de junho de 1993, exceto nos casos expressamente previstos nesta Lei.

§ 2º É permitida a atribuição de fatores de ponderação distintos para valorar as propostas técnicas e de preço, sendo o percentual de ponderação mais relevante limitado a 70% (setenta por cento).

Nesta feita, no RDC, o critério "técnica e preço" será utilizado quando a avaliação e a ponderação da qualidade técnica das propostas que superarem os requisitos mínimos estabelecidos no instrumento convocatório forem relevantes aos fins pretendidos pela administração pública, destinando-se, exclusivamente, às pretensões contratuais:

- de natureza predominantemente intelectual e de inovação tecnológica ou técnica;

- que possam ser executadas com diferentes metodologias;

- que possam ser executadas com tecnologias de domínio restrito no mercado.

Nesses dois últimos casos (diferentes metodologias ou tecnologias de domínio restrito), não persiste a necessidade de caracterização da "natureza predominantemente intelectual", mas será necessário pontuar as vantagens e qualidades que eventualmente forem oferecidas para cada produto ou solução.

De qualquer forma, perceptível que, além das pretensões contratuais que envolvem "natureza predominantemente intelectual", há outras possibilidades de adoção do critério técnica e preço, admitidas pela Lei do RDC.

Esta percepção parecer ter sido acolhida pela doutrina especializada. Neste sentido, por exemplo, entendeu Guilherme Fredherico Dias Reisdorfer[96]:

> *Por conseguinte, a contratação integrada subsume-se às hipóteses do art. 20, § 1º, incisos I e II, da Lei nº 12.462. Nos termos desses dispositivos, o objeto a ser executado no regime de contratação integrada ou deve ser 'de natureza predominantemente intelectual e de inovação tecnológica ou técnica', ou passível de ser executado 'com diferentes me-*

---

96. Ibidem. p. 160.

todologias ou tecnologias de domínio restrito no mercado'. Aliás, é possível dizer que o ato que deverá justificar 'técnica e economicamente' a adoção da contratação integrada terá de refletir também alguma das hipóteses previstas na Lei nº 12.462 que tornam necessária a adoção do critério de técnica e preço.

Assim, a melhor interpretação, antes da alteração processada no art. 9º da Lei do RDC, pela Medida Provisória 630/2013 e Lei nº 12.980/2014, era aquela no sentido de que a utilização do regime de contratação integrada deveria partir de uma interpretação sistemática, utilizando as regras do antigo artigo 9º, sem desprezo às regras do artigo 20 da Lei do RDC, que limitava a adoção do critério técnica e preço.

Esse raciocínio foi firmado pelo Plenário do Egrégio Tribunal de Contas da União, que, em seu Acórdão nº 1510/2013, relatado pelo Ministro Valmir Campelo, fixou os requisitos para que a obra ou serviço de engenharia venha a se enquadrar dentro do critério "técnica e preço", são eles:

1) ter natureza predominantemente intelectual e de inovação tecnológica;

2) poder ser executado com diferentes metodologias; ou

3) poder ser executado com emprego de tecnologias de domínio restrito no mercado[97].

O Tribunal destacou que a expressão "de domínio restrito de mercado" presente no artigo 20, § 1º, inciso II, da Lei nº 12.462/2011, não estava relacionada à expressão "diferentes metodologias".

Por outro lado, o Tribunal de Contas da União tem entendido que, para o enquadramento no regime de contratação integrada do RDC, a "possibilidade de execução com diferentes metodologias" deve corresponder a diferenças metodológicas em ordem maior de grandeza e de qualidade, capazes de ensejar efetiva concorrência entre

---

97. TCU. Acórdão 1510/2013-Plenário. Relator Ministro Valmir Campelo, 19.6.2013.

propostas, de forma a propiciar soluções vantajosas e ganhos reais para a Administração e a justificar os maiores riscos repassados ao particular[98]. Na mesma linha, o TCU entendeu que seria contrária à Lei 12.462/2011 a utilização da contratação integrada fundamentada na possibilidade de execução do objeto com diferentes metodologias, "quando essa variação metodológica for irrelevante ou sequer ponderada pela Administração no processo de escolha do contratado"[99].

Também considerou o TCU que a valoração da metodologia ou técnica construtiva deve fazer parte da avaliação do item técnica e não somente a pontuação individual que seja decorrente da experiência profissional das contratadas ou dos responsáveis técnicos[100].

Nesse sentido, deverá estar justificado no procedimento licitatório o balanceamento conferido para as notas técnicas das licitantes e a distribuição dos pesos para as parcelas de preço e técnica, justamente, para que reste demonstrada pela Administração Pública que foi escolhida a melhor proposta.

Razão assiste ao Tribunal de Contas de União, pois não há como retirar do item técnica a abordagem quanto à valoração da metodologia ou da técnica construtiva. Referida abordagem impõe enorme desafio para o gestor, o que vem gerando resistência na adoção do critério técnica, já que a definição do que será utilizado para pontuar a técnica, pode conduzir ao risco de avaliação, pelos órgãos de controle, de que a decisão teria gerado direcionamento da licitação, tendo em vista os aspectos subjetivos que a escolha desses critérios poderia acabar envolvendo.

A mencionada resistência poderia ter sido solucionada de outra forma como, por exemplo, uma alteração infralegal que disciplinasse, por meio de regulamento, quais critérios objetivos poderiam ser utilizados na análise do critério técnica.

---

98. Acórdão 356/2020- Plenário. Representação, Relator Ministro Raimundo Carreiro.

99. TCU. Acórdão 2075/2018 Plenário. Pedido de Reexame. Relator Ministra Ana Arraes.

100. TCU. Acórdão 1510/2013-Plenário. Relator Ministro Valmir Campelo, 19.6.2013.

Nada obstante, como já asseverado, a alteração proporcionada pela Lei nº 12.80/2014 suprimiu do texto legal a obrigatoriedade de adoção do critério técnica e preço, não sendo mais expressamente obrigatório o seu uso exclusivo.[101]

3.3.5.7 Do potencial ganho de celeridade

Contrariamente ao que disposto na Lei geral de licitações (art.6º, inciso IX), na qual há exigência de apresentação do projeto básico por pessoa diferente da executora, na contratação integrada é a própria executora do contrato que será responsável pela confecção do projeto básico.

Em termos práticos, no modelo da Lei nº 8.666/93, o órgão/ente público, que muitas vezes não detinha em seu quadro funcional técnicos com expertise para confecção de projetos básicos relacionados às obras mais complexas, precisava realizar uma licitação para contratar a empresa responsável pela confecção do projeto básico. Apenas depois da entrega do referido projeto, o que ocorreria após toda a licitação, contratação e execução contratual, iniciar-se-ia o processo para a licitação do empreendimento em si.

Ora, como é cediço, o processo licitatório impõe o respeito a alguns passos de controle que demandam, além de recursos humanos e financeiros, um lapso temporal considerável. Todo este tempo, duplicado pelos certames autônomos (um para a confecção do projeto básico e outros para a licitação do empreendimento em si), acaba sendo reduzido com a integração admitida neste novo regime de execução.

Ademais, esta integração previne o Poder Público de eventuais questionamentos acerca das discrepâncias entre o projeto básico, confeccionado pela empresa projetista, e o projeto executivo, produzido pela vencedora da licitação para entrega do empreendimento.

Em tese, a transferência da incumbência de confecção do projeto básico, para a contratada, resulta na diminuição do tempo

---

101. Curiosamente, a mesma MP 630/2013, restringiu a adoção da contratação integrada a objetos que envolvam condições assemelhadas àquelas estabelecidas como compatíveis à adoção do referido critério.

Cap. 3 • DAS REGRAS APLICÁVEIS ÀS LICITAÇÕES DO RDC   **133**

de execução do empreendimento contratado e na facilitação da ação dos órgãos de controle e da fiscalização ao longo da execução contratual, pois haverá uma única empresa responsável pelo projeto e pela realização da obra.

Relacionada à duração dos procedimentos licitatórios, os dados referentes às licitações homologadas pelos dois órgãos que mais se utilizam desse novo regime, DNIT e INFRAERO, demonstram a relevante redução do tempo de duração do processo como um todo.

No caso do DNIT, segundo dados do Ministério do Planejamento, Orçamento e Gestão[102], uma licitação durava cerca de 250 dias no modelo da Lei geral de licitações. Com a utilização do RDC, por parte do referido órgão, o prazo passou para 60/90 dias, contados entre a data da publicação do edital e a homologação do certame, gerando uma economia média de 9% nos custos e de 15% de deságio do orçamento básico.

Já no caso da INFRAERO, de acordo com o disposto pela mesma fonte acima consignada, antes do RDC, uma licitação levava cerca de 120 dias, ficando hoje tal lapso temporal reduzido para algo em torno de 60 a 90 dias, além do ganho de 12% em economia.

Provavelmente esse fato também esteja relacionado a diversas outras ferramentas permitidas pelo RDC, como: inversão das fases e a fase recursal única, mas, sem dúvida, a junção de atividades de planejamento e execução admitidas pela contratação integrada permite também a redução do prazo de execução para um empreendimento.

Por fim, impende reiterar que a utilização da contratação integrada não é totalmente livre, sendo exigência da Lei do RDC, para sua utilização, a existência de motivação nos autos do procedimento licitatório. Para tanto, o artigo 9º da Lei do RDC trouxe previsão expressa no sentido de que a utilização do referido regime de execução contratual seria apenas possível nos casos em que for "técnica e economicamente justificada". Neste prumo, fica a Administração Pública obrigada a demonstrar a viabilidade e a utilidade técnica de atribuir ao particular a elaboração dos projetos básico e executivo.

---

102. Link para acesso: http://www.pac.gov.br/noticia/564012c0.

3.3.5.8 Da estimativa de custos na contratação integrada

Importante observar que, diante da ausência de projeto básico com a descrição detalhada dos custos na respectiva planilha, não há como ter-se orçamento prévio detalhado. Nada obstante, as contratações regidas pela contratação integrada devem, com base no que disposto no artigo 9º, § 2º, inciso II da Lei do RDC[103], registrar o valor estimado da contratação, o qual será alcançado com base nos valores praticados pelo mercado, nos valores pagos pela administração pública em serviços e obras similares ou na avaliação do custo global da obra, aferida mediante orçamento sintético ou metodologia expedita ou paramétrica.

No que se refere ao orçamento, em caso da adoção da contratação integrada, o Tribunal de contas da União, no Acórdão nº 1510/2013, traçou importantes balizas, dispondo que as estimativas de preços no caso do anteprojeto deverão ser baseadas:

1) em orçamento sintético detalhado, tendo como base o SINAPI e/ou o SICRO;

2) a utilização de estimativas paramétricas e a avaliação aproximada baseada em outras obras similares devem ser realizadas somente nas frações do empreendimento que não estejam detalhadas suficientemente no anteprojeto.

Para o Tribunal, o orçamento sintético, tendo como base o SINAPI ou SICRO, deve ser utilizado nas frações do empreendi-

---

103. Art. 9º Nas licitações de obras e serviços de engenharia, no âmbito do RDC, poderá ser utilizada a contratação integrada, desde que técnica e economicamente justificada.

§ 2º No caso de contratação integrada:

[...]

II – o valor estimado da contratação será calculado com base nos valores praticados pelo mercado, nos valores pagos pela administração pública em serviços e obras similares ou na avaliação do custo global da obra, aferida mediante orçamento sintético ou metodologia expedita ou paramétrica.

Obs.: Com a alteração feita pela Medida Provisória 630/2013, foi retirada a partícula "e", ao final do inciso, justamente, porque o inciso III, o qual tratava da obrigatoriedade de utilização do critério de julgamento pela técnica e preço, foi revogado.

Cap. 3 • DAS REGRAS APLICÁVEIS ÀS LICITAÇÕES DO RDC

mento que estejam suficientemente detalhadas no anteprojeto, caso contrário, pode-se fazer uso das estimativas paramétricas ou avaliação que utilize como parâmetro obras similares.

Importante notar que, pela redação do artigo 9º, § 2º, inciso II,[104] da Lei do RDC, não há como se concluir pela utilização do SINAPI/SICRO no caso da contratação integrada, até mesmo porque não são todos os itens que constam desses sistemas e não pode ser esquecido o fato de que, na contratação integrada, não haverá projeto básico a ser entregue pela Administração Pública. Ademais, a avaliação sobre o que está "suficientemente detalhado" no anteprojeto não resguarda a objetividade e segurança necessária à decisão do gestor.

Ainda, no mesmo Acórdão nº 1510/2013, o Tribunal dispôs que na escolha pela utilização de metodologia expedita ou paramétrica, para abalizar o valor do empreendimento ou fração dele, caso existam duas ou mais técnicas estimativas possíveis, o gestor deve optar pela escolha que viabilize a maior precisão orçamentária.

Pode-se concluir que, de acordo com o entendimento do Tribunal de Contas da União, a orçamentação a ser realizada, quando da utilização da contratação integrada, exige que a Administração, dentre as opções disponíveis no art. 9º, § 2º, inciso II da Lei do RDC, dê preferência para aquelas que garantam maior precisão ao orçamento.

Também no Acórdão precitado, destacou o Tribunal que, no caso de obra de edificação, é necessário que o anteprojeto traga como previsão a arquitetura consistente do empreendimento. Por conseguinte, esse deve ser mais um item a ser considerado quando da confecção do anteprojeto.

Adiante, ao tratarmos sobre as "regras para estimativa de custos das obras e serviços de engenharia", complementaremos o presente tópico.

---

104. "O valor estimado da contratação será calculado com base nos valores praticados pelo mercado, nos valores pagos pela administração pública em serviços e obras similares ou na avaliação do custo global da obra, aferida mediante orçamento sintético ou metodologia expedita ou paramétrica." (Redação dada pela Medida Provisória nº 630, de 2013).

3.3.5.9 Da matriz de riscos

Nos regimes tradicionais, a apresentação de um projeto básico define previamente os elementos que caracterizam a obra ou serviço de engenharia, soluções escolhidas, metodologias, serviços a executar, informações e subsídios necessários (entre outras coisas), assumindo o Poder Público contratante os riscos relacionados à execução, notadamente quando identificada discrepância entre o planejamento (projeto básico) e a execução.

A obrigatória alocação de riscos decorrentes de fatores imprevisíveis ou de consequências incalculáveis em desfavor da Administração Pública deve ser repensada; o mais apropriado é que eventos desse tipo tenham sua alocação de risco prevista tanto no edital, quanto no contrato. Mauricio Portugal Ribeiro e Lucas Navarro Prado[105] apresentam opinião interessante sobre o tema:

> *A partir da leitura do art. 65, II, "d", da Lei 8.666/93, pretende-se atribuir à Administração Pública os riscos de força maior, caso fortuito, fato do príncipe etc. nos contratos de obras e de prestação de serviços, como se o contrato não pudesse dispor de forma diferente. Todavia, essa interpretação passa ao largo do fato de que o dispositivo menciona tratar-se de evento extracontratual. Ora, se o contrato dispuser de forma distinta, portanto, deverá prevalecer. Pensamos que não há – seja na Lei 8.666/1993 ou em qualquer outro diploma legal – um sistema de distribuição de riscos positivado. Aliás, assim que deve ser, pois a distribuição de riscos é uma questão de eficiência econômica, e não de valor.*

Realmente, não há porque se afirmar que a alocação de risco é algo estanque, que não possa sofrer alteração de acordo com as necessidades que se apresentem a partir do objeto licitado. É o contrato o instrumento hábil para distribuir os riscos dele decorrente.

Na contratação integrada, a ausência do projeto básico, como instrumento prévio à licitação, dá certa margem de liberdade no

---

105. RIBEIRO, Maurício Portugal; PRADO, Lucas Navarro. Comentários à Lei de PPP – Parceria Público-Privada; fundamentos econômico-jurídicos. 1. Ed. São Paulo: Sociedade Brasileira de Direito Público: Malheiros, 2010. p. 120.

Cap. 3 • DAS REGRAS APLICÁVEIS ÀS LICITAÇÕES DO RDC

137

planejamento realizado pelo licitante; contudo, esta liberdade outorga-lhe os riscos inerentes às escolhas assumidas, o que, por consequência, acaba se traduzindo em custos acrescidos às propostas. Essa assunção de riscos precisa ser devidamente definida, sob pena de criarem-se riscos (e custos) desnecessários.

Mencionada definição pode ser feita através de um instrumento denominado "matriz de riscos", o qual apresenta a repartição de riscos relacionados a determinadas atividades abrangidas pela contratação, definindo os titulares responsáveis, o que garante informação necessária à caracterização do objeto e à definição de responsabilidades, facilitando o devido dimensionamento das propostas, pelos licitantes.

Um dos pontos de atenção relacionados à contratação integrada diz respeito, justamente, à necessidade ou não da apresentação de uma matriz de risco, por parte da Administração Pública. No Acórdão nº 1510/2013, o Plenário do TCU decidiu que a matriz de risco é elemento essencial e obrigatório, devendo constar do anteprojeto de engenharia. Com isso, o Tribunal firmou entendimento no sentido de que é:

> ... a 'matriz de riscos', instrumento que define a repartição objetiva de responsabilidades advindas de eventos supervenientes à contratação, na medida em que é informação indispensável para a caracterização do objeto e das respectivas responsabilidades contratuais, como também essencial para o dimensionamento das propostas por parte das licitantes, é elemento essencial e obrigatório do anteprojeto de engenharia, em prestígio ao definido no art. 9º, § 2º, inciso I, da Lei 12.462/2011, como ainda nos princípios da segurança jurídica, da isonomia, do julgamento objetivo, da eficiência e da obtenção da melhor proposta.

Outrossim, no Acórdão nº 1.465-2013, também do Plenário do Tribunal de Contas da União, trecho de voto proferido pelo Ministro-Relator José Múcio Monteiro faz interessante apontamento sobre a necessidade da apresentação de matriz de riscos pela Administração, lembrando que, embora existam questões (riscos) imprevisíveis, deve o documento tentar definir da forma mais clara possível a responsabilidade pelos acontecimentos que a experiência permite antecipar. Nos termos do voto do mencionado Ministro-Relator:

> 10. Daí a recomendação feita pela SecobRodov para que o DNIT passe a preparar uma matriz de riscos, a ser integrada ao edital e ao contrato, definindo o mais claro possível a responsabilidade pelos riscos inerentes à execução do projeto. Evidentemente, há problemas imprevisíveis, mas a idéia é que possam ser relacionados os eventos que a experiência permite antecipar como de acontecimento razoavelmente provável.[106]

Assim, como bem destacado pelo Tribunal de Contas da União, a matriz de riscos faz-se indispensável, justamente, pelo dimensionamento das propostas apresentadas pelos licitantes, como forma de caracterizar o objeto, já que na contratação integrada o projeto básico não é apresentado previamente.

Outra preocupação do Tribunal de Contas da União está relacionada ao contrato de seguro de execução da obra, exatamente porque a garantia de pagamento à Administração em caso de problemas com a obra deve ser detalhada, sob risco de não cumprimento do contrato.

Para tanto é importante que o contratante traga previsão expressa no contrato sobre quais os riscos que ficarão fora da responsabilidade legal da contratada, principalmente, no caso da contratação integrada, hipótese na qual o projeto básico e executivo são de responsabilidade da executora da obra, para que possam ser incluídos no seguro.

O Acórdão nº 1465-2013, do Plenário do TCU, também tratou desse ponto específico. O Ministro-Relator José Múcio Monteiro destacou em seu voto que:

> Além da necessidade de detalhar aspectos como a abrangência do seguro, na linha defendida pela SecobRodov, é preciso que o DNIT disponha nos editais e contratos sobre quais os riscos que estão fora da responsabilidade legal da executora

---

106. TCU, Acórdão nº 1.465-2013, Plenário.

em face do modelo de "contratação integrada", e que, desta forma, devem ser incluídos no seguro. A partir de então, cabe verificar a justeza do valor do prêmio, que será embutido no contrato.[107]

Em relação ao seguro para execução da obra, interessante seria a adoção no Brasil de uma forma de seguro que já é utilizada nos Estados Unidos: o *Performance Bond*. Nessa forma de seguro haverá garantia de indenização, até os valores indicados na apólice, de prejuízos decorrentes do inadimplemento que o contratante tenha dado causa, em relação às obrigações assumidas no contrato firmado entre ele e o segurado. Outra solução é a possibilidade de que a seguradora contratada fique responsável, caso a obra seja paralisada, em dar continuidade à execução do empreendimento, levando a obra até o final. Nessa hipótese, uma boa ideia seria a criação de um cadastro de empresas, as quais poderiam ser chamadas e, eventualmente, contratadas pela seguradora para terminar a obra deixada inacabada, pelo contratado original.

Referida possibilidade foi estudada pelo Governo federal, que passou a dialogar com as seguradoras privadas para avaliar a capacidade deste mercado em assumir esse tipo de seguro, em relação às contratações tipicamente firmadas pelo Poder Público.

3.3.5.10 Da taxa de risco

A assunção dos riscos dos projetos básico e executivo pelo particular pode resultar em uma oneração maior nos contratos, quando comparados com as contratações nas quais os projetos básico e executivo são de responsabilidade da contratante.

Ora, essa assertiva deriva do raciocínio básico de que o licitante, na sistemática da Lei nº 8.666/93, por estar protegido (já que qualquer divergência com repercussão econômica negativa entre o projeto básico e a execução contratual será suportada pelo órgão/ente contratante), não precisa prever tal contingência como um risco seu, convertendo-a em custo na proposta.

---

107. TCU, Acórdão nº 1.465-2013, Plenário.

De fato, a partir do momento em que esse risco passa a ser suportado, parcial ou integralmente, pelo licitante, é óbvio que ele os incorporará ao valor de sua proposta, pela transformação deles em custos, mesmo que eventuais, da contratação. Eventual superdimensionamento ou subdimensionamento desses riscos é um fator importante a ser observado, que será fundamental para a classificação das propostas.

Necessário que o custo estimado da contratação, percebido como teto máximo para que o Poder Público contrate, incorpore essa oneração decorrente dos novos custos suportados pelo contratado, os quais refletirão em suas propostas, sob pena do estabelecimento de um limite de gastos incompatível com a execução responsável do empreendimento.

Neste sentido, o artigo 75 do Decreto federal nº 7.581/2011 foi alterado pelo Decreto nº 8.080/2013, para admitir, justamente, que, na elaboração do orçamento estimado, possa ser considerada taxa de risco compatível com o objeto da licitação e as contingências atribuídas ao contratado.

Esta taxa de risco não deve integrar a parcela de benefícios e despesas indiretas – BDI do orçamento estimado, sendo considerada apenas para efeito de análise de aceitabilidade das propostas ofertadas no processo licitatório.

3.4 DAS REGRAS PARA A ESTIMATIVA DOS CUSTOS DE OBRAS E SERVIÇOS DE ENGENHARIA

3.4.1 Disposições gerais

Para se obter o custo global das obras e serviços de engenharia, em regra, utilizam-se como parâmetro os custos unitários, cujo somatório gera a composição de custos estimados para a contratação em seu todo.

Faz-se necessária a estimativa desses custos, até para definição dos critérios de aceitabilidade dos preços unitários e global, além da fixação de preços máximos, nas contratações de obras e serviços de engenharia.[108]

---

108. TCU. Acórdão 2688/2013-Plenário. Relator Ministro José Jorge, 02.10.2013.

Cap. 3 • DAS REGRAS APLICÁVEIS ÀS LICITAÇÕES DO RDC

Como regra geral, para a estimativa dos custos de obras e serviços de engenharia, o artigo 8º da Lei do RDC, notadamente em seus §§§ 3º, 4º e 6º, dispôs:

> *§ 3º O custo global de obras e serviços de engenharia deverá ser obtido a partir de custos unitários de insumos ou serviços menores ou iguais à mediana de seus correspondentes ao Sistema Nacional de Pesquisa de Custos e Índices da Construção Civil (Sinapi), no caso de construção civil em geral, ou na tabela do Sistema de Custos de Obras Rodoviárias (Sicro), no caso de obras e serviços rodoviários.*
>
> *§ 4º No caso de inviabilidade da definição dos custos consoante o disposto no § 3º deste artigo, a estimativa de custo global poderá ser apurada por meio da utilização de dados contidos em tabela de referência formalmente aprovada por órgãos ou entidades da administração pública federal, em publicações técnicas especializadas, em sistema específico instituído para o setor ou em pesquisa de mercado.*
>
> *[...]*
>
> *§ 6º No caso de contratações realizadas pelos governos municipais, estaduais e do Distrito Federal, desde que não envolvam recursos da União, o custo global de obras e serviços de engenharia a que se refere o § 3º deste artigo poderá também ser obtido a partir de outros sistemas de custos já adotados pelos respectivos entes e aceitos pelos respectivos tribunais de contas.*

A intenção do dispositivo supramencionado foi criar um parâmetro para verificar se os valores apresentados pelos licitantes poderão ser considerados manifestamente inexequíveis e, assim, evitar que as mencionadas propostas sejam aceitas pela Administração.

Importante destacar: tanto na empreitada por preço global, quanto na empreitada integral, cabe ao edital trazer previsão expressa para que o licitante interessado apresente planilha que demonstre seus preços unitários. Isso se faz necessário para verificar a compatibilidade da estimativa de preços apresentados pela contratante, com os valores unitários da contratada.

O Tribunal de Contas da União, como pode ser observado nos trechos abaixo colacionados, vem se manifestando no mesmo sentido:

> As composições de custos unitários e o detalhamento de encargos sociais e do BDI integram o orçamento que compõe o projeto básico da obra ou serviço de engenharia, devem constar dos anexos do edital de licitação e das propostas das licitantes e não podem ser indicados mediante uso da expressão "verba" ou de unidades genéricas[109].
>
> Nas contratações de obras e serviços de engenharia, a definição do critério de aceitabilidade dos preços unitários e global, com fixação de preços máximos para ambos, é obrigação e não faculdade do gestor[110].
>
> 2.2.5 A ausência de detalhamento nas planilhas de custos torna a análise dos preços unitários impossível, pois não há como verificar cada um dos itens presentes na prestação de serviço do fornecimento da alimentação escolar. Os orçamentos são genéricos sem nenhum detalhe dos preços de todos os gêneros alimentícios, mão de obra utilizada, insumos, etc. A comparação dos custos do serviço é importante para examinar se os valores apresentados pelos licitantes estão acima do preço do mercado ou não. As estimativas do custo dos serviços como publicados no edital não permitem nenhum tipo de análise comparativa, a não ser pelo preço final[111].
>
> 5. Quanto ao orçamento da licitação, dispõe o art. 7º, § 2º, inciso II, da Lei n. 8.666/1993 que "as obras e serviços somente poderão ser licitados quando (...) existir orçamento detalhado em planilhas que expressem a composição de todos os seus custos unitários".
>
> 6. A partir desse dispositivo, a jurisprudência do TCU fixou-se no sentido de que a composição dos custos unitários deve descrever todos os insumos necessários para a perfeita caracterização do serviço (Acórdãos ns. 549/2006, 2.385/2006, 946/2007, 2.078/2007 e 2.293/2007, todos do

---

109. Súmula nº 258.

110. Súmula nº 259.

111. AC-6490-38/10-2 Sessão: 09/11/10 Grupo: I Classe: VI Relator: Ministro AROLDO CEDRAZ – Fiscalização.

Cap. 3 • DAS REGRAS APLICÁVEIS ÀS LICITAÇÕES DO RDC

Plenário). Caso contrário, a Administração careceria de dados indispensáveis para estimar os preços em bases objetivas. 7. De acordo com a análise empreendida pela Unidade Técnica, as planilhas orçamentárias do procedimento licitatório em questão mencionavam as quantidades de serviços demandados e os seus preços unitários, mas não continham os elementos necessários para o cálculo de quantidades, tais como os índices de consumo de materiais e de produtividade da mão de obra e dos equipamentos a serem utilizados, as quantidades de horas para cada tipo de profissional, o custo da mão de obra e os encargos sociais etc. Na falta desses dados, era inviável, para o ente licitante, estimar o preço de mercado das obras contratadas[112].

De fato, as decisões do Tribunal de Contas da União precitadas se aplicam quando da adoção dos regimes de execução por empreitada integral ou por preço global[113]. Para as hipóteses nas quais a opção for pela utilização do regime de contratação integrada, as regras são diferentes e encontram-se melhor delineadas com a publicação do Decreto nº 8.080, de 20 de agosto de 2013, o qual fez importantes e pontuais modificações no Decreto nº 7.581/2011.

---

112. AC-5992-28/12-2 Sessão: 14/08/12 Grupo: I Classe: III Relator: Ministro MARCOS BEMQUERER – Fiscalização – Auditoria de Conformidade.

113. Decreto nº 75.581/2011: Art. 40. Na verificação da conformidade da melhor proposta apresentada com os requisitos do instrumento convocatório, será desclassificada aquela que:

   [...]

   § 2º Com exceção da contratação integrada prevista no art. 9º da Lei nº 12.462, de 2011, nas licitações de obras ou serviços de engenharia, o licitante da melhor proposta apresentada deverá reelaborar e apresentar à comissão de licitação, por meio eletrônico, conforme prazo estabelecido no instrumento convocatório, planilha com os valores adequados ao lance vencedor, em que deverá constar:

   a) indicação dos quantitativos e dos custos unitários, vedada a utilização de unidades genéricas ou indicadas como verba;

   b) composição dos custos unitários quando diferirem daqueles constantes dos sistemas de referências adotados nas licitações; e

   c) detalhamento das Bonificações e Despesas Indiretas – BDI e dos Encargos Sociais – ES. [...]

Assim, firma-se a regra de que o valor global da proposta não deve superar o orçamento estimado pela Administração Pública[114]. Nesse ponto, o § 6º do artigo 42 do regulamento do RDC deixou claro que o orçamento estimado das obras e serviços de engenharia será aquele resultante da composição dos custos unitários diretos do sistema de referência utilizado, acrescido do percentual de BDI de referência. Exceção a esse mandamento dá-se na hipótese de utilização do regime de contratação integrada.

O mesmo dispositivo citado acima fez observação, em seu § 7º, no sentido de que a diferença percentual entre o valor global do contrato e o valor obtido a partir dos custos unitários do orçamento estimado pela administração pública não poderá ser reduzida, em favor do contratado, em decorrência de aditamentos contratuais que modifiquem a composição orçamentária. Essa previsão busca impedir que aditamentos contratuais que gerem alteração da composição orçamentária, ocorram em detrimento do órgão/ente contratante.

Noutro diapasão, poderão existir situações especiais, nas quais os custos unitários irão se apresentar superiores àqueles constantes no orçamento estimado, isso levando em consideração os itens materialmente relevantes.

De acordo com o artigo 42, § 2º, inciso I do regulamento do RDC[115] os itens materialmente relevantes são:

---

114. Decreto nº 7.581/2011: Art. 42. Nas licitações de obras e serviços de engenharia, a economicidade da proposta será aferida com base nos custos globais e unitários.

§ 1º O valor global da proposta não poderá superar o orçamento estimado pela administração pública, com base nos parâmetros previstos nos §§ 3º, 4º ou 6º do art. 8º da Lei nº 12.462, de 2011, e, no caso da contratação integrada, na forma estabelecida no art. 9º, § 2º, inciso II, da Lei nº 12.462, de 2011.

[...]

115. Art. 42. Nas licitações de obras e serviços de engenharia, a economicidade da proposta será aferida com base nos custos globais e unitários.

[...]

§ 2º No caso de adoção do regime de empreitada por preço unitário ou de contratação por tarefa, os custos unitários dos itens materialmente relevantes das propostas não podem exceder os custos unitários estabelecidos no orçamento estimado pela administração pública, observadas as seguintes condições:

Cap. 3 • DAS REGRAS APLICÁVEIS ÀS LICITAÇÕES DO RDC **145**

1) os de maior impacto no valor total da proposta e que, somados, representem pelo menos oitenta por cento do valor total do orçamento estimado; ou

2) aqueles que sejam considerados essenciais à funcionalidade da obra ou do serviço de engenharia.

Contudo, para que se adotem esses custos superiores como parâmetro, deverá ser apresentado relatório técnico circunstanciado, aprovado pela Administração Pública, comprovando o fato[116]. O referido relatório fica sujeito à avaliação dos órgãos de controle, devendo ser dispensada a compensação em qualquer outro serviço do orçamento de referência, conforme disposição expressa no art. 42, § 2º, inciso II e § 4º, inciso II do Decreto nº 7.581/2011[117].

I – serão considerados itens materialmente relevantes aqueles de maior impacto no valor total da proposta e que, somados, representem pelo menos oitenta por cento do valor total do orçamento estimado ou que sejam considerados essenciais à funcionalidade da obra ou do serviço de engenharia; e [...]

116. Decreto nº 7.581/2011: Art. 42. Nas licitações de obras e serviços de engenharia, a economicidade da proposta será aferida com base nos custos globais e unitários.

[...]

§ 3º Se o relatório técnico de que trata o inciso II do § 2º não for aprovado pela administração pública, aplica-se o disposto no art. 62, salvo se o licitante apresentar nova proposta, com adequação dos custos unitários propostos aos limites previstos no § 2º, sem alteração do valor global da proposta.

Art. 62. É facultado à administração pública, quando o convocado não assinar o termo de contrato, ou não aceitar ou retirar o instrumento equivalente, no prazo e condições estabelecidos:

I – revogar a licitação, sem prejuízo da aplicação das cominações previstas na Lei nº 8.666, de 1993, e neste Decreto; ou

II – convocar os licitantes remanescentes, na ordem de classificação, para a celebração do contrato nas condições ofertadas pelo licitante vencedor.

Parágrafo único. Na hipótese de nenhum dos licitantes aceitar a contratação nos termos do inciso II do **caput**, a administração pública poderá convocar os licitantes remanescentes, na ordem de classificação, para a celebração do contrato nas condições ofertadas por estes, desde que o valor seja igual ou inferior ao orçamento estimado para a contratação, inclusive quanto aos preços atualizados, nos termos do instrumento convocatório.

117. Art. 42. Nas licitações de obras e serviços de engenharia, a economicidade da proposta será aferida com base nos custos globais e unitários.

Caso o relatório técnico não venha a ser aprovado pela Administração Pública, poderá a Administração revogar a licitação ou convocar o licitante remanescente (artigo 62 do regulamento do RDC), salvo se o licitante apresentar nova proposta, com adequação dos custos unitários propostos aos limites previstos no § 2º, do artigo 42 do regulamento do RDC, situação na qual não poderá haver alteração do valor global da proposta.

Sobre os custos unitários, pode-se dizer que eles abrangem a relação de insumos necessários para a execução de uma unidade de serviço, neles incluídos os encargos sociais sobre a mão de obra.

Quanto ao Sistema Nacional de Pesquisa de Custos e Índices da Construção Civil – SINAPI[118], a Caixa Econômica Federal é a responsável pela manutenção da base técnica de engenharia (base de referência de preços para a construção civil), os quais são resultado de pesquisas mensais do Instituto Brasileiro de Geografia e Estatística – IBGE (possuem cláusula de sigilo dos informantes)

[...]

§ 2º No caso de adoção do regime de empreitada por preço unitário ou de contratação por tarefa, os custos unitários dos itens materialmente relevantes das propostas não podem exceder os custos unitários estabelecidos no orçamento estimado pela administração pública, observadas as seguintes condições:

[...]

II – em situações especiais, devidamente comprovadas pelo licitante em relatório técnico circunstanciado aprovado pela administração pública, poderão ser aceitos custos unitários superiores àqueles constantes do orçamento estimado em relação aos itens materialmente relevantes, sem prejuízo da avaliação dos órgãos de controle, dispensada a compensação em qualquer outro serviço do orçamento de referência;

[...]

§ 4º No caso de adoção do regime de empreitada por preço global ou de empreitada integral, serão observadas as seguintes condições:

[...]

II – em situações especiais, devidamente comprovadas pelo licitante em relatório técnico circunstanciado, aprovado pela administração pública, os valores das etapas do cronograma físico-financeiro poderão exceder o limite fixado no inciso I; e

[...].

118. Acesso pelo site www.caixa.gov.br.

sobre os custos e índices da construção civil (preços de materiais, equipamentos e salários).

No que se refere ao Sistema de Custos de Obras Rodoviárias (SICRO), cabe registrar que ele não cuida atualmente apenas do setor rodoviário, mas também, do ferroviário, aquaviário e de edificação. O Departamento Nacional de Infraestrutura de Transportes (DNIT) adota pesquisas abertas baseadas em aferições feitas por equipes da própria autarquia, para chegar aos valores constantes das referências de preços a serem adotadas.

Importante destacar disposição similar que consta na Lei nº 12.708, de 17 de agosto de 2012 (Lei de Diretrizes Orçamentárias de 2013):

> *Art. 102. O custo global das obras e dos serviços de engenharia contratados e executados com recursos dos orçamentos da União será obtido a partir de composições de custos unitários, previstas no projeto, menores ou iguais à mediana de seus correspondentes no Sistema Nacional de Pesquisa de Custos e Índices da Construção Civil – SINAPI, mantido e divulgado, na internet, pela Caixa Econômica Federal e pelo IBGE, e, no caso de obras e serviços rodoviários, à tabela do Sistema de Custos de Obras Rodoviárias – SICRO, excetuados os itens caracterizados como montagem industrial ou que não possam ser considerados como de construção civil.*
>
> *§ 1º O disposto neste artigo não impede que a administração federal desenvolva sistemas de referência de custos, aplicáveis no caso de incompatibilidade de adoção daqueles de que trata o **caput**, incorporando-se às composições de custo unitário desses sistemas, sempre que possível, os custos de insumos constantes do SINAPI e do SICRO, devendo sua necessidade ser demonstrada por justificação técnica elaborada pelo órgão mantenedor do novo sistema, o qual deve ser aprovado pelo Ministério do Planejamento, Orçamento e Gestão e divulgado pela internet.*
>
> *§ 2º No caso de inviabilidade da definição dos custos consoante o disposto no **caput** deste artigo, a estimativa de custo global poderá ser apurada por meio da utilização de dados contidos em tabela de referência formalmente aprovada por órgãos ou entidades da administração pública federal,*

em publicações técnicas especializadas, em sistema específico instituído para o setor ou em pesquisa de mercado.

§ 3º Na elaboração dos orçamentos-base, os órgãos e entidades da administração pública federal poderão considerar especificidades locais ou de projetos na elaboração das respectivas composições de custos unitários, desde que demonstrada, em relatório técnico elaborado por profissional habilitado, a pertinência dos ajustes para obras ou serviços de engenharia a ser orçada.

Essas referências de custos são importantes como parâmetros relativos, não como limites absolutos, haja vista o fato de subsistir a necessidade de se considerar as especificidades de cada obra para que se possa alcançar os custos reais.

A principal função da estimativa de custos é garantir que o órgão/ente licitante identifique o valor médio de mercado para uma pretensão contratual. Este valor médio de mercado é, na verdade, um parâmetro, que deve ser percebido de forma relativa, pois o efetivo valor de mercado, na maioria das vezes, apenas será identificado com o resultado do certame licitatório, no qual as nuances específicas da pretensão contratual, as condições contemporâneas do mercado e o respectivo procedimento contribuirão para a apresentação de suas propostas[119].

Conforme disposição constante no § 4º do artigo 8º da Lei do RDC, no caso de inviabilidade da definição dos custos pelos índices descritos acima, a estimativa de custo global poderá ser apurada:

- em tabela de referência formalmente aprovada por órgãos ou entidades da Administração Pública Federal;

- em publicações técnicas especializadas;

- em sistema específico instituído para o setor; e, ainda

- em pesquisa de mercado.

---

119. TORRES, Ronny Charles Lopes de. Da pesquisa de preços nas licitações públicas. Jus Navigandi, Teresina, ano 18, n. 3773, 30 out. 2013. Disponível em: <http://jus.com.br/artigos/25635>. Acesso em: 12 nov. 2013.

Cap. 3 • DAS REGRAS APLICÁVEIS ÀS LICITAÇÕES DO RDC

Para as contratações a serem efetivadas pelos governos municipais, estaduais e do Distrito Federal, o § 6º do artigo 8º da Lei do RDC trouxe disposição de que, não envolvendo recursos da União, o custo global de obras e serviços de engenharia poderá também ser obtido a partir de outros sistemas que já venham sendo adotados pelos referidos entes, desde que aceitos pelos respectivos tribunais de contas. Sobre o assunto o Tribunal de Contas da União[120] decidiu que:

> *Diante da ausência de referências oficiais de preços para a execução de obras complexas no Regime Diferenciado de Contratações Públicas* (RDC), *tais como obras portuárias e aeroportuárias, não há obrigatoriedade do uso do orçamento base sigiloso nem da contratação integrada.*

Importante notar que o Decreto nº 7.983, de 08 de abril de 2013, o qual estabelece regras e critérios para elaboração do orçamento de referência de obras e serviços de engenharia, contratados e executados com recursos dos orçamentos da União, trouxe previsão expressa, em seu artigo 18, para sua não aplicação às contratações regidas pelo RDC.

Isso se deve não apenas pela especificidade do tema, mas também, por ter o RDC já adotado em sua lei as normas relacionadas à elaboração do orçamento de referência de obras e serviços de engenharia, constantes da Lei de Diretrizes Orçamentárias – LDO.

3.4.2 Forma de estimar custos no Regime de Contratação Integrada

No caso da utilização pela Administração Pública do regime de contratação integrada, o § 5º do artigo 42 do regulamento do RDC[121] firmou que deverão estar previstos no instrumento convocatório cri-

---

120. Acórdão 1541/2014-Plenário. Relator Ministro Benjamin Zymler. 11.6.2014.
121. Art. 42. Nas licitações de obras e serviços de engenharia, a economicidade da proposta será aferida com base nos custos globais e unitários.
[...]
§ 5º No caso de adoção do regime de contratação integrada, deverão ser previstos no instrumento convocatório critérios de aceitabilidade por etapa, estabelecidos

térios de aceitabilidade por etapa, os quais devem ser estabelecidos de acordo com o orçamento estimado (art. 9º da Lei nº 12.462/2011) e compatíveis com o cronograma físico do objeto licitado.

O artigo 40 do regulamento do RDC, também, trouxe disposição específica no sentido de que para verificar a conformidade da melhor proposta apresentada, com os requisitos presentes no instrumento convocatório, no caso da utilização do regime de contratação integrada[122], o licitante vencedor deverá apresentar o valor do seu lance distribuído pelas etapas do cronograma físico, na forma definida pelo instrumento convocatório.

Nesta senda, o instrumento convocatório deve ser compatível com o critério de aceitabilidade por etapas nele previsto. Os critérios referidos serão estabelecidos de acordo com o orçamento estimado, de forma compatível com o cronograma físico do objeto licitado.

Deve-se ressaltar que o orçamento estimado, no caso da adoção do regime de contratação integrada, será calculado com base nos valores praticados pelo mercado, nos valores pagos pela Administração Pública em serviços e obras similares ou na avaliação do custo global da obra, aferida mediante orçamento sintético ou através de metodologia expedita ou paramétrica, nuances que demonstram a opção do legislador de admitir certa simplificação do procedimento de estimativa de custos.

A metodologia expedita consiste na estimativa orçamentária com base em custos históricos, índices, gráficos, correlações ou comparações com projetos similares[123].

---

de acordo com o orçamento estimado na forma prevista no art. 9º da Lei nº 12.462, de 2011, e compatíveis com o cronograma físico do objeto licitado.

122. Art. 40 [...]

§ 3º No caso da contratação integrada prevista no art. 9º da Lei nº 12.462, de 2011, o licitante que ofertou a melhor proposta deverá apresentar o valor do lance vencedor distribuído pelas etapas do cronograma físico, definido no ato de convocação e compatível com o critério de aceitabilidade por etapas previsto no § 5º do art. 42.

[...]

123. ZYMLER, Benjamin; DIOS, Laureano Canabarro. O Regime Diferenciado de Contratações – RDC. Belo Horizonte: Fórum, 2013. p. 183.

Cap. 3 • DAS REGRAS APLICÁVEIS ÀS LICITAÇÕES DO RDC   **151**

A metodologia paramétrica admite que o preço de referência de uma obra ou serviço possa ser estabelecido multiplicando medida de dimensão da obra/serviço por custo genérico e preliminar de sua realização,[124] como ocorre, por exemplo, quando se aproveita o custo do quilômetro quadrado da construção de uma rodovia anterior, para aferir-se o custo da construção da nova rodovia, de parâmetros semelhantes.

Por fim, orçamento sintético envolve o levantamento dos serviços a serem executados de forma agregada, sem adentrar-se na composição de custo de cada serviço, como ocorre na aplicação do orçamento analítico[125].

3.4.3 Forma de estimar custos quando da adoção do regime de empreitada por preço unitário ou de contratação por tarefa

O § 2º do artigo 42 do regulamento do RDC disciplinou como será a regra para se estimar os custos contratuais, nas hipóteses de adoção do regime de empreitada por preço unitário ou de contratação por tarefa.

Assim, para os supramencionados regimes os custos unitários dos itens materialmente relevantes das propostas não podem exceder os custos unitários estabelecidos no orçamento estimado pela administração pública.

Todavia, importante ressalvar que se aplica para esses regimes a exceção relacionada à possibilidade de apresentação de relatório técnico circunstanciado, nos casos que ultrapassem o orçamento estimado pela Administração Pública, nos termos dispostos no item 3.4.1, referente às disposições gerais.

---

124. RIBEIRO, Maurício Portugal. Regime Diferenciado de Contratação. Licitação de infraestrutura para Copa do Mundo e Olimpíadas. Maurício Portugal Ribeiro, Lucas Navarro e Mário Engler Pinto Júnior. São Paulo: Atlas, 2012. p. 55.

125. ZYMLER, Benjamin; DIOS, Laureano Canabarro. O Regime Diferenciado de Contratações – RDC. Belo Horizonte: Fórum, 2013. p. 184.

3.4.4 Forma de estimar custos quando da adoção do regime de empreitada por preço global ou de empreitada integral

Pela inteligência do § 4º do artigo 42 do Decreto do RDC, caso a Administração Pública faça opção pela adoção do regime de empreitada por preço global ou de empreitada integral, deverá observar algumas condições:

- no caso de aceitação da utilização de custos unitários diferentes daqueles previstos nos §§ 3º, 4º ou 6º do art. 8º da Lei do RDC, o valor global da proposta e o valor de cada etapa prevista no cronograma físico-financeiro deverá ser igual ou inferior ao valor calculado a partir do sistema de referência utilizado;

- em situações especiais, devidamente comprovadas pelo licitante em relatório técnico circunstanciado, aprovado pela administração pública, os valores das etapas do cronograma físico-financeiro poderão exceder o limite acima fixado.

Sendo necessárias alterações contratuais, em razão de falhas ou omissões em qualquer das peças, orçamentos, plantas, especificações, memoriais ou estudos técnicos preliminares do projeto básico, as referidas alterações não poderão ultrapassar, no seu conjunto, dez por cento do valor total do contrato.

3.5 DA REMUNERAÇÃO VARIÁVEL

3.5.1 Definição

A remuneração variável, prevista no artigo 10 da Lei do RDC, é uma forma de melhorar a remuneração do contratado, vinculando-a ao desempenho apresentado durante a execução do contrato, de acordo com metas, critérios ou padrões previamente estabelecidos no instrumento convocatório.

Esta novidade se apresenta como uma forma de incentivo à eficiência da execução contratual, pelo contratado, algo que deve ser percebido como uma evolução óbvia e necessária ao regramento licitatório.

Cap. 3 • DAS REGRAS APLICÁVEIS ÀS LICITAÇÕES DO RDC   **153**

Cabe lembrar: o regramento dado pela Lei nº 8.666/93 não prevê semelhante ferramenta de incentivo ao êxito; ao contrário, o artigo 40 da referida Lei estabelece que o edital deve conter, como condições de pagamento, "compensações financeiras e penalizações, por eventuais atrasos, e descontos, por eventuais antecipações de pagamentos". Em outras palavras, na lógica de relação contratual forjada naquele diploma, o atraso é punido (com compensação financeira ou penalização) e a antecipação também (com o desconto).

Noutro prumo, para o RDC, é corolário da remuneração variável que o contratado, ao final do contrato, receba uma remuneração maior se ele conseguir apresentar resultados melhores na eficiência da execução contratual, de acordo com metas previamente dispostas no instrumento convocatório e acordadas no contrato. O contratado não é obrigado a atingir as metas constantes do contrato, superando a ordinária execução contratual, mas se buscar alcançá-las e efetivamente conseguir realizá-las, receberá um *plus* remuneratório.

Foi o que Rafael Wallbach Schwind[126] chamou a atenção, quando tratou da função promocional do direito:

> *Pode haver, portanto, um "bônus" ao contratado, que terá sua remuneração incrementada caso consiga alcançar determinadas metas. Não há propriamente uma sanção pelo não atendimento dessas metas (que não são obrigatórias), mas o incremento da remuneração do particular se elas forem atendidas. A remuneração variável prevista no RDC é, em última análise, um mecanismo de sanção premial, em que se põe em prática a função promocional do direito.*

Pode-se, então, considerar a remuneração variável como um mecanismo de premiação do fornecedor, em razão de metas alcançadas, que extrapolam a ordinária execução do contrato. Cite-se,

---

126. SCHWIND, Rafael Wallbach. **Remuneração Variável e Contratos de Eficiência no Regime Diferenciado de Contratações Públicas.** *In*: JUSTEN FILHO, Marçal; PEREIRA, Cesar A. Guimarães (Coord.). O Regime Diferenciado de Contratações Públicas (RDC): Comentários à Lei nº 12.462 e ao Decreto nº 7.581. Belo Horizonte: Fórum, 2012. p. 169-192. ISBN 978-85-7700-534-5.

como ilustração, a conclusão antecipada de um empreendimento relacionado à construção de um hospital público. Na lógica do RDC, a remuneração variável admite que seja previamente admitido o pagamento de um *plus* remuneratório, caso o contratado consiga superar a previsão normal de entrega daquele empreendimento, originariamente previsto para um prazo de 12 meses, finalizando-o em 10 meses. Em contraponto, vale repisar: na Lei nº 8.666/93 (norteada por tempos em que o fenômeno inflacionário aviltava a vida dos brasileiros) esta entrega antecipada do empreendimento seria "punida" com desconto, pela antecipação do pagamento.

Outrossim, da mesma forma que o contrato de eficiência, a remuneração variável é um contrato de risco, visto que o contratado o assume, por exemplo, para alcançar o resultado que ele pactuou com a contratante em determinado período de tempo. Essa foi uma forma encontrada pela Administração Pública para buscar maior eficiência nas contratações de obras e serviços.

Sem dúvida, esse tipo de remuneração traz vantagens tanto para a Administração Pública contratante, quanto para o contratado. Para a contratante, pois apenas haverá obrigação de pagamento do *plus* remuneratório caso o desempenho do contrato firmado supere as previsões ordinárias, resultando em benefício para a Administração Pública. Para o contratado, na medida em que haverá incentivo para que as metas mínimas estabelecidas sejam superadas, resultando (e incentivadas) em uma remuneração maior.

Sobre o assunto, Rafael Wallbach Schwind lembrou, ainda, que[127]:

> "*Existem hipóteses em que o simples esforço do prestador em realizar sua atividade não propicia nenhum benefício efetivo ao tomador do serviço. Mesmo que o contratado empregue toda sua expertise na execução contratual, o contratante somente obtém um real benefício se o resultado final lhe for proveitoso. É o que ocorre, por exemplo, nas obrigações de fim ou de resultado. Em arranjos contratuais que envolvem esse tipo de obrigação, o contratado obriga-se a obter um resultado deter-*

---

127. Ibidem.

Cap. 3 • DAS REGRAS APLICÁVEIS ÀS LICITAÇÕES DO RDC   **155**

minado, que é o único reputado vantajoso pelo contratante. Ao contrário do que ocorre nas obrigações de meio, em que o prestador assume a obrigação de empregar seus esforços em direção de um objetivo, nos contratos de resultado, o contratado obriga-se à obtenção do próprio benefício esperado, sem o qual não terá havido o adimplemento da obrigação."

Outrossim, quando a obrigação é de resultado, o que importa saber é se o resultado esperado na execução do contrato será alcançado de acordo com o que foi pactuado; já quando a obrigação for de meio, o que importa ser aferido é se o contratado foi diligente para alcançar o que se comprometeu, quando firmou o contrato.

Deve-se ressaltar, nesse ponto, que o Decreto nº 2.271, de 07 de julho de 1997, já trazia previsão expressa em seu art. 3º, § 1º, no sentido de que sempre que a prestação do serviço objeto da contratação puder ser avaliada por determinada unidade quantitativa de serviço prestado, esta deverá estar prevista no edital e no respectivo contrato, e será utilizada como um dos parâmetros de aferição de resultados.

3.5.2 Requisitos necessários para sua utilização

No artigo 10 da Lei do RDC, foram estabelecidos quais são os requisitos necessários para que a Administração utilize a remuneração variável:

> *Art. 10. Na contratação das obras e serviços, inclusive de engenharia, poderá ser estabelecida remuneração variável vinculada ao desempenho da contratada, com base em metas, padrões de qualidade, critérios de sustentabilidade ambiental e prazo de entrega definidos no instrumento convocatório e no contrato.*
>
> *Parágrafo único. A utilização da remuneração variável será motivada e respeitará o limite orçamentário fixado pela administração pública para a contratação.*

Verifica-se que são requisitos para a adoção da remuneração variável:

• a contratação deve envolver obras e serviços (incluídos os de engenharia);

- vinculação ao desempenho da contratada;
- os critérios que deverão ser levados em consideração para se chegar à remuneração a ser paga para a empresa (quais sejam: as metas, padrões de qualidade, critérios de sustentabilidade ambiental, prazo de entrega) deverão estar objetivamente definidos no edital;
- a motivação do ato;
- a obediência ao limite do orçamento pré-fixado pela Administração Pública, na fase interna do procedimento licitatório para a contratação.

Para verificar o desempenho do contratado, o alcance das metas estabelecidas e a eficiência na execução do contrato, o ideal é que sejam utilizados indicadores de desempenho e métricas relacionados a prazos, qualidade e produtividade do objeto a ser entregue.

Evidente que a adoção da remuneração variável no contrato não deverá deixar de lado a qualidade com que deve ser executado o objeto contratado. Isso deve ser inerente a toda contratação realizada pelo poder público, tendo em vista o interesse público primário do qual ele é guardião.

Vale lembrar que no pregão, conforme Decreto nº 3555/2000, já existia disposição chamando a atenção para a necessária avaliação da qualidade do objeto e não somente do preço:

> *Art. 8º [...]*
> *V – para julgamento, será adotado o critério de menor preço, observados os prazos máximos para fornecimento, as especificações técnicas e os parâmetros mínimos de desempenho e de qualidade e as demais condições definidas no edital.*

No que se refere à exigência de obediência à padrões de qualidade, importante que eles levem em consideração os parâmetros disponíveis no mercado, mas, não necessariamente, devem-se ater a eles, até mesmo porque cabe à Administração buscar elevar sempre os padrões de qualidade praticados.

Em relação aos critérios de sustentabilidade ambiental, é necessária a verificação das normas técnicas relacionadas e, sobretudo,

Cap. 3 • DAS REGRAS APLICÁVEIS ÀS LICITAÇÕES DO RDC   157

o efetivo benefício gerado ao meio ambiente. A escolha da Lei do RDC em vincular o desempenho do contratado à práticas de sustentabilidade ambiental, sem sombra de dúvida, fundamentou-se na opção de aproveitar o poder de compra que a Administração possui, para fomentar cada vez mais esse tipo de comportamento (contratações sustentáveis) pelo mercado.

> *O estabelecimento de metas, padrões de qualidade, critérios de sustentabilidade ambiental e prazos de entrega que gerem benefícios adicionais configura em última análise uma função regulatória das licitações e contratos administrativos. Por meio de uma contratação pública, pretende-se fomentar o atingimento de certos benefícios que não se restringem ao menor preço, mas que igualmente geram efeitos positivos desejados pelo Estado.*[128]

Para segurança jurídica tanto da Administração, para que não seja demandada futuramente quanto ao fato, quanto do contratado, que muitas vezes terá despesas adicionais para ultrapassar as metas mínimas estabelecidas, os critérios previstos no artigo 10 da Lei do RDC devem estar previstos de forma clara e objetiva no instrumento convocatório e no contrato.

Ademais, forçoso reconhecer que o rol apresentado é exemplificativo; caso o gestor consiga objetivamente definir no edital outra forma de mensuração de resultados, ela poderá ser considerada.

Impende registrar que a remuneração variável não foi prevista para bens, embora pudesse ter sido, tendo em vista que não haveria impossibilidade de previsão de metas mínimas de desempenho que possam resultar em vantagem para a Administração, também, nesse tipo de contrato.

3.5.3 Da necessidade de motivação do ato

O artigo 10 parágrafo único da Lei do RDC dispõe que, para a utilização da remuneração variável, deve a Administração

---

128. Ibidem.

Pública motivar sua escolha. No mesmo prumo, o artigo 70 do regulamento esclarece que a utilização da remuneração variável será motivada quanto:

- aos parâmetros escolhidos para aferir o desempenho do contratado;
- ao valor a ser pago; e
- ao benefício a ser gerado para a administração pública.

Essa motivação se dará na fase interna da licitação, demonstrando-se o atendimento ao interesse público e a utilidade da escolha realizada.

É forçoso reconhecer que, para adotar esse tipo de remuneração, deverá o gestor analisar se efetivamente há possibilidade de vinculação da remuneração da contratada ao resultado final que se pretende alcançar, por isso a realização de estudos anteriores à realização do procedimento licitatório servirá ao escorreito planejamento da contratação.

Outro fundamento que pode ser utilizado pelo gestor, para embasar a sua escolha pela remuneração variável, é demonstrar que a Administração Pública apenas realizará o pagamento se realmente restar configurado que houve um benefício maior para a ela; nesta hipótese, o resultado se apresentará superior ao esperado, o que atende ao princípio da vantajosidade.

Não pode ser deixado de lado o fato de que a Administração deve sempre primar em suas contratações, também, pelo princípio da economicidade, assim, caso na avaliação do gestor, por exemplo, a antecipação do empreendimento a ser construído não gere benefício algum ao interesse público, não há razão para adotar-se a remuneração variável.

3.5.4 Respeito ao limite orçamentário e variáveis a ser consideradas para o alcance da remuneração a ser paga ao contratado

A Lei do RDC destaca que, para a utilização da remuneração variável, o limite orçamentário fixado pela Administração Pública para a contratação deverá ser respeitado.

Na remuneração variável não há certeza quanto à remuneração a ser paga ao contratado, já que não há como saber de pronto qual serão os valores que ele fará jus, posto que o *quantum* depende de evento futuro e incerto, qual seja: atingir as metas estabelecidas no contrato.

A observância ao limite orçamentário, mais que respeito ao gasto com o dinheiro público, é uma questão que se relaciona diretamente com a responsabilidade fiscal. A utilização da remuneração variável não pode justificar contratações que, por falta de planejamento, não tenham um parâmetro para o gasto de recursos públicos.

Assim, recomenda-se que o limite orçamentário seja disposto no contrato, para que o contratado tenha ciência desse valor e, além disso, o gasto com a contratação possa ser fiscalizado pela sociedade e órgãos de controle.

O § 2º do artigo 70 do Decreto do RDC trouxe disposição no sentido de que eventuais ganhos provenientes de ações da Administração Pública não serão considerados no cômputo do desempenho do contratado.

Sendo assim, apenas os ganhos que resultem da atuação do contratado serão levados em consideração quando do cômputo de sua remuneração final. Não poderia ser de outra forma, haja vista que seria contrário ao interesse público primário aumentar a remuneração do particular quando os ganhos tivessem resultado de ação da própria Administração Pública.

Também é evidente que se o ganho tiver sido resultado da ação tanto da Administração, quanto do particular, caso o desempenho do contratado tenha gerado benefício para a segunda, este deverá ser considerado, recebendo acréscimo de valor em sua remuneração.

Além disso, situações que dependam de atuação da Administração Pública para que o particular possa alcançar os resultados com os quais haja se comprometido por meio do contrato e nem tenham sido iniciadas, não devem ser levadas em consideração, visto que não foi possibilitado ao contratado nem mesmo começar a execução do objeto, o que não retira a obrigação que a Administração possui de colaborar com o contratado para que ele cumpra da melhor maneira o contrato firmado e possíveis indenizações que possam ser ocasionadas por gastos que o contratado já tenha iniciado por conta do contrato firmado.

Esclarecedora, também, é a disposição presente no § 3º do art. 70 do regulamento do RDC, a qual dispôs expressamente que o valor da remuneração variável deverá ser proporcional ao benefício a ser gerado para a Administração Pública.

Portanto, deverá sempre resultar em benefício para a Administração Pública a atuação do contratado, para que esta resulte em uma remuneração maior; resta evidente a importância de serem estabelecidos, no instrumento convocatório, quais serão as metas, os padrões, critérios de sustentabilidade ambiental, prazo de entrega, para que os valores estejam condizentes e proporcionais com os benefícios que se espera que o contratado alcance.

Por fim, o § 4º do artigo 70 do Decreto do RDC estabeleceu que, nos casos da adoção do regime de contratação integrada, deverá ser observado o conteúdo do anteprojeto de engenharia na definição dos parâmetros para aferir o desempenho do contratado; esta regra também deve ser aplicada quando da utilização de projeto básico, do projeto executivo ou do termo de referência, caso sejam adotados outros regimes.

A contratação integrada, talvez, seja o regime de execução que mais possibilita a utilização da remuneração variável, pois além do fato de ser inerente a esse tipo de contratação o controle pelos resultados apresentados pelo contratado, sua busca é pela inovação no emprego das técnicas que possam ser utilizadas no objeto a ser licitado, por isso mais necessário se torna o estabelecimento de metas para motivar o contratado na obtenção de uma remuneração maior.

Em relação às alterações contratuais, quando justificáveis, elas podem ser feitas e, muitas vezes, devem ser realizadas, como em qualquer contrato; contudo, deve-se observar a causa que levou às essas alterações e se elas não estão sendo pensadas para beneficiar indevidamente uma das partes em detrimento da outra. O princípio da boa-fé objetiva e da confiança legítima devem ser observados e valem para contratante e contratado.

Caso venha a ocorrer força maior, caso fortuito, fato do príncipe ou fato da Administração, deverão ser observadas as previsões contidas

Cap. 3 • DAS REGRAS APLICÁVEIS ÀS LICITAÇÕES DO RDC

no contrato. As causas de não conformidade devem ser relatadas e as ações de melhoria identificadas durante esse processo devem ser registradas, fornecendo insumos para um plano de melhoria do serviço.

3.6 DAS CONTRATAÇÕES SIMULTÂNEAS

A contratação simultânea é mais uma inovação trazida pelo RDC. Impende ressaltar que, quando falamos de contratação simultânea, estamos na fase de execução do contrato, logo, pode-se dizer que a contratação simultânea foi efetivada depois de assinado o contrato e este foi firmado com mais de uma empresa ou instituição, para execução simultânea do mesmo serviço.

Ademais, irá ser aplicado, nesse caso, o artigo 39 da Lei do RDC, o qual dispõe que:

> "*Os contratos administrativos celebrados com base no RDC reger-se-ão pelas normas da Lei nº 8.666, de 21 de junho de 1993, com exceção das regras específicas previstas nesta Lei.*"

Considerando que as regras relacionadas às contratações simultâneas são específicas, elas devem ser observadas, superando eventuais antinomias em relação às disposições incompatíveis previstas na Lei nº 8.666/93.

A citada possibilidade, contudo, não supera a submissão de escolha deste modelo de execução contratual às normas que conformam a atividade administrativa, além de algumas condições ou requisitos específicos.

3.6.1 Da necessária justificativa

Para utilizar esse tipo de contrato, é necessária a pertinente justificativa, a qual deve apontar que este formato representa a melhor opção de execução para a pretensão contratual que se pretende licitar.

Importante notar que, no artigo 11 da Lei do RDC, foi utilizado o termo "poderá", bem como a palavra conveniente em seu inciso II, denotando que ao gestor caberá decidir sobre a utilização da contratação simultânea, de forma discricionária.

Recomenda-se a utilização de critérios objetivos, na justificativa para a adoção da contratação simultânea, para que se possa chegar à conclusão de que a prestação dos serviços por mais de um contratado trará resultado de maior vantagem para a Administração.

Podem ser adotadas também, como justificativa para esse tipo de contratação, as peculiaridades do mercado; essa adoção, contudo, apenas é recomendada quando não houver perda da economia de escala, conforme artigo 4º, inciso IX, do Regulamento federal, o qual dispôs:

> *"justificativa da vantajosidade da divisão do objeto da licitação em lotes ou parcelas para aproveitar as peculiaridades do mercado e ampliar a competitividade, desde que a medida seja viável técnica e economicamente e não haja perda de economia de escala".*

De fato, o raciocínio utilizado para fracionar o objeto é aqui empregado de forma parecida; na realidade, não vai existir propriamente fracionamento, pois o serviço é prestado de forma simultânea.

Portanto, o contratado será demandado pela contratante conforme se apresente mais vantajosa ou não a escolha por um ou outro contrato firmado no exato momento que se tenha necessidade de utilização do serviço.

3.6.2 Da perda de economia de escala

Outro requisito ou condição para as contratações simultâneas é a necessária demonstração de que não haverá perda de economia de escala na sua utilização.

A economia de escala fundamenta-se no alcance da maior utilização dos fatores produtivos envolvidos, visando baixos custos de produção e o incremento de bens e serviços. Ela ocorre quando a expansão da capacidade de produção provoca um aumento na quantidade total produzida sem um aumento proporcional no custo de produção. Como resultado, o custo médio do produto tende a ser menor com o aumento da produção.[129] Em outras palavras, por

---

129. http://pt.wikipedia.org/wiki/Economia_de_escala.

economia de escala pode-se entender que quanto mais produtos o fornecedor tiver que oferecer, menor será o custo para a Administração, levando-se em consideração o fornecimento global.

Com a *devida venia*, este requisito se apresenta como um titubeio burocrático e pode se apresentar despropositado. Afinal, como firmar de maneira definitiva que a divisão de um serviço entre mais de um prestador não gera potencial perda de economia de escala? Pior, mesmo se identificando perda de economia de escala, se as vantagens e os ganhos da contratação simultânea forem dezenas de vezes superiores, ela deveria ser obstada?

Em nossa opinião, mesmo que eventual contratação simultânea possa indicar potencial perda de economia de escala, o importante seria avaliar se o compartilhamento do objeto com mais de um contratado é compatível e traz efetivas vantagens para o órgão ou entidade contratante. Isto pode derivar de diversos fatores, não apenas financeiros, mas gerenciais e técnicos. Para que uma alegada perda de economia de escala seja obstáculo ao uso da contratação simultânea, ela deve ser relevante, superior aos ganhos técnicos, financeiros ou gerenciais de sua adoção[130].

3.6.3 Da possibilidade de execução contratual simultânea e a conveniência de múltipla execução

O terceiro requisito para a utilização dessa ferramenta requer que seja demonstrado que o objeto da contratação poderá ser executado de forma concorrente e simultânea por mais de um contratado, bem como seja demonstrado que a múltipla execução é conveniente para atender à administração pública.

Nesse ponto, cabe registrar que a Lei do RDC dava condição alternativa a essas exigências, enquanto o Decreto federal apresentou-os como condições cumulativas. Vale a transcrição dos respectivos dispositivos:

---

130. BARCELOS, Dawison; TORRES, Ronny Charles Lopes de. Licitações e contratos nas empresas estatais. 2ª edição. Salvador: Juspodivm, 2020. (no prelo).

> **Lei nº 12.462/2011**
>
> *Art. 11. A administração pública poderá, mediante justificativa expressa, contratar mais de uma empresa ou instituição para executar o mesmo serviço, desde que não implique perda de economia de escala, quando:*
>
> *I – o objeto da contratação puder ser executado de forma concorrente e simultânea por mais de um contratado; ou*
>
> *II – a múltipla execução for conveniente para atender à administração pública.*
>
> **Decreto federal nº 7.581/2011**
>
> *Art. 71. A administração pública poderá, mediante justificativa, contratar mais de uma empresa ou instituição para executar o mesmo serviço, desde que não implique perda de economia de escala, quando:*
>
> *I – o objeto da contratação puder ser executado de forma concorrente e simultânea por mais de um contratado; e*
>
> *II – a múltipla execução for conveniente para atender à administração pública.*

A convivência das duas regras não é incompatível. O Chefe do Executivo, através do Decreto, pode exercer seu poder regulamentar (explicando a aplicação da lei) ou mesmo seu poder hierárquico (indicando orientações para seus subordinados). De qualquer forma, importante lembrar que, conquanto a Lei nº 12.462/2011 possui caráter nacional (em relação às suas regras gerais), a manifestação de poder hierárquico, identificada na regra estabelecida pelo Decreto, obriga apenas os órgãos e entes subordinados ao Executivo Federal, motivo pelo qual somente estes terão, necessariamente, que demonstrar a comprovação cumulativa desses requisitos.

Municípios e estados podem (e deveriam) produzir suas próprias regulamentações, nos limites de suas competências, definindo regras mais adequadas à eficiência de suas contratações, de acordo com as peculiaridades locais ou regionais.

3.6.4 Dos serviços compatíveis

As contratações simultâneas apenas são cabíveis quando a pretensão contratual envolver serviços. No RDC, não se enquadra

Cap. 3 • DAS REGRAS APLICÁVEIS ÀS LICITAÇÕES DO RDC   **165**

nessa possibilidade a contratação de serviços de engenharia, por expressa vedação do § 2º do artigo 11 da Lei. Em nossa opinião, foi uma restrição desnecessária e despropositada; contudo, uma vez estabelecida pelo legislador, limita a utilização desta ferramenta.

Nas contratações simultâneas a Administração Pública deverá manter o controle individualizado da execução do objeto contratual relativamente a cada uma das contratadas.

Não haverá divisão do objeto contratual, mas da pretensão contratual licitada, a qual será atendida por diversos contratos. Podemos visualizar a utilização potencial desta ferramenta na contratação da telefonia de longa distância, cuja execução contratual concreta se fará pela utilização da tarifa considerada mais vantajosa, tendo como parâmetro locais, datas e horários determinados. Outra opção útil seriam serviços de logística e transporte.

A oferta nesse tipo de contratação deve ser padronizada e os serviços devem estar prontos para fruição em larga escala.

Identificamos certas dificuldades na utilização desse tipo de contratação para a prestação de serviços terceirizados com dedicação exclusiva de mão de obra, em virtude das peculiaridades da contratação e da dificuldade de controle na prestação, por parte da Administração. Noutra senda, entendemos que esse tipo de contratação pode ser utilizado para os casos que o objeto for, por exemplo, emergência médica.

Nessas hipóteses, as contratações simultâneas parecem se confundir, de certa forma, com o credenciamento, mas há diferenças que afastam-na daquele procedimento auxiliar.

3.6.5 Contratações simultâneas x credenciamento

Existe certa semelhança entre a contratação simultânea e o "credenciamento", hoje admitido nas contratações em geral, por construção jurisprudencial e doutrinária.[131]

---

131. A aplicação do sistema de credenciamento na contratação de serviços deve observar os seguintes requisitos, conforme orientações expedidas pelo Plenário do TCU, em seu Acórdão nº 351/2010:

O credenciamento é um procedimento auxiliar necessário para ulteriores contratações diretas, por inexigibilidade, em relação a pretensões contratuais para as quais atenda ao interesse público a oportunidade de contratação de todos os fornecedores interessados e aptos para a contratação[132]. Há diferenças relevantes entre ele e a opção de realizar-se contratações simultâneas.

Uma diferença reside no fato de que na contratação simultânea não existe obrigatoriedade na contratação de todos que tiverem assinado o contrato, mas, apenas daqueles que apresentarem condição mais vantajosa para a Administração, no momento que o serviço se mostre necessário. Diferente, portanto, nesse ponto, do credenciamento.

Releva sentir que haverá repartição da prestação do serviço na ótica da contratante, mas em relação ao contratado haverá um compartilhamento, pois o objeto não é fracionado.

Outra diferença é que, enquanto no credenciamento não há licitação propriamente dita, tanto que ele é compreendido como um procedimento auxiliar à contratação direta por inexigibilidade[133], as contratações simultâneas pressupõem a seleção de determinados contratados, o que se dará, via de regra, através de licitação.

Outrossim, conquanto o credenciamento possa gerar diversos contratos, com vigências totalmente diferentes, nas contratações simultâneas, por serem as prestações dos serviços concomitantes, os contratos devem, via de regra, ter a mesma vigência.

---

a) a contratação de todos os que tiverem interesse e que satisfaçam as condições fixadas pela Administração, não havendo relação de exclusão;

b) a garantia da igualdade de condições entre todos os interessados hábeis a contratar com a Administração, pelo preço por ela definido;

c) a demonstração inequívoca de que as necessidades da Administração somente poderão ser atendidas dessa forma, cabendo a devida observância das exigências do art. 26 da Lei 8.666/93, principalmente no que concerne à justificativa de preços.

132. TORRES, Ronny Charles Lopes de. Leis de licitações públicas comentadas, 10ª edição. Salvador: Juspodivm, 2019. P. 408.

133. Para aprofundamento sobre o tema "credenciamento, vide: TORRES, Ronny Charles Lopes de. Leis de licitações públicas comentadas, 10ª edição. Salvador: Juspodivm, 2019. P. 399-413.

Por fim, cabe registrar que, nas contratações simultâneas, o serviço será prestado conforme se apresente mais vantajoso para a contratante naquele momento, parâmetro nem sempre observado na execução contratual resultante do credenciamento. Nesse ponto, uma vez que a escolha do contratado a executar o serviço decorrerá da aferição de vantajosidade, é plausível dizer que a contratação simultânea pode gerar uma espécie de competição permanente entre os contratados, durante a execução contratual.

4

DO PROCEDIMENTO LICITATÓRIO

Quando falamos em procedimento licitatório, deve-se ter em mente a ideia de que ele será montado por uma sequência de atos, que irão orientar a atuação da Administração, naquela determinada licitação.

No RDC, o que vai determinar as etapas a serem seguidas é o objeto a ser contratado. Diferente do previsto na Lei geral de licitações, não há modalidades rígidas a serem seguidas. Por isso, o novel regime se caracteriza pela flexibilidade e liberdade dada ao agente público responsável, para a adequada formatação do respectivo procedimento licitatório.

Releva destacar, ainda, que toda essa procedimentalização é necessária, já que é por meio dela que os licitantes tomam conhecimento de forma prévia, das regras que serão adotadas, e verificam se podem participar ou não do certame.

4.1 DAS VEDAÇÕES

A Lei nº 12.462/2011 trouxe uma série de vedações à participação nos certames realizados sob a égide do novo regime diferenciado de contratações. Nos termos estabelecidos pelo legislador, não podem, direta ou indiretamente, participar nas licitações no RDC:

- pessoa física ou jurídica que elaborar o projeto básico ou executivo correspondente;

- pessoa jurídica que participar de consórcio responsável pela elaboração do projeto básico ou executivo correspondente;

- pessoa jurídica da qual o autor do projeto básico ou executivo seja administrador, sócio com mais de 5% (cinco por cento) do capital votante, controlador, gerente, responsável técnico ou subcontratado;

- servidor, empregado ou ocupante de cargo em comissão do órgão ou entidade contratante ou responsável pela licitação.

Considera-se participação indireta a existência de qualquer vínculo de natureza técnica, comercial, econômica, financeira ou trabalhista entre o autor do projeto (pessoa física ou jurídica) e o licitante ou responsável pelos serviços, fornecimentos e obras, incluindo-se os fornecimentos de bens e serviços a estes necessários. Esta disposição se aplica também aos membros da comissão de licitação.

Referidas vedações objetivam impedir certa posição privilegiada na disputa ou mesmo prejuízo à competitividade, seja pela presença do licitante como agente público pertencente aos quadros do órgão responsável pela licitação (o que pode lhe garantir benefícios na disputa) ou mesmo pela participação na elaboração do projeto básico ou executivo, o que pode lhe conferir certas vantagens no certame.

A autoria do projeto básico ou executivo permite conhecimento sobre especificidades da futura contratação que podem ser utilizadas, na licitação, em benefício daquele que detém tal conhecimento. Pior, a futura participação do certame pode inspirar o autor do projeto básico e/ou executivo a municiar o documento com excessos ou omissões que só ele terá conhecimento, os quais poderão ser utilizados para o planejamento de sua proposta.

Imaginemos a situação em que o autor do projeto básico, interessado na participação do certame, elabora-o com quantitativo bem inferior (ou superior) ao necessário, em determinado item da planilha, de valor elevado. Tendo conhecimento dessa informação, ele poderá usá-la na composição dos custos, de forma a, mesmo apresentando um baixo valor total reduzido, durante o certame, ser beneficiado pela futura (e já esperada) alteração na execução contratual, para composição correta do quantitativo necessário daquele item.

É cediço, para aqueles que atuam em licitações, que as falhas no projeto básico acabam repercutindo, muitas vezes, na necessidade de

Cap. 4 • DO PROCEDIMENTO LICITATÓRIO

aditamentos contratuais e consequente adequação dos quantitativos ou mesmo recomposição econômica do contrato. O conhecimento prévio de tais falhas, certamente, pode gerar benefícios na composição de custos, por parte do licitante.

É por isso que o TCU, em sua jurisprudência, tem avançado para identificar irregularidade também na situação em que há "relação de parentesco entre o sócio da empresa vencedora do certame e o autor do projeto básico", percebendo que, nestes casos, haveria "participação indireta do autor do projeto, na licitação deste na licitação", afrontando o disposto no artigo 9º, § 3º, da Lei 8.666/93.[1]

Interessante transcrever a notícia sobre o Acórdão, a qual demonstra a elogiável perspicácia do Tribunal para perceber a ocorrência da irregularidade, da qual resultou, inclusive, o sancionamento da empresa, com a declaração de inidoneidade:

> *A relação de parentesco entre o sócio da empresa vencedora do certame e o autor do projeto caracteriza a participação indireta deste na licitação, o que afronta o disposto no art. 9º, § 3º, da Lei 8.666/93.*
>
> *Representação relativa a certames licitatórios conduzidos pela Prefeitura Municipal de Conceição/PB, tendo por objeto a construção de açudes, apontara, dentre outras irregularidades, a relação de filiação entre o autor do projeto de um dos açudes e o sócio da empresa declarada vencedora da licitação. Realizadas as oitivas regimentais após a suspensão cautelar do certame, o relator consignou que a relação de parentesco entre autor do projeto de um dos açudes licitados e o sócio da construtora licitante (pai do autor), caracterizara "a participação indireta do autor do projeto na licitação, vedada pelo art. 9º, § 3º, da Lei de Licitações". Destacou que a exclusão do pai do quadro social da construtora poucos meses antes da abertura do certame "longe de constituir prova de sua inocência, pode ter sido engendrada exatamente para escapar à vedação legal e atribuir contornos de regularidade à contratação". Em seguida, mencionou outros certames lici-*

---

1. TCU. Acórdão 2079/2013-Plenário. Relator Ministro José Múcio Monteiro, 7.8.2013.

tatórios promovidos pela prefeitura, com a participação da mesma construtora, nos quais "a conclusão do Tribunal foi no sentido da existência de fraude". O Tribunal, ao acolher a proposta do relator, declarou a inidoneidade da construtora para licitar com a Administração Pública Federal e inabilitou o gestor (ex-prefeito) para o exercício de cargo em comissão ou função de confiança na Administração, aplicando-lhe ainda a multa prevista no art. 58, inciso II, da Lei 8.443/92.

Cabe observar que, quando tratar-se de contratação integrada, na qual o próprio licitante já se incumbe da confecção do projeto básico e do executivo, não há porque se falar nas referidas vedações, excetuada a hipótese de participação no certame, de agente público do órgão licitante ou responsável pela licitação[2].

Outrossim, essas vedações não impedem, nas licitações para a contratação de obras ou serviços, a previsão de que a elaboração de projeto executivo constitua encargo do contratado, consoante preço previamente fixado pela administração pública.

Da mesma forma, não há vedação legal à participação, na mesma licitação, de empresas cujos sócios tenham relações de parentesco entre si, embora referidas relações possam (e devam) ser levadas em consideração, para identificar eventuais ilícitos, notadamente diante de indícios de conluio[3].

Também é admitida a participação das pessoas físicas ou jurídicas de que tratam os incisos II e III acima, em licitação ou na execução do contrato, mas como consultor ou técnico, nas funções de fiscalização, supervisão ou gerenciamento, exclusivamente a serviço do órgão ou entidade pública interessada.

Noutro diapasão, é vedada a contratação direta, sem licitação, de pessoa jurídica na qual haja administrador ou sócio com poder de direção que mantenha relação de parentesco, inclusive por afinidade, até o terceiro grau civil com:

---

2. Lei nº 12./462/2011, art. 36, § 1º.

3. TCU. Acórdão 1448/2013-Plenário. Relator Ministro Walton Alencar Rodrigues, 12.6.2013.

- detentor de cargo em comissão ou função de confiança que atue na área responsável pela demanda ou contratação; e
- autoridade hierarquicamente superior no âmbito de cada órgão ou entidade da administração pública.

Cabe registrar ainda a vedação, outrora identificada já na Lei nº 8.666/93, à inclusão de especificações excessivas, irrelevantes ou desnecessárias, na definição do objeto, bem como a vedação à realização, sem projeto executivo, de obras e serviços de engenharia, qualquer que seja o regime adotado.

4.2 DA FASE INTERNA

Essa fase acontece no âmbito interno do órgão ou da entidade, portanto, nela estão inclusos os atos preparatórios, os da comissão de licitação, a definição do objeto e a definição do instrumento convocatório.

Será nessa fase que a Administração irá delimitar quais são suas necessidades, estabelecer as condições que nortearão o certame e em que termos se dará a contratação. Nota-se a importância dessa fase em relação ao procedimento licitatório como um todo, pois ela será determinante para o desfecho satisfatório de todo o procedimento.

4.2.1 Atos preparatórios

A descrição dos atos necessários nessa primeira etapa está presente no artigo 4º do Decreto nº 7.581, de 11 de outubro de 2011[4], devendo a Administração observá-los atentamente. Segue transcrição do referido dispositivo:

> *Art. 4º Na fase interna a administração pública elaborará os atos e expedirá os documentos necessários para caracterização do objeto a ser licitado e para definição dos parâmetros do certame, tais como:*

---

4. Regulamenta o Regime Diferenciado de Contratações Públicas – RDC, de que trata a Lei nº 12.462, de 5 de agosto de 2011.

I – justificativa da contratação e da adoção do RDC;

II – definição:

a) do objeto da contratação;

b) do orçamento e preço de referência, remuneração ou prêmio, conforme critério de julgamento adotado;

c) dos requisitos de conformidade das propostas;

d) dos requisitos de habilitação;

e) das cláusulas que deverão constar do contrato, inclusive as referentes a sanções e, quando for o caso, a prazos de fornecimento; e

f) do procedimento da licitação, com a indicação da forma de execução, do modo de disputa e do critério de julgamento;

III – justificativa técnica, com a devida aprovação da autoridade competente, no caso de adoção da inversão de fases prevista no parágrafo único do art. 14;

IV – justificativa para:

a) a fixação dos fatores de ponderação na avaliação das propostas técnicas e de preço, quando escolhido o critério de julgamento por técnica e preço;

b) a indicação de marca ou modelo;

c) a exigência de amostra;

d) a exigência de certificação de qualidade do produto ou do processo de fabricação; e

e) a exigência de carta de solidariedade emitida pelo fabricante;

V – indicação da fonte de recursos suficiente para a contratação;

VI – declaração de compatibilidade com o plano plurianual, no caso de investimento cuja execução ultrapasse um exercício financeiro;

VII – termo de referência que contenha conjunto de elementos necessários e suficientes, com nível de precisão adequado, para caracterizar os serviços a serem contratados ou os bens a serem fornecidos;

VIII – projeto básico ou executivo para a contratação de obras e serviços de engenharia;

IX – justificativa da vantajosidade da divisão do objeto da licitação em lotes ou parcelas para aproveitar as peculiari-

Cap. 4 • DO PROCEDIMENTO LICITATÓRIO

dades do mercado e ampliar a competitividade, desde que a medida seja viável técnica e economicamente e não haja perda de economia de escala;
X – instrumento convocatório;
XI – minuta do contrato, quando houver; e
XII – ato de designação da comissão de licitação.
Art. 5º O termo de referência, projeto básico ou projeto executivo poderá prever requisitos de sustentabilidade ambiental, além dos previstos na legislação aplicável.

Obviamente, a realidade é dinâmica e pode exigir que a fase interna seja submetida a outros passos; de qualquer forma, esse roteiro apresentado pelo regulamento federal tem a serventia de indicar um parâmetro de procedimento a ser utilizado na fase interna da licitação, momento no qual a pretensão contratual é formalizada e confeccionado o modelo de certame apto à seleção dos particulares interessados na contratação.

No inciso I do art. 4º, o regulamento deixou claro que para a adoção do RDC, a justificativa para tal opção deve obrigatoriamente constar nos autos do processo licitatório. Este mesmo inciso destaca que deve também ser apresentada justificativa para a contratação, o que obriga o gestor a demonstrar claramente nos autos sua necessidade.

O inciso II obriga a definição, por parte da Administração, do objeto da contratação, do orçamento e preço de referência, remuneração ou prêmio, conforme critério de julgamento adotado, dos requisitos de conformidade das propostas, dos requisitos de habilitação, das cláusulas que deverão constar do contrato e do procedimento da licitação a ser seguido, com a indicação da forma de execução, do modo de disputa e do critério de julgamento.

No inciso III está claramente disposta a preferência do RDC pela adoção da fase habilitatória posterior ao de julgamento das propostas (seguindo procedimento semelhante ao pregão), em virtude dos benefícios de celeridade e simplificação gerados à condução do certame. Foi por isso que o regulamento federal exigiu justificativa técnica, com a devida aprovação da autoridade competente, no caso de adoção da inversão de fases (procedimento em que a habilitação antecede a fase de propostas, em formato semelhante ao determinado para as modalidades da Lei nº 8.666/93).

Nos incisos IV e IX, percebe-se certa preocupação acerca da necessidade de adoção, por parte do gestor, de exigências que podem gerar restrição à competitividade, mas necessárias por conta do objeto da contratação. Necessário ressaltar a obrigação de constar dos autos do processo o motivo da adoção de critérios que possam levar à restrição na competição.

Sobre o assunto, Henrique Guerreiro de Carvalho Maia e Mônica Bandeira de Mello Lefèvre[5] ponderaram que:

> *"As referidas hipóteses apenas consagram a orientação no sentido de que os entes públicos têm o dever de expor os fundamentos de fato e de direito que embasam a sua decisão. Tais justificativas destinam-se a assegurar que a decisão administrativa por determinada contratação é conveniente e a mais adequada a satisfazer as necessidades da Administração. Além disso, a obrigatoriedade da prática de tais atos aperfeiçoa a elaboração do instrumento convocatório e a concepção da própria licitação. Desse modo, é possível identificar eventuais equívocos a fim de evitar a frustração do certame.*
>
> *O dever de procedimentalização dos atos presta-se, ademais, a assegurar que o procedimento licitatório se desenvolva em plena conformidade com a finalidade perseguida pela Administração, que deve obrigatoriamente analisar a necessidade e a conveniência da contratação de terceiro para a execução da obra ou prestação do serviço."*

As exigências presentes nos incisos V e VI impõem adequação orçamentária às despesas oriundas da licitação, como forma de

---

5. MAIA, Henrique Guerreiro de Carvalho e LÈFEVRE, Mônica Bandeira de Mello. A fase interna e o instrumento convocatório no Regime Diferenciado de Contratações Públicas. In: JUSTEN FILHO, Marçal; PEREIRA, Cesar A. Guimarães (Coord.). O Regime Diferenciado de Contratações Públicas (RDC): Comentários à Lei nº 12.462 e ao Decreto nº 7.581. Belo Horizonte: Fórum, 2012. p. 55-72.

Cap. 4 • DO PROCEDIMENTO LICITATÓRIO

controle da responsabilidade fiscal e financeira da gestão, a qual impõe limitações não apenas dos gastos imediatos, mas também da capacidade de endividamento do ente público.

Para contratar, a Administração, necessariamente, deve comprovar a disponibilidade de recursos para tanto, logo, o agente público competente deverá indicar a fonte de recursos suficientes para a contratação e declarar a compatibilidade com o plano plurianual, no caso de investimento cuja execução ultrapasse um exercício financeiro.

Os incisos VII e VIII tratam sobre os documentos de planejamento da contratação (termo de referência, projeto básico e projeto executivo), os quais têm como função primordial a caracterização do objeto da licitação e as regras e condições necessárias à competição isonômica, conforme premissa licitatória já sumulada pelo TCU:

> "*Súmula 177 TCU – A definição precisa e suficiente do objeto licitado constitui regra indispensável da competição, até mesmo como pressuposto do postulado de igualdade entre os licitantes, do qual é subsidiário o princípio da publicidade, que envolve o conhecimento, pelos concorrentes potenciais das condições básicas da licitação, constituindo, na hipótese particular da licitação para compra, a quantidade demandada uma das especificações mínimas e essenciais à definição do objeto do pregão.*"

A caracterização do objeto serve a uma melhor aferição e ao controle do ato administrativo e dos gastos, um dos motivos pelos quais a legislação não permite a aquisição de objeto não devidamente delimitado. Noutro diapasão, a clara definição do objeto pode permitir a interpretação razoável da situação, ato ou cláusula os quais, embora constantes ou fundamentados no edital, impliquem circunstância impertinente ou irrelevante para o específico objeto do contrato, criando exigência esdrúxula, abusiva ou desnecessária, que acabe por desrespeitar princípios relativos ao certame, como a busca de uma proposta vantajosa e a isonomia entre os participantes[6].

---

6. TORRES, Ronny Charles Lopes de. Leis de licitações públicas comentadas, 5ª edição. Salvador: Juspodivm, 2013. P.702.

Cabe observar que, no RDC, encontram-se expressamente apartadas as hipóteses de utilização desses instrumentos, evitando-se a repetição comumente identificada em alguns editais de pregão, para serviços de engenharia.

A dicção dos incisos VII e VIII indica que o termo de referência será o documento básico de planejamento e caracterização do objeto licitado, para as pretensões contratuais que envolvam aquisições e serviços. Já o projeto básico será o documento de planejamento e caracterização do objeto licitado, nas pretensões contratuais que envolvam obras e serviços de engenharia.

Importante ressalvar que, no caso da adoção do regime de execução da contratação integrada, o encargo da elaboração do projeto básico e executivo fica a cargo do licitante vencedor.

Por fim, os incisos IX, X, XI e XII dispõem sobre justificativas e instrumentos que deverão constar dos autos do processo licitatório, como: o instrumento convocatório, a minuta do contrato e o ato de designação da comissão de licitação, o qual deve ser anterior à feitura do instrumento convocatório e da minuta do contrato, uma vez que o artigo 7º, inciso I, do Decreto do RDC, impôs à comissão de licitação a obrigação de elaborar esses dois importantes documentos.

4.2.2 Da comissão de licitacão

Primeiramente, cabe registrar que o Regime Diferenciado de Contratações poderia ter melhor evoluído no que se refere ao assunto em comento.

Ao optar pela figura da Comissão de Licitação, o RDC reproduziu o modelo da Lei nº 8.666/93, em detrimento da opção de indicar um agente público como protagonista da condução do certame público, formato mais eficiente e identificado há anos, com a figura do pregoeiro, conforme o modelo da Lei nº 10.520/2002.

A experiência tem demonstrado que a divisão de responsabilidades estabelecida na comissão não ajuda a produzir uma melhor qualidade dos atos praticados na condução do certame; ao revés, fomenta uma formatação com qualidade desnivelada entre os membros da comissão, dificulta a produção de atos céleres e ainda incentiva

Cap. 4 • DO PROCEDIMENTO LICITATÓRIO

um ambiente de desconfiança e, por vezes, amedrontamento diante de decisões necessárias, porém não ortodoxas.

Ao estabelecer a responsabilidade solidária, excetuada a opinião individual divergente, o formato de comissão prejudica a tomada de decisões corretas ao interesse público, porém não ortodoxas, nas situações de dissenso entre os integrantes da Comissão, tolhendo inventividade e atitudes muitas vezes necessárias.

Vale transcrever os termos do artigo 34 da Lei nº 12.462/2011:

> *Art. 34. As licitações promovidas consoante o RDC serão processadas e julgadas por comissão permanente ou especial de licitações, composta majoritariamente por servidores ou empregados públicos pertencentes aos quadros permanentes dos órgãos ou entidades da administração pública responsáveis pela licitação.*
>
> *(...)*
>
> *§ 2º Os membros da comissão de licitação responderão solidariamente por todos os atos praticados pela comissão, salvo se posição individual divergente estiver registrada na ata da reunião em que houver sido adotada a respectiva decisão.*

Frise-se, ainda, que o formato de composição apenas majoritária por agentes públicos permite a formação (infelizmente, nada incomum) de comissões nas quais é indicada pessoa fora dos quadros públicos para presidir e conduzir de fato a Comissão, com a indicação de servidores para a complementação da composição deste órgão, sem o mesmo nível técnico e sem a capacidade necessária para contestar os atos (por vezes ilícitos) praticados pelo Presidente.

A figura do pregoeiro, introduzida com o pregão, demonstrou-se muito mais eficiente e adequada. Conforme a Lei do pregão, a designação do pregoeiro necessariamente deve ocorrer dentre os servidores do órgão ou entidade promotora da licitação, admitindo-se a designação de equipe de apoio, mesmo assim, em sua maioria formada por servidores ocupantes de cargo efetivo ou emprego da administração.

> *Art. 3º A fase preparatória do pregão observará o seguinte:*
> *(...)*
> *IV – a autoridade competente designará, dentre os servidores do órgão ou entidade promotora da licitação, o*

> *pregoeiro e respectiva equipe de apoio, cuja atribuição inclui, dentre outras, o recebimento das propostas e lances, a análise de sua aceitabilidade e sua classificação, bem como a habilitação e a adjudicação do objeto do certame ao licitante vencedor.*
>
> *§ 1º A equipe de apoio deverá ser integrada em sua maioria por servidores ocupantes de cargo efetivo ou emprego da administração, preferencialmente pertencentes ao quadro permanente do órgão ou entidade promotora do evento.*

Mencionado formato, sem dúvida, conseguiu alcançar maior segurança, agilidade e qualidade na gestão dos procedimentos licitatórios. Esse aumento da segurança, da agilidade e da qualidade está ligado a diversos fatores. Podemos citar alguns deles.

Primeiramente, evita-se que a gestão do procedimento seja capitaneada por um agente sem vínculo efetivo com o serviço público, muitas vezes contaminado por vontades ilegítimas da autoridade que o designou. Em segundo, a ausência do clima de desconfiança (propício no formato de comissão) passa a inexistir porque, nada obstante a respectiva responsabilidade, as decisões são tomadas individualmente pelo agente público incumbido daquele mister, embora ele possa se socorrer, quando necessário, do assessoramento de equipe de apoio ou mesmo de assessoramento técnico ou jurídico. Por fim, necessário registrar que esse contínuo protagonismo do pregoeiro no gerenciamento dos certames públicos, sob a modalidade pregão, tem permitido a formação de agentes públicos com expertise sobre o ambiente licitatório, que, com o tempo no exercício da atividade como pregoeiro, vem agregando conhecimentos fundamentais para a condução eficiente da licitação.

Cabe ainda registrar que esse modelo é bem mais propício ao certame eletrônico, em relação ao modelo que adota a comissão de licitação. Isso porque o certame, no sistema eletrônico, será sempre conduzido por apenas um dos membros da comissão; os demais resumirão sua atuação, quando muito, ao acompanhamento e registro de decisão, ao final. Em outras palavras, no RDC eletrônico, a adoção do formato "comissão de licitação" é muito mais uma exigência burocrática desnecessária, pouco útil e, certamente, ineficiente.

Cap. 4 • DO PROCEDIMENTO LICITATÓRIO

Em síntese, temos convicção que grande parte do sucesso identificado, nos últimos anos, com a adoção da modalidade pregão, sobretudo o eletrônico, deve-se, sem dúvida alguma, à figura do pregoeiro, com o acúmulo de qualidade que hoje se identifica em muitos agentes públicos que atuam nesta função.

Noutro diapasão, importante registrar que a Lei do RDC quase não tratou sobre as comissões de licitação, relegando ao regulamento o disciplinamento maior das regras que seriam aplicadas ao seu funcionamento.

Conforme já dito, as comissões serão compostas por, no mínimo, três membros (que devem possuir a qualificação necessária), sendo a maioria deles servidores ou empregados públicos pertencentes aos quadros permanentes dos órgãos ou entidades responsáveis pela licitação. Esses membros responderão solidariamente pelos atos praticados, excetuada a hipótese de posição individual divergente, devidamente registrada na ata da reunião em que adotada a decisão.

O Decreto federal n. 7.581/2011 estatuiu as seguintes competências para a comissão de licitação:

a) *elaborar as minutas dos editais e contratos ou utilizar minuta padrão elaborada pela Comissão do Catálogo Eletrônico de Padronização, e submetê-las ao órgão jurídico;*

b) *processar licitações, receber e responder a pedidos de esclarecimentos, receber e decidir as impugnações contra o instrumento convocatório;*

c) *receber, examinar e julgar as propostas conforme requisitos e critérios estabelecidos no instrumento convocatório;*

d) *desclassificar propostas nas hipóteses previstas no art. 40;*

e) *receber e examinar os documentos de habilitação, declarando habilitação ou inabilitação de acordo com os requisitos estabelecidos no instrumento convocatório;*

f) *receber recursos, apreciar sua admissibilidade e, se não reconsiderar a decisão, encaminhá-los à autoridade competente;*

g) *dar ciência aos interessados das decisões adotadas nos procedimentos;*

h) *encaminhar os autos da licitação à autoridade competente para adjudicar o objeto, homologar a licitação e convocar o vencedor para a assinatura do contrato;*

i) *propor à autoridade competente a revogação ou a anulação da licitação; e*

j) *propor à autoridade competente a aplicação de sanções.*

A responsabilidade pela confecção do edital deve ser percebida com certa precaução. É necessário que o setor requisitante, ou um terceiro contratado, apresente o documento de planejamento da contratação (dê-se o nome que quiser: seja projeto básico, termo de referência ou anteprojeto), com os elementos necessários para que a comissão de licitação possa integrá-los ao edital.

Nesse ponto, o RDC também não repetiu a opção exitosa do Pregão, que imputou ao setor requisitante, expressamente, o dever de confeccionar o termo de referência, com as nuances pertinentes à pretensão contratual envolvida.

Em qualquer fase da licitação, admite-se que a comissão de licitação promova as diligências que entender necessárias. O regulamento admitiu, inclusive, desde que não seja alterada a substância da proposta, que a Comissão adote medidas de saneamento destinadas a esclarecer informações, corrigir impropriedades na documentação de habilitação ou complementar a instrução do processo.

Nas licitações que adotem o critério de julgamento pelo melhor conteúdo artístico, a comissão de licitação será auxiliada por comissão especial integrada por, no mínimo, três pessoas de reputação ilibada e notório conhecimento da matéria em exame, que podem ser servidores públicos. Esta comissão é uma comissão específica, diferente e auxiliar à comissão de licitação.

Por fim, convém registrar que é vedada a participação direta ou indireta nas licitações, de membros da comissão de licitação.

4.2.3 Do instrumento convocatório

As regras referentes ao conteúdo obrigatório do instrumento convocatório constam no artigo 8º, do Decreto nº 7.581, de 11 de outubro de 2011, quais sejam:

Cap. 4 • DO PROCEDIMENTO LICITATÓRIO

- o objeto da licitação;
- a forma de execução da licitação, eletrônica ou presencial;
- o modo de disputa, aberto, fechado ou com combinação, os critérios de classificação para cada etapa da disputa e as regras para apresentação de propostas e de lances;
- os requisitos de conformidade das propostas;
- o prazo de apresentação de proposta pelos licitantes, que não poderá ser inferior ao previsto no artigo 15 da Lei nº 12.462, de 2011;
- os critérios de julgamento e os critérios de desempate;
- os requisitos de habilitação;
- a exigência, quando for o caso:
  - de marca ou modelo;
  - de amostra;
  - de certificação de qualidade do produto ou do processo de fabricação; e
  - de carta de solidariedade emitida pelo fabricante;
- o prazo de validade da proposta;[7]
- os prazos e meios para apresentação de pedidos de esclarecimentos, impugnações e recursos;
- os prazos e condições para a entrega do objeto;
- as formas, condições e prazos de pagamento, bem como o critério de reajuste, quando for o caso;
- a exigência de garantias e seguros, quando for o caso;
- os critérios objetivos de avaliação do desempenho do contratado, bem como os requisitos da remuneração variável, quando for o caso;

---

7. Como o RDC não definiu qual deve ser o prazo de validade das propostas, apesar de deixar claro que ele deve constar do instrumento convocatório, entende-se que o edital poderá definir esse prazo, de acordo com a necessidade administrativa. Essa definição deve levar em conta o princípio da razoabilidade e o fundamento de criação do RDC, que foi a possibilidade de trazer agilidade para as contratações.

- as sanções;
- a opção pelo RDC, previsão importante, justamente, por conta do que determina o artigo 1º, § 2º, da Lei do RDC;
- outras indicações específicas da licitação.

Cabe registrar que integram o instrumento convocatório, como anexos:

a) o termo de referência mencionado no inciso VII do caput do artigo 4º, o projeto básico ou executivo, conforme o caso;

b) a minuta do contrato, quando houver;

c) o acordo de nível de serviço, quando for o caso; e

d) as especificações complementares e as normas de execução.

Uma vez que precitados documentos integram o próprio edital, fazemos uma observação técnica pertinente à confecção dos editais. O que se verifica na prática é um excesso de repetições de estipulações da execução contratual no edital. Confeccionam-se editais com enxertos de instrumentos utilizados em outros certames, repetindo-se, por uma compreensão equivocada do diploma legal, um excesso desnecessário de cláusulas de conteúdo idêntico, tanto no edital como no contrato[8].

Temos a opinião pessoal de que, existindo termo de contrato e edital, este deve concentrar suas disposições no regramento do certame, deixando a maioria dos regramentos de execução contratual para aquele instrumento, já que aquele, como anexo, passa a ser peça integrante do próprio edital. Assim, estabelecer cláusulas de execução contratual, no edital propriamente dito, apenas seria necessário quando a relação negocial permitisse a dispensa do instrumento contratual.

Outrossim, sendo o termo de referência, projeto básico e acordo de serviços, também anexos do edital, nada impede que as disposi-

---

8. TORRES, Ronny Charles Lopes de. Leis de licitações públicas comentadas, 10ª edição. Salvador: Juspodivm, 2019. P. 608.

Cap. 4 • DO PROCEDIMENTO LICITATÓRIO 185

ções equivalentes da minuta contratual (ex.: sanções ou obrigações contratuais), apenas remetam ao documento de planejamento, sendo desnecessária expressa repetição do texto integral.

Não atentar para isso, muitas vezes provoca a repetição desnecessária de dispositivos, apenas dificultando a intelecção dos editais, contrariando a publicidade e a competitividade, além de permitir equívocos pela contradição entre as minutas, sobre idênticos aspectos da execução contratual.

Por fim, cabe lembrar que, no caso de obras ou serviços de engenharia, o instrumento convocatório conterá ainda:

*   o cronograma de execução, com as etapas necessárias à medição, ao monitoramento e ao controle das obras;

*   a exigência de que os licitantes apresentem, em suas propostas, a composição analítica do percentual dos Benefícios e Despesas Indiretas – BDI e dos Encargos Sociais – ES, discriminando todas as parcelas que o compõem; e

*   a exigência de que o contratado conceda livre acesso aos seus documentos e registros contábeis, referentes ao objeto da licitação, para os servidores ou empregados do órgão ou entidade contratante e dos órgãos de controle interno e externo.

4.2.4 Da subcontratação

No caso da subcontratação (entendida essa como a transferência para terceiros de partes da execução do objeto e das obrigações contratuais), diferentemente do que consta na Lei Geral de Licitações, que autoriza a subcontratação total[9], o regulamento federal do RDC, em seu art. 10, resolveu autorizá-la apenas para parte da obra ou serviço

---

9.   "Art. 78. Constituem motivo para rescisão do contrato:
       [...]
       VI – **a subcontratação total** ou parcial do seu objeto, a associação do contratado com outrem, a cessão ou transferência, total ou parcial, bem como a fusão, cisão ou incorporação, **não admitidas no edital e no contrato;**
       [...]" (grifamos)

de engenharia, condicionando sua previsão no instrumento convocatório. Convém explicar que essa disposição, na verdade, coaduna-se com a jurisprudência firmada pelo TCU, mesmo em contratos sobre a égide da lei nº 8.666/1993, pela qual a subcontratação integral do objeto pactuado desnatura o certame licitatório, podendo justificar até a apenação do agente que a autorizou.[10]

O RDC percebeu o contrato administrativo como sendo pessoal e não personalíssimo (o que não se aplica aos casos de inexigibilidade que tenham decorrido da exclusividade do serviço). Assim, sendo autorizado pelo edital, nada impede que a contratada transfira parte da execução de seu objeto a terceiros. Por outro lado, há previsão expressa de que "A subcontratação não exclui a responsabilidade do contratado perante a administração pública quanto à qualidade técnica da obra ou do serviço prestado".

Convém registrar que a Lei do RDC, assimilando a jurisprudência reiterada do TCU[11], entendeu ser necessária a apresentação, por parte da subcontratada, dos documentos que comprovem sua habilitação jurídica, regularidade fiscal e qualificação técnica, no intuito de que a contratante pudesse verificar se a subcontratada estaria realmente habilitada a realizar parte da obra ou serviço de engenharia para o qual está sendo subcontratada, reduzindo o risco de que a obra ou o serviço de engenharia não seja finalizado devidamente.

4.3 DA FASE EXTERNA

A fase externa do procedimento licitatório inicia-se com a publicação do edital e encerra-se com a adjudicação/homologação da licitação.

4.3.1 Da publicação

A Lei do RDC garantiu ampla publicidade aos procedimentos licitatórios e de pré-qualificação; no entanto, aquele diploma trouxe

---

10.   Acórdão n.º 954/2012-Plenário.

11.   Como exemplo, vide TCU – Acórdão nº 1.529/2006 – Plenário.

uma exceção, qual seja: hipóteses de informações consideradas sigilosas, em decorrência da segurança da sociedade e do Estado. Nesse último caso, está autorizada, desde que justificadamente, a restrição da publicidade por parte do órgão contratante.

A publicidade a que se refere o caput deste artigo, sem prejuízo da faculdade de divulgação direta aos fornecedores, cadastrados ou não, será realizada mediante:

- publicação de extrato do edital no Diário Oficial da União, do Estado, do Distrito Federal ou do Município, ou, no caso de consórcio público, do ente de maior nível entre eles, sem prejuízo da possibilidade de publicação de extrato em jornal diário de grande circulação; e

- divulgação em sítio eletrônico oficial centralizado de divulgação de licitações ou mantido pelo ente encarregado do procedimento licitatório, na rede mundial de computadores.

Nas licitações cujo valor não ultrapasse R$ 150.000,00 (cento e cinquenta mil reais) para obras ou R$ 80.000,00 (oitenta mil reais) para bens e serviços, inclusive de engenharia, é dispensada a publicação no respectivo diário oficial. Nesses casos, havendo parcelamento do objeto, deverá ser considerado o valor total da contratação, para fins de dispensa da publicação nos diários oficiais.

Eventuais modificações no instrumento convocatório serão divulgadas, respeitando-se os mesmos prazos dos atos e procedimentos originais, exceto quando a alteração não comprometer a formulação das propostas.

Em suma, pode-se resumir a necessidade de publicação dessa maneira:

a) Cumpre-se a publicidade com a publicação de extrato do edital no Diário Oficial da União, do Estado, do Distrito Federal ou do Município, de acordo com o ente que esteja realizando a licitação (esse ato não exclui a possibilidade de divulgação direta da licitação aos fornecedores que estejam cadastrados ou não no órgão contratante, ficando a cargo do gestor tal escolha);

b) Além da publicação descrita acima, deverá também o órgão contratante divulgar a licitação em sítio eletrônico oficial centralizado de divulgação de licitações ou mantido pelo ente encarregado do procedimento licitatório na rede mundial de computadores.

O Decreto federal nº 7.581/2011 também permitiu que a publicação acima descrita fosse feita em sítios eletrônicos oficiais da administração pública, desde que certificados digitalmente por autoridade certificadora credenciada no âmbito da Infraestrutura de Chaves Públicas Brasileira – ICP-Brasil.

c) No caso da participação de consórcio público, a publicação do extrato do edital deverá ser feita levando-se em conta o ente de maior nível entre eles, o que não retira a possibilidade de publicação do extrato também em jornal diário de grande circulação.[12]

d) Também no caso de participação de consórcio público, deverá ocorrer divulgação em sítio eletrônico oficial centralizado de divulgação de licitações ou mantido pelo ente encarregado do procedimento licitatório na rede mundial de computadores, além da que consta acima.

e) Será dispensada a publicação de extrato do edital no Diário Oficial da União, do Estado, do Distrito Federal ou do Município (incluindo também a participação de consórcio público, caso venha a ocorrer) para licitações que alcancem os valores de R$ 150.000,00 (cento e cinquenta mil reais) para obras ou R$ 80.000,00 (oitenta mil reais) para bens e serviços, inclusive de engenharia. Deve-se observar que a divulgação em sítio eletrônico oficial centralizado de divulgação de licitações ou mantido pelo ente encarregado do procedimento licitatório na rede mundial de computadores deverá ser feita mesmo que o valor estimado esteja contido nos valores mencionados acima;

---

12. Essa disposição, expressa no regulamento federal, merece certa crítica por absorver um raciocínio equivocado de que haveria subordinação ou nivelamento jurídico entre os entes federativos.

Cap. 4 • DO PROCEDIMENTO LICITATÓRIO   **189**

f) Caso o objeto da licitação se apresente de forma parcelada, deverá ser considerado o valor total da contratação para efeito de verificação da dispensa ou não da publicação descrita na letra "e";

g) Eventuais modificações a serem feitas no instrumento convocatório só exigirão nova publicação (divulgadas nos mesmos prazos dos atos e procedimentos originais), caso venham a comprometer a formulação das propostas.

4.4 APRESENTAÇÃO DE PROPOSTAS OU LANCES

Conforme disposto pelo artigo 13 da Lei do RDC, as licitações devem ser realizadas preferencialmente sob a forma eletrônica, embora a forma presencial ainda seja admitida.

Para assegurar que os atos do procedimento eletrônico sejam realizados em formato eletrônico, a Lei do RDC previu que a Administração Pública poderá determinar, como condição de validade e eficácia, que os atos sejam praticados em formato eletrônico.

Quanto aos prazos mínimos para apresentação de propostas, os quais podem ser contados a partir da data de publicação do instrumento convocatório, a Lei do RDC trouxe previsão de acordo com o tipo de contratação a ser realizada e o critério de julgamento a ser adotado.

"Art. 15. Será dada ampla publicidade aos procedimentos licitatórios e de pré-qualificação disciplinados por esta Lei, ressalvadas as hipóteses de informações cujo sigilo seja imprescindível à segurança da sociedade e do Estado, devendo ser adotados os seguintes prazos mínimos para apresentação de propostas, contados a partir da data de publicação do instrumento convocatório:

I – para aquisição de bens:

a) 5 (cinco) dias úteis, quando adotados os critérios de julgamento pelo menor preço ou pelo maior desconto; e

b) 10 (dez) dias úteis, nas hipóteses não abrangidas pela alínea a deste inciso;

II – para a contratação de serviços e obras:

a) 15 (quinze) dias úteis, quando adotados os critérios de julgamento pelo menor preço ou pelo maior desconto; e
b) 30 (trinta) dias úteis, nas hipóteses não abrangidas pela alínea a deste inciso;
III – para licitações em que se adote o critério de julgamento pela maior oferta: 10 (dez) dias úteis; e
IV – para licitações em que se adote o critério de julgamento pela melhor combinação de técnica e preço, pela melhor técnica ou em razão do conteúdo artístico: 30 (trinta) dias úteis.

Interessante registrar que um dos prazos previstos pelo legislador não tem aplicação! Isso porque, o "Maior retorno econômico", único critério, além do menor preço ou pelo maior desconto, admitido para as alíneas b dos incisos I e II (acima transcritos), apenas é admitido em contratos de eficiência, os quais envolvem, necessariamente, serviços[13].

Nesta feita, a previsão de prazo estabelecida pela alínea b do inciso I do artigo 15 da Lei do RDC restou inutilizada, em razão da adoção sistemática dos demais dispositivos.

Nas licitações de obras ou serviços de engenharia, após o julgamento das propostas, o licitante vencedor deverá reelaborar e apresentar à administração pública, por meio eletrônico, as planilhas com indicação dos quantitativos e dos custos unitários, bem como do detalhamento das Bonificações e Despesas Indiretas (BDI) e dos Encargos Sociais (ES), com os respectivos valores adequados ao lance vencedor.

Pode-se dizer que o item da planilha de preços denominado Bonificações e Despesas Indiretas (BDI) é o componente utilizado

---

13. Art. 23. No julgamento pelo maior retorno econômico, utilizado exclusivamente para a celebração de contratos de eficiência, as propostas serão consideradas de forma a selecionar a que proporcionará a maior economia para a administração pública decorrente da execução do contrato.

§ 1º O contrato de eficiência terá por objeto a prestação de serviços, que pode incluir a realização de obras e o fornecimento de bens, com o objetivo de proporcionar economia ao contratante, na forma de redução de despesas correntes, sendo o contratado remunerado com base em percentual da economia gerada.

Cap. 4 • DO PROCEDIMENTO LICITATÓRIO

para mensurar, no caso de obras ou serviços de engenharia, o lucro do particular e as despesas e tributos que irão incidir de forma indireta na execução do objeto da licitação da qual ele participe.

As supracitadas despesas indiretas levam essa denominação justamente por não serem individualizadas ou quantificadas na planilha que irá compor os custos diretos. Também servem para suprir as despesas eventuais, já que seu percentual não é fixo e vai variar de objeto para objeto.

Importante sistematização sobre o tema foi feita pelo Tribunal de Contas da União, em seu Acórdão de nº 325/2007, no qual foram propostos critérios de aceitabilidade para o BDI/LDI. Embora, no caso concreto, o julgado tenha envolvido obras para implantação de linhas de transmissão de energia elétrica, aquele trabalho desenvolvido pela Corte de Contas forneceu excelente referência genérica, sendo os conceitos e a composição do LDI propostos aplicáveis a outros tipos de obras[14].

4.5 DOS MODOS DE DISPUTA

O RDC admite os seguintes modos de disputa, que representam o formato de apresentação das propostas.

- Modo de disputa aberto
- Modo de disputa fechado
- Modo de disputa combinado

Estará configurado o modo de disputa aberto quando os licitantes apresentarem suas propostas em sessão pública por meio de lances públicos e sucessivos, na forma crescente ou decrescente, a ser definida de acordo com o critério de julgamento a ser adotado (procedimento semelhante ao da modalidade pregão).

Caso seja adotada a forma presencial, o regulamento federal previu alguns procedimentos adicionais, quais sejam:

---

14. Vide TCU. Acórdão de nº 325/2007, Plenário.

1) Primeiro: classificam-se as propostas iniciais de acordo com a ordem de vantajosidade (art. 19, I);

2) Segundo: a comissão de licitação irá convidar individualmente todos os licitantes para apresentação de lances verbais, os quais serão feitos de forma sequencial, iniciando-se pelo autor da proposta menos vantajosa;

3) Terceiro: caso algum dos licitantes desista de apresentar lance verbal, quando for convocado para tanto, ele será excluído da etapa de lances verbais e o último preço por ele apresentado é o que será mantido na hora de ordenar as propostas apresentadas, exceto no caso de ser o detentor da melhor proposta, hipótese em que poderá apresentar novos lances sempre que esta for coberta.

A Lei do RDC prevê ainda como funcionará o modo de disputa fechado. Nele, as propostas apresentadas pelos licitantes serão sigilosas até a data e hora designadas no instrumento convocatório para sua divulgação.

Sendo o caso de licitação presencial, o regulamento federal dispõe que as propostas deverão ser apresentadas em envelopes lacrados, abertos em sessão pública, ordenando-se conforme critério de vantajosidade.

Os modos de disputa aberto e fechado poderão ser combinados, situação que obrigará o instrumento convocatório a estabelecer duas etapas, sendo a primeira eliminatória, para selecionar os licitantes que irão participar da segunda etapa.

Pelo que consta do artigo 24 do regulamento federal, no modo combinado, a primeira etapa poderá ter início tanto pelo modo aberto, quanto pelo fechado.

Iniciando o procedimento pelo modo fechado, classifica-se para a etapa posterior, aberta, os licitantes que venham a apresentar as três melhores propostas. Por outro lado, iniciado o procedimento pelo modo aberto, os licitantes que tenham apresentado as três melhores propostas/lances deverão oferecer propostas finais, de acordo com o estabelecido para o modo fechado.

Cap. 4 • DO PROCEDIMENTO LICITATÓRIO

Em suma, o RDC admite os seguintes modos de disputa, que representam o formato de apresentação das propostas:

Modo de disputa aberto	Os licitantes apresentarão suas ofertas por meio de lances públicos e sucessivos, crescentes ou decrescentes, conforme o critério de julgamento adotado;
Modo de disputa fechado	As propostas apresentadas pelos licitantes serão sigilosas até a data e hora designadas para que sejam divulgadas (procedimento semelhante ao das modalidades tradicionais da Lei nº 8.666/93);
Modo de disputa combinado	O instrumento convocatório poderá estabelecer que a disputa seja realizada em duas etapas (aberta/fechada ou fechada/aberta), sendo a primeira eliminatória.

A escolha pelo modo de disputa deve se basear na experiência do órgão, em suas licitações. Não há um modo que seja absolutamente melhor que o outro. São opções de definição do "jogo" da licitação, que devem ser escolhidas de acordo com as nuances do certame, sempre com o objetivo de produzir um melhor resultado final à licitação.

4.6 DOS LANCES INTERMEDIÁRIOS E DO REINÍCIO DA DISPUTA

Quando for considerado conveniente para a Administração Pública, o instrumento convocatório estabelecerá a possibilidade da apresentação de lances intermediários no modo de disputa aberto, os quais serão adotados de acordo com o critério de julgamento escolhido.

Consideram-se **intermediários** os lances:

a)   iguais ou inferiores ao maior já ofertado, quando adotado o julgamento pelo critério da maior oferta; ou

b)   iguais ou superiores ao menor já ofertado, quando adotados os demais critérios de julgamento.

Assim, quando a opção for pelo critério de julgamento maior oferta de preço, serão considerados intermediários os lances iguais ou inferiores ao maior já ofertado, mas que forem superiores ao último lance que o licitante apresentou.

Noutro prumo, quando a opção for pelos demais critérios de julgamento (menor preço ou maior desconto, técnica e preço, melhor técnica ou conteúdo artístico e maior retorno econômico), serão considerados intermediários os lances iguais ou superiores ao menor já ofertado, mas que sejam inferiores ao último lance dado pelo licitante.

O TCU já alertou para o fato de que, nas licitações sob a égide do RDC, quando for estabelecido intervalo mínimo de diferença para valores entre os lances, é recomendável prever mecanismos que coíbam a possibilidade de eventual licitante cobrir o menor preço ofertado com desconto irrisório[15].

Poderá, ainda, de acordo com o artigo 21 do regulamento, existir o reinício da disputa aberta.

Caso exista previsão no instrumento convocatório de que a disputa aberta poderá ser reiniciada, ela poderá ocorrer. Esta possibilidade estará configurada se, depois de definida a melhor proposta, a diferença em relação à proposta que foi classificada em segundo lugar for de pelo menos dez por cento; nesta hipótese, a comissão de licitação, julgando válido o reinício da disputa, poderá fazê-lo, mas deve observar o instrumento convocatório para a definição das demais colocações.

Reiniciada a disputa aberta, os licitantes convocados para esta fase deverão reapresentar seus lances. Tais lances serão apresentados da mesma forma que serão apresentados os lances intermediários. Em situações nas quais existam lances iguais, eles serão classificados na ordem em que forem apresentados.

Importante frisar que o reinício da disputa, por expressa previsão legal, servirá para a definição das demais colocações. O primeiro classificado, que não participará deste procedimento reiniciado, já terá sua posição garantida. Eventual redução dos demais licitantes, no reinício da disputa, que alcancem preços inferiores ao outrora primeiro classificado, podem gerar dilemas à continuidade do cer-

---

15. TCU. Acórdão 1442/2013-Plenário. Relator: Ministro Raimundo Carreiro, 12.6.2013.

Cap. 4 • DO PROCEDIMENTO LICITATÓRIO   195

tame, já que não pode se admitir a mera alteração da classificação, pois o primeiro classificado não participará da disputa reiniciada.

Reiteramos que o reinício da disputa aberta pode ocorrer após a definição da melhor proposta, para definição das demais colocações, quando existir uma diferença de pelo menos 10% (dez por cento) entre o melhor lance e o do licitante subsequente. Este reinício não se confunde com a possibilidade de adoção no instrumento convocatório de lances intermediários, embora, quando reiniciada a disputa aberta, ela seja processada de acordo com o que foi disciplinado para apresentação de lances intermediários.

4.7 DO JULGAMENTO DAS PROPOSTAS

Essa fase será baseada em critérios objetivos e públicos, os quais virão descritos no instrumento convocatório.

O julgamento das propostas é realizado conforme o critério de julgamento escolhido, entre os descritos pela Lei do RDC, quais sejam:

* menor preço ou maior desconto;
* técnica e preço;
* melhor técnica ou conteúdo artístico;
* maior oferta de preço;
* maior retorno econômico.

A maior mudança trazida pela Lei do RDC foi a criação do critério de julgamento denominado "maior retorno econômico", já que os demais eram usuais nos certames sob a égide da Lei nº 8.666/93.

Nada obstante o critério utilizado, o julgamento das propostas deve ser objetivo, sem favorecimentos que prejudiquem a isonomia e a competitividade. Necessário reiterar que na gestão pública, o administrador está obrigado a agir buscando como parâmetro a melhor atuação, tendo o compromisso indeclinável de encontrar a solução mais adequada economicamente na gerência da coisa pública[16], vi-

---

16. FREITAS, Juarez. O Controle dos Atos Administrativos e os Princípios Fundamentais, São Paulo: Malheiros, 1997. p. 85-86.

sando sempre à realização dos atos administrativos de acordo com a relação custo-benefício, de maneira que os recursos públicos possam ser gastos da forma mais vantajosa e eficiente.

4.7.1 Critérios de julgamento

Para a Lei geral de licitações os critérios de julgamento estavam vinculados a diferentes tipos de licitação, por isso é recorrente encontrar nos editais de licitação expressões como: licitação do tipo menor preço, licitação do tipo melhor técnica, técnica e preço etc.

Como já dito linhas acima, o RDC foi concebido de uma forma a deixar aberto para o gestor a montagem do procedimento licitatório da forma que melhor traga eficiência e economia para a administração, tendo como base a natureza do objeto a ser licitado, por isso a Lei do RDC não faz referência expressa a tipos de licitação.

Os critérios de julgamento servem para direcionar não só as propostas dos licitantes, mas todo o procedimento licitatório. De acordo com a lógica que caracteriza a flexibilidade do RDC, o critério corretamente adotado conduzirá a administração para a obtenção da proposta mais eficiente e econômica para os fins pretendidos.

Importante observar que, pela Lei do RDC, não há diferenciação dos procedimentos licitatórios pelo valor estimado na fase interna da licitação, como ocorre na Lei Geral de Licitações. No RDC o que vai regular cada procedimento licitatório é a natureza do objeto a ser licitado e o interesse que a administração busca satisfazer.

Essa é a grande diferença apresentada pelo RDC, que rompe com o paradigma anterior: ao invés de modalidades rígidas, pré-concebidas para determinadas situações, o legislador optou por um modelo (modalidade) flexível, que adaptará seu procedimento e suas ferramentas, de acordo com a pretensão contratual manejada, atendendo de forma mais eficiente ao interesse público.

Como já disposto linhas acima, o RDC possui regras específicas, só aplicáveis a ele, o que faz concluir que ele acabou por instituir uma nova modalidade de licitação, flexível, que não pode ser confundida com as modalidades clássicas previstas na Lei nº 8.666/1993, nem com o pregão (instituído pela Lei nº 10.520/2002).

4.7.2 Menor preço ou maior desconto;

De acordo com a Lei do RDC, o julgamento pelo menor preço ou maior desconto considerará o menor dispêndio para a administração pública, atendidos os parâmetros mínimos de qualidade definidos no instrumento convocatório.

Observa-se, portanto, que esse tipo de julgamento levará em consideração a proposta que irá representar o menor custo ou dispêndio para a administração.

Assim, desde que sejam atendidos os parâmetros mínimos de qualidade para entrega final do objeto da licitação, os quais serão estabelecidos pelo instrumento convocatório, a proposta será considerada vencedora e, portanto, mais vantajosa para a administração, se ela apresentar o menor valor, o que resultará em menor dispêndio para o Poder Público.

Observação importante deve ser feita, para firmar-se que o menor preço deve se confundir com o melhor preço, nos termos do edital. Não interessa a adjudicação do objeto licitado a uma empresa que ofertou o menor preço, quando ela não detém a habilitação necessária para a execução do contrato, nem mesmo quando o preço ofertado for inexequível. Nos termos do art. 24 da lei do RDC[17], a proposta considerada inexequível deverá ser desclassificada.

---

17. "Art. 24. Serão desclassificadas as propostas que:

I – contenham vícios insanáveis;

II – não obedeçam às especificações técnicas pormenorizadas no instrumento convocatório;

III – apresentem preços manifestamente inexequíveis ou permaneçam acima do orçamento estimado para a contratação, inclusive nas hipóteses previstas no art. 6º desta Lei;

IV – não tenham sua exequibilidade demonstrada, quando exigido pela administração pública; ou

V – apresentem desconformidade com quaisquer outras exigências do instrumento convocatório, desde que insanáveis.

§ 1º A verificação da conformidade das propostas poderá ser feita exclusivamente em relação à proposta mais bem classificada.

§ 2º A administração pública poderá realizar diligências para aferir a exequibilidade das propostas ou exigir dos licitantes que ela seja demonstrada, na forma do inciso IV do caput deste artigo.

No que diz respeito ao menor dispêndio, os custos indiretos relacionados com as despesas de manutenção, utilização, reposição, depreciação e impacto ambiental, entre outros fatores, podem ser considerados para a sua definição, mas, devem ser objetivamente mensurados e constarão do instrumento convocatório, para que possam ser levados em consideração quando do julgamento das propostas. É o que pode ser encontrado no art. 19, § 1º da Lei do RDC e no § 1º, art. 26 do regulamento.

Conforme § 2º do art. 26 do regulamento do RDC, podem ser estabelecidos parâmetros adicionais de mensuração de custos indiretos, ato que será de competência do Secretário de Logística e Tecnologia da Informação do Ministério do Planejamento, Orçamento e Gestão.

A busca pelo menor dispêndio para a administração não pode resultar na contratação de objeto de baixa qualidade, por isso, a especificação técnica deve ser feita no instrumento convocatório, da forma mais precisa possível, pois será esse item do edital que irá identificar o objeto que está sendo licitado.

Para o critério "maior desconto", a referência a ser utilizada, quando do julgamento das propostas, é o preço global que vier a ser definido no instrumento convocatório, o qual deverá ser estendido aos termos aditivos que venham a surgir. Assim, a proposta vencedora deverá garantir o maior desconto durante todo o período de vigência estabelecido no contrato.

Sobre o assunto Alexandre Wagner Nester[18], com razão, dispôs:

> *Esse critério de julgamento tem utilidade nos casos em que a administração detiver informações consistentes acerca do*

---

§ 3º No caso de obras e serviços de engenharia, para efeito de avaliação da exequibilidade e de sobrepreço, serão considerados o preço global, os quantitativos e os preços unitários considerados relevantes, conforme dispuser o regulamento."

18. NESTER, Alexandre Wagner. Os critérios de julgamento previstos no regime diferenciado de contratações públicas. In: JUSTEN FILHO, Marçal; PEREIRA, Cesar A. Guimarães (Coord.). O Regime Diferenciado de Contratações Públicas (RDC): Comentários à Lei nº 12.462 e ao Decreto nº 7.581. Belo Horizonte: Fórum, 2012. p. 227-242.

custo da obra ou serviço licitado, a ponto de fixá-lo com relativa precisão no edital, afim de que sirva, de parâmetro para as propostas a serem realizadas em forma de desconto."

Importante destacar: o preço global, que servirá de base para que os licitantes apresentem suas propostas, deverá ser divulgado por meio do instrumento convocatório, o que pode ser considerada uma exceção ao orçamento oculto.

Essa exceção foi criada, justamente, para que o licitante conheça o preço global estimado pela administração e tenha condições, a partir dessa informação, de saber qual a margem de desconto ele pode trabalhar para apresentar em sua proposta.

Para a contratação de obras ou serviços de engenharia, a Lei do RDC expressamente estabelece que o percentual de desconto apresentado pelos licitantes deverá incidir linearmente sobre os preços de todos os itens do orçamento estimado, previsto no instrumento convocatório.

Essa regra foi criada para evitar o chamado "jogo de planilha" e, embora possam ser registradas algumas ressalvas pelo TCU[19], ela facilita a análise de exequibilidade e sobrepreço, além de não causar prejuízos econômicos relevantes, já que a empresa responsável, ao analisar uma planilha para apresentação da sua proposta, sabe o seu preço para a execução do contrato e pode apresentar percentual condizente com referido parâmetro.

4.7.3 Técnica e preço

Presente no artigo 20 da Lei do RDC, esse critério de julgamento deve vir expresso no instrumento convocatório, utilizando

---

19. Segundo raciocínio corretamente ponderado pelo Ministro José Múcio, o requisito do desconto linear peca por compelir "as licitantes a comporem seus preços artificialmente, sem que haja correspondência com a indicação do mercado", dificultando a precisão da elaboração das propostas, já que as empresas acabam por encontrar um desconto médio, que equilibre os itens a serem vendidos abaixo e acima do preço real ou fixam descontos menores do que realmente poderiam dar. (TCU, Acórdão n.º 2907/2012-Plenário, Rel. Min. José Múcio Monteiro, 24.10.2012).

parâmetros objetivos para chegar ao resultado esperado, levando-se em consideração a melhor combinação entre a técnica e o preço.

Segundo o Tribunal de Contas da União "No *RDC*, a definição dos critérios de avaliação e ponderação da qualidade técnica das propostas está no âmbito da discricionariedade da Administração, devendo ser adotados, de forma justificada, os requisitos que melhor se amoldem às características peculiares do objeto licitado (art. 20, caput, da Lei 12.462/11)"[20].

A Lei permitiu a atribuição de fatores de ponderação distintos para valorar as propostas técnicas e de preço a serem apresentadas pelos licitantes, embora tenha limitado a utilização do percentual de ponderação mais relevante a 70% (setenta por cento).

Importante ressaltar que o Tribunal de Contas da União já decidiu que caso seja adotado o critério de julgamento técnica e preço, a proposta técnica deverá ser pontuada "... de acordo com a valoração da metodologia ou técnica construtiva a ser empregada, e não, somente, pontuar a experiência profissional das contratadas ou de seus responsáveis técnicos."[21]

Desse modo, nos termos do § 1º do artigo 20 da Lei nº 12.462/2011, o critério técnica e preço, no qual serão avaliadas e ponderadas as propostas de técnica e de preço apresentadas pelos licitantes, deverá ser utilizado:

> [...] quando a avaliação e a ponderação da qualidade técnica das propostas que superarem os requisitos mínimos estabelecidos no instrumento convocatório forem relevantes aos fins pretendidos pela administração pública, e destinar-se-á exclusivamente a objetos:
>
> I – de natureza predominantemente intelectual e de inovação tecnológica ou técnica; ou
>
> II – que possam ser executados com diferentes metodologias ou tecnologias de domínio restrito no mercado, pontuando-se as vantagens e qualidades que eventualmente forem oferecidas para cada produto ou solução.

---

20.   Acórdão 288/2015-Plenário. Relator Ministro Benjamin Zymler. 25.2.2015.

21.   Acórdão 1167/2014 Plenário. Relator Ministro José Múcio Monteiro. 7.5.2014.

Cap. 4 • DO PROCEDIMENTO LICITATÓRIO

201

Assim, conforme já explanado anteriormente, o critério "técnica e preço" será utilizado quando a avaliação e a ponderação da qualidade técnica das propostas superarem os requisitos mínimos estabelecidos no instrumento convocatório e forem relevantes aos fins pretendidos pela administração pública, destinando-se, exclusivamente, às pretensões contratuais:

- de natureza predominantemente intelectual e de inovação tecnológica ou técnica;
- que possam ser executadas com diferentes metodologias;
- que possam ser executadas com tecnologias de domínio restrito no mercado.

Nesses dois últimos casos (diferentes metodologias ou tecnologias de domínio restrito), será necessário pontuar-se as vantagens e qualidades que eventualmente forem oferecidas para cada produto ou solução.

O Tribunal de Contas da União, em seu Acórdão nº 1510/2013, relatado pelo Ministro Valmir Campelo, firmou este entendimento, fixando os requisitos para que a obra ou serviço de engenharia venha a se enquadrar dentro do critério "técnica e preço", são eles:

1) ter natureza predominantemente intelectual e de inovação tecnológica;

2) poder ser executado com diferentes metodologias; ou

3) poder ser executado com emprego de tecnologias de domínio restrito no mercado[22].

De acordo com o Tribunal, a expressão "de domínio restrito de mercado" não está relacionada à expressão "diferentes metodologias".

Outro entendimento do Tribunal de Contas da União relacionado ao tema foi no sentido de que:

> *Para o enquadramento de obra ou serviço de engenharia ao RDC, mediante a hipótese prevista no art. 9º, inciso II, da*

---

22. TCU. Acórdão 1510/2013-Plenário. Relator Ministro Valmir Campelo, 19.6.2013.

Lei 12.462/2011, a "possibilidade de execução mediante diferentes metodologias" deve corresponder a diferenças metodológicas em ordem maior de grandeza e de qualidade, capazes de ensejar uma real concorrência entre propostas, de forma a propiciar soluções vantajosas e ganhos reais para a Administração e a justificar os maiores riscos (e, em tese, maiores preços embutidos) repassados ao particular. Este enquadramento não se presta a situações nas quais as diferenças metodológicas são mínimas, pouco relevantes ou muito semelhantes, como ocorre nos casos de serviços comuns, ordinariamente passíveis de serem licitados por outros regimes ou modalidades.[23]

Este julgado mostra uma tendência restritiva, identificada em alguns jugados da Corte de Contas, em relação à adoção da contratação integrada com base na possibilidade de execução mediante diferentes metodologias.

Com a devida vênia, reportando-se a conceitos como "diferenças metodológicas em ordem maior de grandeza e de qualidade", "soluções vantajosas" e "ganhos reais", o TCU traz incerteza ao gestor que objetiva utilizar a contratação integrada com base na diferença metodológica, estabelecendo uma restrição não identificada no texto legal.

4.7.4 Melhor técnica ou conteúdo artístico

Para este critério, o artigo 21 da Lei do RDC trouxe previsão expressa de que deverão ser consideradas exclusivamente as propostas técnicas ou artísticas apresentadas pelos licitantes, com base em critérios objetivos previamente estabelecidos no instrumento convocatório, no qual será definido o prêmio ou a remuneração que será atribuída aos vencedores.

O parágrafo único trouxe alguns exemplos de objetos que podem utilizar esse tipo de julgamento, tais como: contratação de projetos, inclusive arquitetônicos, e trabalhos de natureza técnica,

---

23. TCU. Acórdão 1399/2014-Plenário. Relator Ministro-Substituto Augusto Sherman Cavalcanti, 28.5.2014.

Cap. 4 · DO PROCEDIMENTO LICITATÓRIO

científica ou artística, excluindo do rol apresentado, no entanto, os projetos de engenharia.

4.7.5 Maior oferta de preço

Para esse critério de julgamento, o artigo 22 da Lei do RDC trouxe previsão para que ele seja utilizado no caso de contratos que resultem em receita para a administração pública.

Além disso, quando a escolha for por este critério de julgamento, os requisitos de qualificação técnica e econômico-financeira poderão ser dispensados[24].

A Lei do RDC deixou para o gestor a escolha pela exigência ou não, no instrumento convocatório, da comprovação do recolhimento de quantia a título de garantia (como requisito de habilitação), a qual deverá ser limitada a 5% (cinco por cento) do valor mínimo de arrematação.

Na hipótese acima aventada, o licitante vencedor perderá o valor da entrada em favor da administração pública, caso não efetive o pagamento devido no prazo estipulado.

4.7.6 Maior retorno econômico

No julgamento pelo maior retorno econômico, as propostas serão consideradas para selecionar a que proporcione maior economia para a administração pública, em razão da execução do denominado "contrato de eficiência".

O contrato de eficiência terá por objeto a prestação de serviços, que pode incluir a realização de obras e o fornecimento de bens, com o objetivo de proporcionar economia ao contratante, na forma de redução de despesas correntes.

A remuneração do contratado será estabelecida com base em percentual incidente sobre a economia gerada, motivo pelo qual o instrumento convocatório deverá prever parâmetros objetivos de mensuração da economia gerada com a execução do contrato, a qual servirá de base de cálculo da remuneração devida ao contratado.

---

24. Art. 33, § 1º do Regulamento federal.

4.7.6.1. Da forma de apresentação das propostas pelos licitantes

Na licitação que utilize o critério de maior retorno econômico, os licitantes apresentarão propostas de trabalho e de preço. Para efeito de julgamento da proposta, o retorno econômico é o resultado da economia que se estima gerar com a execução da proposta de trabalho, deduzida a proposta de preço.

Enquanto a proposta de preço corresponderá a um percentual sobre a economia que se estima gerar durante determinado período, expressa em unidade monetária, a proposta de trabalho deverá contemplar:

- as obras, serviços ou bens, com respectivos prazos de realização ou fornecimento; e

- a economia que se estima gerar, expressa em unidade de medida associada à obra, bem ou serviço e expressa em unidade monetária.

4.7.6.2 Do contrato de eficiência

O contrato de eficiência é mais uma novidade trazida pelo RDC. É uma forma de vinculação da remuneração do contratado à obtenção de um resultado que traga para a contratante determinada economia, que ela não teria em condições normais de execução daquela atividade.

Dispõe o artigo 23 da Lei do RDC que:

> *Art. 23. No julgamento pelo maior retorno econômico, utilizado exclusivamente para a celebração de contratos de eficiência, as propostas serão consideradas de forma a selecionar a que proporcionará a maior economia para a administração pública decorrente da execução do contrato.*
>
> *§ 1º O contrato de eficiência terá por objeto a prestação de serviços, que pode incluir a realização de obras e o fornecimento de bens, com o objetivo de proporcionar economia ao contratante, na forma de redução de despesas correntes, sendo o contratado remunerado com base em percentual da economia gerada.*

Cap. 4 • DO PROCEDIMENTO LICITATÓRIO

§ 2º Na hipótese prevista no caput deste artigo, os licitantes apresentarão propostas de trabalho e de preço, conforme dispuser o regulamento.

§ 3º Nos casos em que não for gerada a economia prevista no contrato de eficiência:

I – a diferença entre a economia contratada e a efetivamente obtida será descontada da remuneração da contratada;

II – se a diferença entre a economia contratada e a efetivamente obtida for superior à remuneração da contratada, será aplicada multa por inexecução contratual no valor da diferença; e

III – a contratada sujeitar-se-á, ainda, a outras sanções cabíveis caso a diferença entre a economia contratada e a efetivamente obtida seja superior ao limite máximo estabelecido no contrato.

Nota-se que a remuneração do contratado está intrinsecamente ligada à economia que ele irá gerar para a contratante; caso não seja atingida a economia contratada, o contratado terá que indenizar o contratante.

O objeto do contrato de eficiência é a prestação de serviços, a qual pode incluir realização de obras e fornecimento de bens, com o objetivo de proporcionar economia ao contratante, na forma de redução de despesas correntes. Forçoso reconhecer que no caso de obras, necessariamente, a utilização do contrato de eficiência pressupõe que elas estejam inseridas no âmbito de uma prestação de um serviço.

4.7.6.3 Do objetivo a ser buscado na adoção do contrato de eficiência

No que se refere ao objetivo do contrato de eficiência, pode-se dizer que ele busca proporcionar à contratante economia na forma de redução de despesas correntes, classificação existente no artigo 12 da Lei nº 4.320, de 17 de março de 1964[25].

---

25. Art. 12. A despesa será classificada nas seguintes categorias econômicas:
DESPESAS CORRENTES
Despesas de Custeio

Para Rafael Wallbach Schwind[26]:

> *O § 1º do artigo 23 da Lei nº 12.462 refere-se genericamente às despesas correntes, o que engloba tanto as despesas de custeio quanto as transferências correntes. Na realidade, os contratos de eficiência provavelmente terão como campo de aplicação primordial a redução das despesas de custeio. De todo modo, não é recomendável restringir seu âmbito de aplicação apenas às despesas de custeio, sob pena de se limitar a criatividade da Administração na concepção de arranjos contratuais inovadores e que lhe proporcionem benefícios significativos. A prática ainda demonstrará a real utilização dos contratos de eficiência.*

De fato, pela redação do § 1º do artigo 23 da Lei nº 12.462/2011, o âmbito de aplicação do contrato de eficiência acabará ficando restrito às despesas de custeio, já que não há lógica para sua aplicação aos casos de transferências correntes.

4.7.6.4 Da remuneração a ser paga ao contratado

Nesse tipo de contrato, haverá vinculação entre a remuneração do contratado e a obtenção de um resultado. Duas conclusões, então, são possíveis:

Transferências Correntes

DESPESAS DE CAPITAL

Investimentos

Inversões Financeiras

Transferências de Capital

§ 1º Classificam-se como Despesas de Custeio as dotações para manutenção de serviços anteriormente criados, inclusive as destinadas a atender a obras de conservação e adaptação de bens imóveis.

§ 2º Classificam-se como Transferências Correntes as dotações para despesas as quais não corresponda contraprestação direta em bens ou serviços, inclusive para contribuições e subvenções destinadas a atender à manifestação de outras entidades de direito público ou privado.

26. SCHWIND, Rafael Wallbach. **Remuneração Variável e Contratos de Eficiência no Regime Diferenciado de Contratações Públicas**. *In*: JUSTEN FILHO, Marçal; PEREIRA, Cesar A. Guimarães (Coord.). O Regime Diferenciado de Contratações Públicas (RDC): Comentários à Lei nº 12.462 e ao Decreto nº 7.581. Belo Horizonte: Fórum, 2012. p. 169-192.

Cap. 4 • DO PROCEDIMENTO LICITATÓRIO

- O contratado deverá assumir a obrigação de reduzir as despesas da contratante como, por exemplo, nos contratos de energia e gás;
- A remuneração do contratado vai corresponder a percentual da economia resultante, ao final de cada período faturado.

Traçadas as premissas acima, torna-se necessário definir se o contrato de eficiência pode ser considerado um contrato de risco.

Em primeiro lugar, pela leitura que se fez do artigo 23 da Lei do RDC, a remuneração da contratada será maior se a economia gerada também for maior. Em segundo, haverá desconto na remuneração da contratada caso a economia prevista no contrato não for atingida, de acordo com a meta estabelecida no contrato. Em terceiro, pode haver sanção, ou melhor, indenização, a depender do desempenho do contratado durante a execução do contrato. Portanto, a conclusão que se chega é que esse tipo de contrato pode ser enquadrado dentre os que são considerados de risco.

No critério de julgamento pelo maior retorno econômico, pelo que consta do art. 36, *caput*, do regulamento do RDC, "as propostas serão consideradas para selecionar a que proporcionará a maior economia para a administração pública, decorrente da execução do contrato".

Quando da opção pela utilização do contrato de eficiência, obrigatoriamente, o instrumento convocatório deverá prever parâmetros objetivos de mensuração da economia gerada com a execução do contrato, para que sirva como base de cálculo à remuneração devida ao contratado.

Entende-se por critério objetivo a fixação do montante da despesa corrente da contratante, o qual servirá como referencial para que o contratado possa formular sua proposta. Além disso, partindo desse referencial, será calculada a economia a ser gerada à contratante e a remuneração a ser paga ao contratado.

Pelo que consta do art. 36, § 4º, do regulamento do RDC, o montante de redução das despesas correntes adicionado ao percentual de remuneração sobre a redução, resultará na proposta mais vantajosa. Nessa senda, importante conclusão é que a proposta mais vantajosa poderá ser a que contemple a remuneração mais elevada, quando ela também proporcione maior economia ao contratante, durante toda a execução do contrato.

Vejamos o exemplo apresentado por Rafael Wallbach Schwind[27]:

> [...] Suponha-se que, em determinado certame, o licitante A se comprometa a reduzir as despesas correntes da Administração em R$ 100,00, mediante o recebimento de 10% sobre esse montante. O licitante B, por outro lado, compromete-se a reduzir as despesas correntes em R$ 200,00, mas mediante o recebimento de 20% sobre esse montante. No caso da proposta do licitante A, o benefício líquido para a Administração será de R$ 90,00 caso o licitante atinja o objetivo a que se comprometeu. Já no caso da proposta do licitante B, o benefício líquido será de R$ 160,00. Como o critério estabelecido pela lei é o do maior retorno econômico, não há dúvidas de que a proposta do licitante B é a que deve ser eleita, uma vez que proporciona a maior economia para a Administração Pública, ainda que a remuneração de B seja de R$ 40,00, portanto, quatro vezes maior do que a de A (que receberia R$ 10,00).

Nota-se, com isso, que o espírito desse tipo de contrato não é outro, senão, a busca do incentivo à contratada. A economia gerada para efeitos de remuneração da contratada deve ser aferida de acordo com o que for previsto pelo contratante no edital e de acordo com suas especificidades, mas, o ideal é que se elabore um cronograma no qual seja considerada por parte do contratado uma possível implementação de tecnologia inovadora e do contratante o prazo necessário para que os resultados se apresentem.

---

27. SCHWIND, Rafael Wallbach. **Remuneração Variável e Contratos de Eficiência no Regime Diferenciado de Contratações Públicas**. *In*: JUSTEN FILHO, Marçal; PEREIRA, Cesar A. Guimarães (Coord.). O Regime Diferenciado de Contratações Públicas (RDC): Comentários à Lei nº 12.462 e ao Decreto nº 7.581. Belo Horizonte: Fórum, 2012. p. 169-192.

Cap. 4 • DO PROCEDIMENTO LICITATÓRIO

4.7.6.5 Formas de indenização por parte da contratada quando não alcançada a economia acordada

Na hipótese em que a economia gerada for menor que a economia contratada (EG<EC), a diferença entre a economia contratada e a economia gerada (efetivamente obtida) será descontada da remuneração da contratada.

Caso essa diferença for superior à remuneração da contratada, será aplicada multa por inexecução contratual no valor da diferença.

Na hipótese em que a diferença entre a economia contratada e a efetivamente obtida for superior ao limite máximo estabelecido no contrato, a contratada sujeitar-se-á às demais sanções cabíveis.

Economia gerada < Economia contratada (EG<EC)

Fórmula: Remuneração – (Ec – Eg)

Se (Ec – Eg) > Remuneração = aplicação de multa (valor da diferença)

Se (Ec – Eg) > limite máximo contratual = aplicação de outras sanções cabíveis

---

Na hipótese da aplicação de sanções, deverá ser aberto processo administrativo, no qual seja assegurado ao contratado o contraditório e a ampla defesa, até mesmo para que se possa chegar ao motivo do não alcance da economia contratada.

Por fim, convém registrar que as despesas correntes ampliadas por decisões da contratante, não devem onerar a contratada.

4.8 DA CLASSIFICAÇÃO E DESCLASSIFICAÇÃO DAS PROPOSTAS

De acordo com a sistemática implantada pela Lei do RDC, a desclassificação da proposta está relacionada aos vícios ligados à conformidade desta, com as especificações e características previstas no instrumento convocatório,[28] e ao preço[29].

No que se refere ao primeiro vício mencionado, para haver a desclassificação propriamente dita da proposta apresentada pelo licitante, é importante verificar previamente se esse vício deve ser considerado insanável ou não. A Lei do RDC buscou privilegiar a celeridade e a eficiência, por isso, todos os vícios sanáveis devem ser convalidados, permitindo-se que o procedimento licitatório siga o seu curso normal.

No caso de vício relacionado ao preço, caberá ao responsável pela licitação, no caso concreto, levando em consideração também o objeto a ser licitado, verificar a exequibilidade das propostas apresentadas pelos licitantes, de acordo com o que foi previsto no edital.

Para as licitações de obras e serviços de engenharia, o artigo 41 do regulamento do RDC traçou parâmetros para que o gestor possa verificar a exequibilidade das propostas apresentadas pelos licitantes.

O citado dispositivo considerou como inexequíveis as propostas com valores globais inferiores a setenta por cento do menor dos seguintes valores:

- média aritmética dos valores das propostas forem superiores a cinquenta por cento do valor do orçamento estimado pela Administração Pública; ou
- valor do orçamento estimado pela Administração Pública.

No parágrafo primeiro do dispositivo em comento, tem-se determinação específica para que a Administração, quando exista dúvidas relacionadas à desclassificação da proposta, possibilite ao licitante demonstrar sua exequibilidade, o que poderá servir, também, como fundamento para motivar a decisão administrativa. Essa disposição consagra não só o princípio da celeridade, mas também o da eficiência.

---

28. Incisos I, II e V do artigo 24 da Lei do RDC.
29. Incisos III e IV do artigo 24 da Lei do RDC.

Aline Lícia Klein lembra, com razão, que:[30]

[...] a incidência de tais parâmetros aritméticos, quando muito, apenas propiciará indícios de inexequibilidade que, em qualquer caso, deverá ser objeto de comprovação específica, considerando-se as circunstâncias concretas."

No entanto, não foi intenção da Lei do RDC estabelecer uma incidência rígida e objetiva desses critérios. De acordo com o Decreto federal nº 7.581/2011[31], quando o licitante for chamado para demonstrar a exequibilidade de sua proposta, deverá comprovar que seu valor é compatível com a execução do objeto licitado no que se refere aos custos dos insumos e aos coeficientes de produtividade adotados nas composições de custos unitários.

O regulamento federal[32] deixa claro ainda que a análise de exequibilidade da proposta não considerará materiais e instalações a serem fornecidos pelo licitante, em relação aos quais ele renuncie a parcela ou à totalidade da remuneração, desde que a renúncia esteja expressa na proposta. Essa regra foi uma tentativa de garantir que a Administração não seja surpreendida posteriormente, com a alteração da proposta apresentada inicialmente por ele.

No artigo 42 do regulamento do RDC, destacou-se que a economicidade da proposta será aferida com base nos custos globais e unitários, quando se tratar de licitações de obras e serviços de engenharia; nos parágrafos que se seguem, foram traçadas importantes balizas relacionadas à forma de estimar custos para obras e serviços de engenharia.

Segundo o artigo 24 da Lei do RDC, devem ser desclassificadas as propostas que:

* contenham vícios insanáveis;

---

30. KLEIN, Aline Lícia. A desclassificação das propostas e o encerramento do procedimento licitatório no RDC: a possibilidade de correção de vícios sanáveis. In: JUSTEN FILHO, Marçal; PEREIRA, Cesar A. Guimarães (Coord.). O Regime Diferenciado de Contratações Públicas (RDC): Comentários à Lei nº 12.462 e ao Decreto nº 7.581. Belo Horizonte: Fórum, 2012. P. 243-259. ISBN 978-85-7700-534-5.

31. § 2º do artigo 41.

32. § 3º do artigo 41.

- não obedeçam às especificações técnicas pormenorizadas no instrumento convocatório;

- apresentem preços manifestamente inexequíveis ou permaneçam acima do orçamento estimado para a contratação, inclusive no caso do orçamento sigiloso;

- não tenham sua exequibilidade demonstrada, quando exigido pela administração pública; ou

- apresentem desconformidade com quaisquer outras exigências do instrumento convocatório, desde que insanáveis.

Há orientação legal[33] permitindo que a verificação da conformidade das propostas seja feita exclusivamente em relação à proposta mais bem classificada.

A Lei também contemplou a possibilidade da Administração Pública realizar diligências, com o intuito de aferir a exequibilidade das propostas, devendo oportunizar a participação de todos os licitantes que estejam fazendo parte do procedimento licitatório ou exigir dos licitantes que ela seja demonstrada[34].

Reiteramos, é dever da Administração realizar as diligências consideradas necessárias para aferir a exequibilidade da proposta, assim como é seu dever exigir, quando necessário, que os licitantes demonstrem a exequibilidade das propostas por eles apresentadas[35]. Uma vez identificados indícios de inexequibilidade, deve ser dada oportunidade ao licitante para justificar o preço colocado na disputa e, decidindo-se pela desclassificação, esta deve ser justificada, com tal motivação constando em ata, de forma a evitar subjetivismos, propícios às fraudes. Nesse sentido, o TCU já determinou que, em caso de desclassificação de proposta por inexequibilidade, fosse justificado, na ata de julgamento da licitação, o critério adotado para essa decisão, em atendimento ao princípio do julgamento objetivo.[36]

---

33. § 1º do artigo 24 da Lei nº 12.462/2011.
34. § 1º do artigo 24 da Lei nº 12.462/2011 e artigo 40 do Regulamento federal.
35. Idem.
36. TCU. Acórdão nº 1.500/2006, Plenário.

Cap. 4 • DO PROCEDIMENTO LICITATÓRIO

No caso de obras e serviços de engenharia, para efeito de avaliação da exequibilidade e de sobrepreço, serão considerados o preço global, os quantitativos e os preços unitários considerados relevantes.

Por fim, convém registrar que, da decisão de classificação ou desclassificação da proposta, é cabível recurso.[37]

4.9 CRITÉRIOS DE DESEMPATE E PREFERÊNCIAS

A Lei do RDC[38] estabeleceu quais são os critérios de desempate que serão utilizados quando ocorrer empate entre duas ou mais propostas. É importante perceber que há uma sequência a ser observada, no que se refere aos critérios de desempate. Por outro lado, importante, também, considerar que não há como dissociar os critérios de desempate das eventuais preferências previstas legalmente.

Nessa senda, em relação à preferência em favor das microempresas e empresas de pequeno porte,[39] elas deverão ser utilizadas antes de todos os critérios de desempate previstos nos incisos do artigo 25 da Lei do RDC.

Para tanto, o Regulamento do RDC[40] estabeleceu sistemática a ser seguida, nos termos previstos na Lei Complementar nº 123, de 14 de dezembro de 2006.

Para a referida norma, considera-se empate aquelas situações em que a proposta apresentada pela microempresa ou empresa de pequeno porte seja igual ou até 10% (dez por cento) superior à proposta mais bem classificada.[41]

---

37. Artigo 45, inciso II, alínea "c" da Lei do RDC e artigo 53 de seu Regulamento.

38. Artigo 25.

39. Dispõe o artigo 25, parágrafo único da Lei do RDC que:
    [...]
    "As regras previstas no caput deste artigo não prejudicam a aplicação do disposto no art. 44 da Lei Complementar nº 123, de 14 de dezembro de 2006."

40. Artigo 38.

41. De acordo com o artigo 44 da LC 123/2006, o percentual de 5% é aplicável, apenas, em relação à modalidade pregão.

Verificada a ocorrência da situação descrita acima, a microempresa ou empresa de pequeno porte, que tenha apresentado a proposta mais vantajosa, poderá apresentar nova proposta de preço inferior àquela melhor classificada. Entretanto, caso a empresa enquadrada na situação anterior não venha a apresentar nova proposta, as demais microempresas ou empresas de pequeno porte licitantes, com propostas até dez por cento superiores à proposta melhor classificada, serão convidadas a exercer o mesmo direito, conforme a ordem de vantajosidade de suas propostas.

Margens de preferências que existem atualmente[42], ou que venham a ser criadas, também deverão ser levadas em consideração antes da utilização dos critérios de desempate estabelecidos no artigo 25 da Lei do RDC[43].

Depois de utilizada a regra supramencionada é que serão utilizados os critérios de desempate previstos no artigo 25 da Lei do RDC, obedecida, necessariamente, a ordem a seguir:

- disputa final, em que os licitantes empatados poderão apresentar nova proposta fechada em ato contínuo à classificação;
- avaliação do desempenho contratual prévio dos licitantes, desde que exista sistema objetivo de avaliação instituído;
- critérios estabelecidos no art. 3º da Lei nº 8.248, de 23 de outubro de 1991, e no § 2º do art. 3º da Lei nº 8.666, de 21 de junho de 1993[44]; e
- sorteio.

---

42. Artigo 3º, parágrafos 5º a 12 da Lei geral de licitações.

43. Art. 38. Nos processos de contratação abrangidos por esta Lei, aplicam-se as preferências para fornecedores ou tipos de bens, serviços e obras previstos na legislação, em especial as referidas:

    I – no art. 3º da Lei nº 8.248, de 23 de outubro de 1991;

    II – no art. 3º da Lei nº 8.666, de 21 de junho de 1993; e

    III – nos arts. 42 a 49 da Lei Complementar nº 123, de 14 de dezembro de 2006.

44. "Art. 3º Os órgãos e entidades da Administração Pública Federal, direta ou indireta, as fundações instituídas e mantidas pelo Poder Público e as demais organizações sob o controle direto ou indireto da União darão preferência, nas aquisições de bens e serviços de informática e automação, observada a seguinte ordem, a: (Redação dada pela Lei nº 10.176, de 2001)

Cap. 4 • DO PROCEDIMENTO LICITATÓRIO

A primeira observação a ser feita é no sentido de que os critérios de desempate são taxativos. Em segundo lugar, observa-se que o

---

I – bens e serviços com tecnologia desenvolvida no País; (Redação dada pela Lei nº 10.176, de 2001)

II – bens e serviços produzidos de acordo com processo produtivo básico, na forma a ser definida pelo Poder Executivo.(Redação dada pela Lei nº 10.176, de 2001)

§ 1º Revogado. (Redação dada pela Lei nº 10.176, de 2001)

§ 2º Para o exercício desta preferência, levar-se-ão em conta condições equivalentes de prazo de entrega, suporte de serviços, qualidade, padronização, compatibilidade e especificação de desempenho e preço.(Redação dada pela Lei nº 10.176, de 2001)

§ 3º A aquisição de bens e serviços de informática e automação, considerados como bens e serviços comuns nos termos do parágrafo único do art. 1º da Lei nº 10.520, de 17 de julho de 2002, poderá ser realizada na modalidade pregão, restrita às empresas que cumpram o Processo Produtivo Básico nos termos desta Lei e da Lei nº 8.387, de 30 de dezembro de 1991. (Redação dada pela Lei nº 11.077, de 2004)"

"Art. 3º A licitação destina-se a garantir a observância do princípio constitucional da isonomia, a seleção da proposta mais vantajosa para a administração e a promoção do desenvolvimento nacional sustentável e será processada e julgada em estrita conformidade com os princípios básicos da legalidade, da impessoalidade, da moralidade, da igualdade, da publicidade, da probidade administrativa, da vinculação ao instrumento convocatório, do julgamento objetivo e dos que lhes são correlatos. (Redação dada pela Lei nº 12.349, de 2010) (Regulamento) (Regulamento) (Regulamento)

[...]

§ 2º Em igualdade de condições, como critério de desempate, será assegurada preferência, sucessivamente, aos bens e serviços:

I – produzidos ou prestados por empresas brasileiras de capital nacional; (Revogado pela Lei nº 12.349, de 2010)

II – produzidos no País;

III – produzidos ou prestados por empresas brasileiras.

I – produzidos no País; (Redação dada pela Medida Provisória nº 495, de 2010)

II – produzidos ou prestados por empresas brasileiras; e (Redação dada pela Medida Provisória nº 495, de 2010)

III – produzidos ou prestados por empresas que invistam em pesquisa e no desenvolvimento de tecnologia no País. (Redação dada pela Medida Provisória nº 495, de 2010)

IV – produzidos ou prestados por empresas que invistam em pesquisa e no desenvolvimento de tecnologia no País. (Incluído pela Lei nº 11.196, de 2005)

dispositivo deixa clara a obrigatoriedade em ser seguida a ordem nele disposta, no entanto, é no instrumento convocatório que deverá vir definido em quais termos devem ser adotados os referidos critérios[45].

Importante ressalva a ser feita está relacionada ao primeiro critério de desempate acima mencionado. Deve-se atentar para o fato de que não deve haver confusão entre a "disputa final" acima referenciada e a fase de negociação. Nesse diapasão, para que a fase de negociação seja iniciada, faz-se necessário já ser de conhecimento de todos quem é o licitante vencedor, o que não será possível enquanto não houver o desempate.

A experiência anterior das licitantes participantes prevista na Lei do RDC é utilizada como forma de privilegiar quem apresentou desempenho satisfatório nos contratos antes firmados com a Administração. Para que haja uma análise da mencionada experiência anterior, é importante que os objetos dos contratos prévios tenham semelhança com o atual. Outrossim, a escolha não deve ser pessoal; a adoção desse critério pressupõe que a unidade tenha desenvolvido sistema próprio de avaliação de desempenho, com critérios objetivos, para que se evitem decisões subjetivas.

Quanto aos critérios estabelecidos pela Lei nº 8.248/91 e Lei nº 8.666/93, acima citados, o Regulamento do RDC trouxe de forma detalhada a forma que eles devem ser aplicados. Vejamos:

> *Art. 39. Nas licitações em que após o exercício de preferência de que trata o art. 38 esteja configurado empate em primeiro lugar, será realizada disputa final entre os licitantes empatados, que poderão apresentar nova proposta fechada, conforme estabelecido no instrumento convocatório.*
>
> *§ 1º Mantido o empate após a disputa final de que trata o caput, as propostas serão ordenadas segundo o desempenho contratual prévio dos respectivos licitantes, desde que haja sistema objetivo de avaliação instituído.*
>
> *§ 2º Caso a regra prevista no § 1º não solucione o empate, será dada preferência:*

---

45. Artigo 8º, inciso VI, do Regulamento do RDC.

Cap. 4 • DO PROCEDIMENTO LICITATÓRIO

> *I – em se tratando de bem ou serviço de informática e automação, nesta ordem:*
>
> *a) aos bens e serviços com tecnologia desenvolvida no País;*
>
> *b) aos bens e serviços produzidos de acordo com o processo produtivo básico definido pelo Decreto nº 5.906, de 26 de setembro de 2006;*
>
> *c) produzidos no País;*
>
> *d) produzidos ou prestados por empresas brasileiras; e*
>
> *e) produzidos ou prestados por empresas que invistam em pesquisa e no desenvolvimento de tecnologia no País; ou*
>
> *II – em se tratando de bem ou serviço não abrangido pelo inciso I do § 2º, nesta ordem:*
>
> *a) produzidos no País;*
>
> *b) produzidos ou prestados por empresas brasileiras; e*
>
> *c) produzidos ou prestados por empresas que invistam em pesquisa e no desenvolvimento de tecnologia no País.*
>
> *§ 3º Caso a regra prevista no § 2º não solucione o empate, será realizado sorteio.*

Por fim, o sorteio poderá ser realizado eletronicamente[46], de forma a dar publicidade anterior a todos os licitantes participantes e observada a lisura que deverá acompanhar todo o procedimento, todavia, caso a contratante verifique a impossibilidade na realização do sorteio eletrônico, deverá realizá-lo na forma presencial.

4.10 DA NEGOCIAÇÃO

4.10.1 Disposições gerais

Buscando alcançar a proposta mais vantajosa para a Administração Pública, o RDC trouxe a possibilidade de adoção, no procedimento licitatório, da fase de negociação.

De acordo com o artigo 26 da Lei nº 12.462/2011, definido o resultado do julgamento, a Administração Pública poderá negociar condições mais vantajosas com o primeiro colocado.

---

46. Artigo 13 da Lei do RDC.

A negociação acontecerá após a classificação dos licitantes participantes, ultrapassada a etapa de apresentação de propostas ou lances; para tanto, selecionado o autor da melhor proposta, a Administração Pública irá convocá-lo para negociar condições mais vantajosas. Importante notar que o licitante não está obrigado a modificar sua proposta, principalmente, se tiver certeza que não poderá prestar o serviço a contento com um preço inferior ao que foi por ele apresentado.

Por outro lado, caso o licitante concorde em proceder à alteração de sua proposta e mesmo assim ela permaneça acima do orçamento estimado, caberá à comissão de licitação desclassificá-lo, chamando o segundo colocado para que seja oportunizada a ele a possibilidade de negociação da proposta apresentada inicialmente. Esse mesmo procedimento deverá ser adotado no caso da mera negativa do licitante vencedor em participar da fase de negociação, mas apenas na hipótese em que sua proposta permanecer acima do orçamento estimado.

Impende ressaltar que foi o parágrafo único do artigo supramencionado[47] que contemplou a possibilidade para a negociação ser realizada com os demais licitantes, seguindo, necessariamente, a ordem de classificação inicialmente estabelecida. Contudo, o dispositivo cogita a negociação com os demais classificados, apenas, na hipótese de desclassificação do primeiro colocado.

O artigo 59 do Decreto nº 7.581/2011, regulamentando a Lei do RDC, disciplinou outra hipótese de negociação, quando finalizada a fase recursal.

Portanto, são duas as hipóteses possíveis de negociação:

- na fase de julgamento das propostas; e
- na fase de encerramento da licitação, mas, antes da adjudicação do objeto da licitação.

Esse outro momento possível de negociação foi aberto, justamente, para que a Administração possa, definitivamente, fechar o valor a ser pago ao licitante. Nessa fase, o preço final será realmente definido.

---

47. Art. 26, parágrafo único da Lei nº 12.462/2011.

Cap. 4 • DO PROCEDIMENTO LICITATÓRIO

Como previsto expressamente na Lei do RDC, as licitações podem ser realizadas sob a forma presencial ou eletrônica (preferencialmente). Como a negociação já é utilizada no pregão eletrônico, não há maiores dificuldades quando o certame for eletrônico. O importante é que os atos praticados em ambiente eletrônico ou na forma presencial sejam realizados de forma pública, para que todos que estejam participando do certame tomem conhecimento.

Além disso, torna-se importante que seja feito o registro dos mencionados atos no sistema e no processo físico, em homenagem aos princípios da transparência e da publicidade.

A Lei do RDC possibilitou que a fase de negociação possa ser adotada tanto no modo de disputa aberto, quanto no fechado e na combinação entre os dois[48], bem como quando utilizado qualquer critério de julgamento[49] previsto na Lei. Importante ressalvar, contudo, que caso adotado o critério de julgamento pela maior oferta de preço, vai se observar é uma elevação no valor da proposta inicialmente apresentada, enquanto nos demais critérios o resultado deve ser a diminuição do valor inicialmente apresentado.

A expressão "condições mais vantajosas" para a Administração, conforme disposto no artigo 26 da Lei do RDC, não induz, necessariamente, ao aspecto econômico, desse modo, poderá englobar, por exemplo, prazo de entrega menor, fornecimento de bens com tecnologia mais avançada, prazo de pagamento facilitado, etc.[50]

---

48. Art. 16 da Lei n 12.462/2011. Há ponto específico neste livro tratando do assunto.

49. Os critérios de julgamento possíveis de acordo com artigo 18 da Lei são:
Art. 18. Poderão ser utilizados os seguintes critérios de julgamento:
I – menor preço ou maior desconto;
II – técnica e preço;
III – melhor técnica ou conteúdo artístico;
IV – maior oferta de preço; ou
V – maior retorno econômico.

50. Posicionamento também defendido por Joel de Menezes Niebuhr quando utilizado o pregão. NIEBURH, Joel de Menezes. Pregão presencial e eletrônico. 6ª ed. Belo Horizonte: Fórum, 2011. p. 199.

Os aspectos citados podem ser negociados ao final, já na fase de encerramento do procedimento licitatório e antes da adjudicação do objeto, quando ultrapassada a fase de julgamento das propostas e o vencedor, portanto, já houver sido declarado. Com isso, evitar-se-á alegações relacionadas à regra que veda sejam consideradas vantagens não previstas no edital, para fins de julgamento das propostas, uma vez que a mencionada fase já haverá chegado ao fim.

Convém ressaltar, contudo, que a negociação apenas pode gerar alterações vantajosas ao Poder Público contratante, em relação aos parâmetros anteriormente previstos.

Todos os critérios objetivamente definidos no instrumento convocatório, que tenham relação com a fase de negociação, deverão observar os princípios da isonomia e assegurar a competição entre os participantes do procedimento licitatório.

Importante notar: como nem a Lei, nem tampouco o regulamento trouxeram descrição de qual o procedimento deve ser adotado quando ocorrida negociação, ficará a cargo do gestor definir se é necessário, por exemplo, conceder prazo para que o licitante modifique a proposta apresentada e qual será o limite aceitável de modificação.

O importante é que o edital disponha claramente sobre a possibilidade de existir a fase de negociação e, caso adotada, quais serão as regras seguidas.

4.10.2 Aspectos específicos

O regulamento do RDC[51], com o propósito de direcionar a utilização da fase de negociação, dispôs que, após o encerramento da fase de apresentação de propostas, a comissão de licitação classificará as propostas por ordem decrescente de vantajosidade e, quando a proposta do primeiro classificado estiver acima do orçamento estimado, poderá negociar com o licitante condições mais vantajosas.

Ademais, o regulamento federal autorizou que a negociação pudesse também ser feita com os demais licitantes, segundo a

---

51. Artigo 43 do Decreto n 7.581/2011.

Cap. 4 • DO PROCEDIMENTO LICITATÓRIO

ordem de classificação resultante da etapa anterior, quando o primeiro colocado, mesmo após a negociação com ele realizada, for desclassificado por sua proposta permanecer superior ao orçamento estimado pela Administração.

Por fim, encerrada a etapa competitiva do processo, poderão ser divulgados os custos dos itens ou das etapas do orçamento estimado que estiverem abaixo dos custos ou das etapas ofertados pelo licitante da melhor proposta, para fins de reelaboração da planilha com os valores adequados[52].

A intenção do dispositivo não foi restringir a aplicação da Lei, por isso a leitura do artigo 26 da Lei deve ser feita de forma sistemática com o previsto no artigo 43 do regulamento. Para a situação na qual reste configurada uma proposta acima do orçamento estimado pela Administração ou para aquela na qual ela se apresente abaixo, cabe a utilização da fase de negociação, caso assim esteja previsto no instrumento convocatório, de acordo com as regras do regulamento federal.

De fato, a pretensão do regulamento foi deixar claro que, mesmo quando a proposta do primeiro classificado estiver acima do orçamento estimado, a comissão de licitação poderá negociar com o referido licitante condições mais vantajosas para a Administração. Essa previsão foi pensada, principalmente, devido ao fato de que a Lei geral de licitações não prevê, como regra geral, preceito assegurando esse tipo de ajuste. Buscou-se evitar interpretações que proibissem a adoção dessa fase de negociação consensual entre as partes, conferindo maior flexibilidade e versatilidade à conclusão do procedimento.

No que se refere à legalidade do procedimento de negociação criado pelo RDC, ele se afigura compatível com o ordenamento jurídico, mas deve respeito aos princípios constitucionais e legais, além da sujeição necessária aos limites e parâmetros trazidos pelo instrumento convocatório. Ademais, excetuada a situação na qual a proposta ou parte dela se encontra acima do valor limite estabelecido pela Administração, o que gera a desclassificação do licitante, a

---

52. Parágrafo terceiro do artigo 43 do Decreto nº 7.581/2011.

recusa na negociação não admite que os demais classificados sejam chamados a negociar.

A negociação implementada pelo RDC procurou homenagear o princípio da vantajosidade. É inegável que a proposta apresentada pelo licitante na fase competitiva do procedimento licitatório sofrerá alteração, pois a negociação poderá ocorrer na fase de julgamento das propostas ou na fase de encerramento da licitação.

Além disso, não há que se falar em desrespeito ao princípio da isonomia, sob a alegação de que foi concedida oportunidade de modificação do conteúdo da proposta apresentada apenas a um licitante. A negociação acontece após a fase de julgamento ou de encerramento do procedimento licitatório, logo, já ultrapassada a etapa competitiva, na qual foi devidamente oportunizada a isonomia entre os participantes. Nesta feita, será o licitante declarado vencedor naquela etapa que participará da negociação, podendo, ainda, os demais classificados serem chamados à negociação caso o então primeiro classificado seja desclassificado, o que ocorre, por exemplo, quando, mesmo depois de ultrapassada a etapa destinada à negociação, sua proposta não alcance o valor estimado pela Administração.

A fase de negociação não modifica o resultado do julgamento, o que dela resulta é a alteração da proposta do licitante primeiro colocado na etapa competitiva, na qual ele foi considerado o detentor da melhor proposta.

Destarte, a previsão da fase de negociação não deve ser feita sem que se estabeleçam parâmetros e limites para a negociação, até mesmo para que a possibilidade aberta para a alteração da proposta apresentada pelo licitante participante não possa sofrer questionamento relacionado à legalidade; por isso, é importante que sejam obedecidos os requisitos, especificações e exigências previamente definidos, respeitando-se o princípio da vinculação ao instrumento convocatório.

4.10.3 Disposições normativas anteriores

Na Lei nº 8.666/1993, encontra-se previsão no sentido de que em situações excepcionais, pode haver alteração das propostas entregues pelos licitantes. É o caso, por exemplo, do artigo 46,

Cap. 4 • DO PROCEDIMENTO LICITATÓRIO

parágrafo primeiro, inciso II da Lei geral de licitações, o qual prevê a possibilidade de negociação nas licitações que adotem como tipo de julgamento a melhor técnica.

Desse modo, será negociada com o detentor da melhor proposta técnica a redução do preço por ele apresentado até o limite apresentado pela proposta de menor preço entre os licitantes que obtiveram a valorização mínima.

Além disso, a Lei geral de licitações[53] excepcionou regra geral nela mesmo prevista, no sentido de não permitir a alteração das propostas inicialmente apresentadas pelos licitantes participantes, mesmo que a intenção fosse trazer maior vantagem para a Administração, quando admitiu a convocação dos licitantes remanescentes no caso do licitante vencedor não chegar a firmar o contrato.

Igualmente, o pregão, ao instituir etapa específica destinada a lances, possibilitou que durante a sessão fossem oferecidos múltiplos lances, gerando a modificação das propostas apresentadas inicialmente em diversos momentos.

Ainda, na Lei do pregão[54], encontra-se dispositivo que prevê a possibilidade de negociação pelo pregoeiro, diretamente com o licitante detentor da melhor proposta, com o objetivo de alcançar a vantajosidade para a Administração, na contratação, procedimento que tem sido exitoso na prática e que lembra essa fase de ajuste final no RDC.

Todavia, pode-se dizer que o dispositivo que inspirou a criação da fase de negociação na Lei do RDC foi, sem dúvida alguma, o item 6.23 do Decreto nº 2.745/1998, o qual regulamenta o procedimento licitatório simplificado da PETROBRÁS:

> *Qualquer que seja o tipo ou modalidade da licitação, poderá a Comissão, uma vez definido o resultado do julgamento, negociar com a firma vencedora ou, sucessivamente, com as demais licitantes, segundo a ordem de classificação, melhores e mais vantajosas condições para a PETROBRÁS. A negociação*

---

53. Artigo 64, parágrafo segundo, da Lei nº 8.666/1993.
54. Lei nº 10.520/2002, artigo 4º, inciso XVII.

será feita, sempre, por escrito e as novas condições dela resultantes passarão a integrar a proposta e o contrato subseqüente.

Para a Administração, a possibilidade de negociação durante o procedimento licitatório pode trazer diversas vantagens, gerando benefícios contratuais e maior flexibilidade no ajuste final dos lances, por isso foi recepcionada pelo RDC a possibilidade de negociação das propostas apresentadas inicialmente pelos licitantes.

4.10.4 Outros aspectos relacionados ao tema

Uma das intenções, com a criação da etapa de negociação, foi evitar o fracasso da licitação em hipótese na qual a proposta classificada em primeiro lugar, após a fase de classificação, permanecer acima do orçamento estimado pela Administração.

Pelo que consta no artigo 24, inciso III, da Lei do RDC, bem como no artigo 40, inciso III, do regulamento federal do RDC, depois de realizada a classificação, as propostas que permanecerem acima do orçamento estimado pela Administração serão desclassificadas.

Ocorre que, com a possibilidade de negociação, poderá a proposta vencedora alcançar o valor estimado pela Administração na fase interna e, com isso, chegar-se a um patamar aceitável para a contratação, evitando-se a reabertura de um novo procedimento licitatório, com mais custos para a Administração.

Além do mais, foi pensada a possibilidade de existirem certames nos quais todos os licitantes apresentassem propostas acima do orçamento produzido na fase interna do procedimento licitatório, que o RDC sentiu a necessidade de criar um mecanismo que possibilitasse a contratação do detentor da proposta vencedora, dentro do que a Administração houvesse verificado como plausível.

Nesse ponto, não há que se falar em maior ou menor risco de corrupção por conta da possibilidade de negociação.

Primeiro, deve-se ter em mente que a negociação tem previsão em Lei[55], portanto, o poder discricionário conferido ao gestor foi autorizado por meio de instrumento normativo adequado.

---

55. Artigo 26 da Lei do RDC.

Cap. 4 • DO PROCEDIMENTO LICITATÓRIO

Segundo, o que se mostra necessário para que sejam atendidos princípios relacionados à impessoalidade, isonomia e julgamento objetivo é que os critérios objetivos façam parte do instrumento convocatório.

Terceiro, o processo administrativo que deu origem ao procedimento licitatório posterior está sempre aberto à consulta, principalmente pelos órgãos de controle, e todas as etapas seguidas até a contratação do vencedor devem estar nele registradas, inclusive com a devida motivação para os atos praticados.

Caso a opção da Administração seja pela utilização (ou não) da fase de negociação, deverá existir nos autos a motivação que fez parte de sua decisão, principalmente se a proposta classificada em primeiro lugar for superior ao orçamento que a Administração estimou, verificando-se que havia margem para que o valor alcançasse o limite imposto na fase interna da licitação. Observar isso atende aos princípios da vantajosidade, da economicidade e da eficiência.

Assim, recomenda-se que o instrumento convocatório disponha, expressamente, sobre a possibilidade de adoção da fase de negociação, tanto no julgamento das propostas, quanto no encerramento da licitação, com a previsão dos critérios objetivos que serão utilizados, para que, mais adiante, caso a comissão venha concluir que poderá utilizar a negociação, tal autorização já conste do edital, com o procedimento a ser adotado.

De acordo com a Lei do RDC[56], a fase de negociação está sujeita a recurso. Marçal Justen Filho[57] entende que, em decorrência do previsto no artigo 56, da Lei nº 9.784, de 29 de janeiro de 1999, caberá a interposição de recurso mesmo que encerrada a fase destinada aos recursos.

---

56. Artigos 27, parágrafo único, e 45, inciso II, alínea "c".

57. JUSTEN NETO, Marçal. A negociação de condições mais vantajosas. In: JUSTEN FILHO, Marçal; PEREIRA, Cesar A. Guimarães (Coord.). O Regime Diferenciado de Contratações Públicas (RDC): comentários à Lei n 12.462 e ao Decreto nº 7.581. Belo Horizonte: Fórum, 2012. p. 273-294. ISBN 978-85-7700-534-5.

Importante ressaltar: caso venha ser adotado o orçamento oculto (sigiloso), no procedimento licitatório, fica autorizada a comissão de licitação abrir o sigilo na fase destinada à negociação. Foi o que entendeu o Plenário do Tribunal de Contas da União, no Acórdão nº 306/2013, relatado pelo ilustre Ministro Valmir Campelo, conforme trecho abaixo transcrito:

> *40. Em arremate, não obstante a letra do Decreto 7.581/2011 regulamentar que somente ao fim do certame é que deve o orçamento ser publicado (a Lei estabelece a adjudicação como condição), para fazer valer a real possibilidade de negociar, desde que em ato público e devidamente justificado, não vejo, em princípio, reprovabilidade em abrir o sigilo na fase de negociação.*

Assim, mesmo que o edital opte pelo orçamento sigiloso, verificando a comissão de licitação que todas as propostas apresentadas estão acima do valor estimado pela Administração, abre-se a possibilidade de divulgação do orçamento na fase de negociação, justamente, para que haja proveito quando da realização da referida etapa.

4.11 DA HABILITAÇÃO

A fase de habilitação poderá ser anterior ou posterior à etapa de apresentação das propostas (ou lances) e à de julgamento. Sendo anterior, será assemelhada ao procedimento previsto na Lei geral de licitações (essa é a inversão de fases a que se refere a Lei do RDC); sendo posterior, seguirá lógica assemelhada ao pregão (esse formato é a regra geral no RDC[58]).

Destarte, pelo disposto no regulamento do RDC[59], quando a habilitação for anterior ao julgamento das propostas (inversão de fases):

- os licitantes deverão apresentar simultaneamente os documentos de habilitação e as propostas;

---

58. Artigo 14 da Lei do RDC:
    "II – será exigida a apresentação dos documentos de habilitação apenas pelo licitante vencedor, exceto no caso de inversão de fases;
    III – no caso de inversão de fases, só serão recebidas as propostas dos licitantes previamente habilitados;
    [...]"

59. Artigo 50.

Cap. 4 • DO PROCEDIMENTO LICITATÓRIO

- deverão ser verificados os documentos de habilitação de todos os licitantes; e
- deverão ser julgadas apenas as propostas dos licitantes habilitados.

A etapa de habilitação é o momento no qual a Administração irá verificar a capacidade das empresas participantes para atender o objeto que está sendo licitado a contento. Nessa fase, está incluída a confirmação da idoneidade necessária para contratar com ente público.

A Administração não poderá exercer juízo de conveniência ou oportunidade relacionado à etapa em comento. A decisão resultante dessa fase pode ser considerada, portanto, ato administrativo vinculado.

A intenção da Lei do RDC, ao transformar em regra geral o procedimento no qual a apresentação de propostas antecede a habilitação, como no pregão, foi dar maior celeridade e eficiência ao procedimento, evitando a análise de toda a documentação de habilitação apresentada pelos licitantes participantes, antes da etapa de julgamento das propostas.

Para a fase de habilitação, o artigo 14 da Lei do RDC mandou fossem aplicados, no que couber, o disposto nos artigos 27 a 33 da Lei nº 8.666, de 21 de junho de 1993. Os artigos citados referem-se, respectivamente a: habilitação jurídica, qualificação técnica, qualificação econômico-financeira, regularidade fiscal e trabalhista, inclusive aquela prevista no artigo 7º, inciso XXXIII da Constituição da República, necessárias para comprovar a idoneidade das licitantes participantes.

O instrumento convocatório irá relacionar a documentação necessária a ser apresentada pelos licitantes participantes, de acordo com o objeto a ser licitado[60]. Ademais, o RDC permite a incidência de nuances, admitindo que fossem observadas determinadas regras, quais sejam:

- Poderá ser exigida dos licitantes a declaração de que atendem aos requisitos de habilitação;
- Será exigida a apresentação dos documentos de habilitação apenas pelo licitante vencedor, exceto no caso de inversão de fases;

---

60. Artigo 47 do regulamento.

- No caso de inversão de fases, só serão recebidas as propostas dos licitantes previamente habilitados;
- Em qualquer caso, os documentos relativos à regularidade fiscal poderão ser exigidos em momento posterior ao julgamento das propostas, apenas em relação ao licitante mais bem classificado.

Nas licitações disciplinadas pelo RDC, pode ser admitida a participação de licitantes sob a forma de consórcio, conforme regras definidas no regulamento, bem como podem ser exigidos requisitos de sustentabilidade ambiental, na forma da legislação pertinente.

O regulamento trouxe em seu artigo 50, regra específica para as hipóteses nas quais ocorre inversão de fases, segundo a qual:

- Os licitantes apresentarão simultaneamente os documentos de habilitação e as propostas.
- Serão verificados os documentos de habilitação de todos os licitantes.
- Serão julgadas apenas as propostas dos licitantes habilitados.

Segundo o TCU, a exigência de comprovação de experiência anterior, para fins de qualificação técnico-operacional, na prestação de serviços que não são, simultaneamente, de maior relevância técnica e valor significativo do objeto, viola o art. 14 da Lei 12.462/2011 (RDC) e sua Súmula TCU 263[61].

4.12 DA INVERSÃO DE FASES NO RDC

Como percebido, o RDC adota uma rotina procedimental semelhante ao Pregão, com a habilitação em momento posterior à disputa iniciada com a apresentação de propostas.

Contudo, seguindo sua característica de propor um procedimento flexível, adaptável à pretensão contratual, a Lei nº 12.462/2011 permite que tal sequência seja alterada, através da "inversão de fases",

---

61. TCU. Acórdão 2474/2019 Plenário, Pedido de Reexame, Relator Ministro Benjamin Zymler.

Cap. 4 • DO PROCEDIMENTO LICITATÓRIO

fazendo com que a rotina procedimental torne-se semelhante à das modalidades da Lei nº 8.666/93, nas quais a análise da habilitação dos licitantes se dá antes da disputa de suas propostas.

Em regra geral, a fase de julgamento antecederá a fase de habilitação, permitindo maior celeridade ao procedimento licitatório, uma vez que, nesse caso, reduz-se o número de licitantes que terão analisados seus documentos habilitatórios. Já que apenas o licitante melhor classificado é chamado para análise da referida documentação, a convocação do licitante da sequência ocorrerá apenas quando identificado algum problema na proposta ou na habilitação do melhor classificado.

Mencionada rotina é admitida não apenas no Pregão, como também nos certames relacionados às concessões públicas, por conta da inovação gerada pela Lei nº 11.079/2004, ao admitir a facultativa inversão de fases.

A marca a se ressaltar, no RDC, é que o novo regime (ou nova modalidade) demonstra sua principal característica: a flexibilidade. A possibilidade discricionária de alteração do procedimento ou de utilização das diversas "ferramentas" previstas pela novel legislação permite uma melhor adaptação do procedimento à pretensão contratual.

4.13 DOS RECURSOS

Via de regra, o RDC adotará fase recursal única, que ocorrerá após à habilitação do vencedor (procedimento semelhante ao do pregão).

Na fase recursal única (que ocorrerá após à habilitação do vencedor) poderão ser apresentados recursos referentes ao julgamento das propostas ou lances e à habilitação do vencedor.

Quando houver inversão de fases, com o procedimento de habilitação antecedendo a apresentação de propostas, adotar-se-á uma fase recursal múltipla (procedimento semelhante ao das modalidades tradicionais da Lei nº 8.666/93), em razão de diversos atos praticados no procedimento.

Nesses casos, o momento para apresentação de cada recurso se iniciará a partir da intimação ou da lavratura da ata relativamente ao ato respectivo.

O prazo para apresentação de contrarrazões será o mesmo do recurso e começará imediatamente após o encerramento do prazo recursal.

Adiante, ao tratarmos sobre os pedidos de esclarecimento e as impugnações, abordaremos também os Recursos administrativos.

4.14 DO ENCERRAMENTO

Após o momento recursal, chegar-se-á à fase de encerramento do procedimento licitatório, podendo ele ser encaminhado à autoridade superior.

De acordo com o regulamento federal (Decreto nº 7.581/2011), antes do envio à autoridade superior, a administração pública, através da Comissão, poderá negociar condições mais vantajosas com o primeiro colocado. Buscou o RDC incorporar uma prática incomum na lógica burocrática e desconfiada da Lei nº 8.666/93, mas que se mostrou demasiadamente proveitosa para o Poder Público licitante, quando adotada na modalidade pregão.

A diferença é que, enquanto no pregão essa negociação era prevista em momento anterior à declaração de vencedor e eventual interposição de recurso, o regulamento federal do RDC admite que ela seja feita ainda após o julgamento dos recursos.

Interessante que a Lei não parece assim apontar, já que trata da negociação em momento posterior à definição do julgamento das propostas e habilitação, mas imediatamente anterior ao julgamento dos recursos.

Vejamos os dispositivos legais pertinentes:

> *Art. 26. Definido o resultado do julgamento, a administração pública poderá negociar condições mais vantajosas com o primeiro colocado.*
>
> *Parágrafo único. A negociação poderá ser feita com os demais licitantes, segundo a ordem de classificação inicialmente estabelecida, quando o preço do primeiro colocado, mesmo após a negociação, for desclassificado por sua proposta permanecer acima do orçamento estimado.*
>
> *Art. 27. Salvo no caso de inversão de fases, o procedimento licitatório terá uma fase recursal única, que se seguirá à habilitação do vencedor.*

Cap. 4 · DO PROCEDIMENTO LICITATÓRIO

> *Parágrafo único. Na fase recursal, serão analisados os recursos referentes ao julgamento das propostas ou lances e à habilitação do vencedor.*
> *Art. 28. Exauridos os recursos administrativos, o procedimento licitatório será encerrado e encaminhado à autoridade superior, que poderá:*
> *I – determinar o retorno dos autos para saneamento de irregularidades que forem supríveis;*
> *II – anular o procedimento, no todo ou em parte, por vício insanável;*
> *III – revogar o procedimento por motivo de conveniência e oportunidade; ou*
> *IV – adjudicar o objeto e homologar a licitação.*

Nada obstante, parece-nos admissível o procedimento inovado pelo regulamento. Havendo margem para negociação, por não ter sido alcançado um valor suficientemente reduzido, é interessante que os representantes do Poder Público busquem a redução do valor final a um melhor patamar. Essa atitude, sempre evitando os excessos de autoritarismo, pode ser interessante para o alcance de melhores propostas.

De qualquer forma, com ou sem esta negociação final, o procedimento será encerrado, com o encaminhamento dos autos à autoridade superior, que poderá tomar uma dentre as seguintes atitudes:

a) determinar o retorno dos autos para saneamento de irregularidades que forem supríveis;

b) anular o procedimento, no todo ou em parte, por vício insanável;

c) revogar o procedimento por motivo de conveniência e oportunidade;

d) adjudicar o objeto e homologar a licitação, convocando o licitante para a assinatura do contrato.

Convém registrar que no RDC, diferentemente do Pregão, tanto a adjudicação como a homologação são realizados pela autoridade competente pela contratação. Diferentemente do pregoeiro, a comissão de licitação do RDC (assim como o era na Lei nº 8.666/1993), não deterá competência para adjudicar o objeto, mesmo nas situações em que não forem interpostos recursos.

5

PROCEDIMENTOS AUXILIARES ÀS LICITAÇÕES NO ÂMBITO DO RDC

A Lei nº 12.462/2011 expressamente cita quatro procedimentos, que devem atuar de forma auxiliar às licitações realizadas no âmbito do Regime Diferenciado de Contratações, quais sejam:

- Pré-qualificação permanente;
- Cadastramento (Registro cadastrais);
- Sistema de Registro de Preços; e
- Catálogo eletrônico de padronização.

Enquanto procedimentos auxiliares, esses institutos não estão diretamente vinculados a uma contratação específica, podendo ser utilizados para uma pluralidade de pretensões contratuais. Mencionada percepção permite que esses procedimentos sejam utilizados como ferramentas para otimização e facilitação dos procedimentos licitatórios. Este é o raciocínio corretamente defendido por Justen Filho. Vejamos:

> *O desenvolvimento dos procedimentos auxiliares não se sujeita aos constrangimentos temporais próprios de uma disputa licitatória. Portanto, a análise dos requisitos pode fazer-se de modo muito menos apressado, sem a urgência de produzir uma decisão indispensável para a continuidade de um procedimento licitatório determinado.*
>
> *Por outro lado, a decisão adotada no âmbito do procedimento auxiliar produzirá efeitos para uma pluralidade de procedimentos licitatórios. Suponha-se, por exemplo, o reconhecimento de que um interessado preenche determina-*

dos requisitos exigidos por lei. Como decorrência, o referido interessado poderá invocar os efeitos da decisão em todos os casos em que a entidade administrativa sujeitar-se a verificar a presença dos ditos requisitos. Isso significa a redução dos esforços e da complexidade da atividade administrativa, eis que não será necessário repetir atividades similares e de conteúdo idêntico para cada licitação instaurada durante o período de validade do procedimento.

Além disso, a existência de situação predeterminada, com eficácia em um número indeterminado de situações futuras, representa um fator de incremento da segurança jurídica. O sujeito interessado pode prever antecipadamente a sua situação jurídica futura em face da Administração. Isso se traduz inclusive em redução de seus custos, o que permite propostas mais vantajosas.

Enfim, há a redução do risco de decisões contraditórias, que representam um fator de rompimento da lógica e de redução da sistematicidade da ordem jurídica.[1]

Conforme lembra o autor, a finalidade dos procedimentos não é produzir algum benefício direto para a Administração Pública ou para um particular, mas "reduzir a complexidade e ampliar a dinamicidade dos procedimentos licitatórios propriamente ditos"[2].

De qualquer forma, imperioso perceber que esses procedimentos auxiliares são ferramentas para o atendimento do interesse público, de forma que sua utilização não pode ser feita em situações para as quais eles gerem prejuízo aos fins legitimamente pretendidos com a pretensão contratual. Nessa perspectiva, deve-se evitar a utilização indevida dessas ferramentas, em prejuízo ilegítimo à competitividade e à obtenção de melhores propostas.

---

1. JUSTEN FILHO, Marçal. Procedimentos auxiliares das licitações e a pré-qualificação no Regime Diferenciado de Contratações Públicas. *Revista Brasileira de Direito Público – RBDP*, Belo Horizonte, ano 9, n. 35, p. 61-97, out./dez. 2011.

2. JUSTEN FILHO, Marçal. Procedimentos auxiliares das licitações e a pré-qualificação no Regime Diferenciado de Contratações Públicas. *Revista Brasileira de Direito Público – RBDP*, Belo Horizonte, ano 9, n. 35, p. 61-97, out./dez. 2011.

5.1 PRÉ-QUALIFICAÇÃO PERMANENTE

A pré-qualificação permanente é o procedimento anterior à licitação destinado a:

- identificar fornecedores aptos ao fornecimento de bem ou a execução de serviço ou obra;

- identificar bens que atendam às exigências técnicas e de qualidade da administração pública.

Ela se apresentaria como um ato administrativo declaratório do preenchimento a requisitos determinados de qualificação técnica por um sujeito e (ou) do atributo mínimo de qualidade por um objeto, constituindo efeito em procedimentos licitatórios ou contratações administrativas futuras, pela desnecessidade da nova apresentação da documentação pertinente.

A pré-qualificação ficará permanentemente aberta para a inscrição dos eventuais interessados e poderá ser parcial ou total, contendo alguns ou todos os requisitos de habilitação necessários à ulterior contratação, assegurada, em qualquer hipótese, a igualdade de condições entre os concorrentes.

Ela terá validade máxima de 1 (um) ano, podendo ser atualizada a qualquer tempo. Cabe observar que o Decreto nº 7.581/2001 estabeleceu expressamente que a validade da pré-qualificação de fornecedores não poderá ser superior ao prazo de validade dos documentos apresentados pelos interessados.

Com a pré-qualificação permanente, a Administração pode produzir uma única aferição de condições técnicas de potenciais fornecedores ou da qualidade de objetos pretendidos, utilizando-a para várias futuras licitações. Dessa forma, reduz-se exponencialmente a repetição de avaliações técnicas de licitantes ou de bens de interesse, ampliando-se a eficiência da atividade administrativa.

A utilização desse procedimento auxiliar para diversas pretensões contratuais compatíveis permite ganhos de economicidade, tanto para a Administração, que deixa de realizar custosos procedimentos burocráticos, como para os licitantes, que terão reduzidos os custos para a comprovação de sua qualidade técnica em diversos certames.

5.1.1 Espécies

Da descrição legal dada a este procedimento auxiliar podem ser deduzidas segmentações em espécies.

Conforme já explicado, a pré-qualificação permanente pode ser utilizada como ferramenta para identificação de fornecedores aptos a determinada execução contratual[3] ou para a identificação de bens que atendam às exigências técnicas e de qualidade da administração pública[4].

No primeiro caso (identificação de fornecedores), teremos uma pré-qualificação "subjetiva"; na segunda hipótese (identificação de bens), teremos uma pré-qualificação "objetiva".

Outrossim, de acordo com a amplitude da exigência, a pré-qualificação permanente pode ter caráter "total", quando ela envolver todos os requisitos de qualificação técnica exigíveis nos futuros certames relacionados, ou "parcial", quando ela envolver apenas parte da comprovação de qualificação técnica futuramente exigida.

5.1.1.1 Pré-qualificação subjetiva e objetiva

A pré-qualificação subjetiva envolve a habilitação total ou parcial dos potenciais fornecedores. Nos termos do Decreto federal nº 7.581/2011, ela é destinada a identificar fornecedores que reúnam condições de "qualificação técnica" exigidas para o fornecimento de bem ou a execução de serviço ou obra nos prazos, locais e condições previamente estabelecidos. Importante registrar que o Decreto federal restringiu o alcance delineado pelo legislador, para a pré-qualificação subjetiva.

Isso porque, enquanto a Lei nº 12.462/2011 se reporta à pré-qualificação de fornecedores que reúnam "condições de habilitação" exigidas para o fornecimento de bem ou a execução de serviço ou

---

3. Conforme o inciso I do artigo "fornecedores que reúnam condições de habilitação exigidas para o fornecimento de bem ou a execução de serviço ou obra nos prazos, locais e condições previamente estabelecidos".

4. Conforme o inciso II do artigo 30: "bens que atendam às exigências técnicas e de qualidade da administração pública".

Cap. 5 • PROCEDIMENTOS AUXILIARES ÀS LICITAÇÕES NO ÂMBITO DO RDC **237**

obra nos prazos, o regulamento federal faz alusão aos fornecedores que reúnam condições de "qualificação técnica", para o fornecimento de bem ou a execução de serviço ou obra. Assim, para as licitações federais, as condições de habilitação identificadas com a pré-qualificação devem se restringir às exigências de qualificação técnica, não envolvendo a qualificação econômica ou mesmo a regularidade fiscal (mais adequadas ao cadastramento).

A pré-qualificação subjetiva não se confunde com o cadastramento, pois este consiste "basicamente em um conjunto de informações mantidas pelo Poder Público, relativamente aos requisitos de habilitação de um sujeito", enquanto a pré-qualificação subjetiva "consiste no reconhecimento formal da titularidade por um sujeito de determinados requisitos de qualificação técnica"[5].

> *Há uma carga decisória muito mais intensa na pré-qualificação do que no cadastro. O sujeito apresenta documentos para o cadastramento. O certificado de registro cadastral é emitido em favor dele para utilização em licitações futuras, nas quais haverá a decisão sobre o preenchimento dos requisitos necessários para a habilitação. Já a pré-qualificação envolve não apenas a apresentação da documentação, mas também a emissão de um ato administrativo formal no sentido de que o sujeito detém requisitos específicos de habilitação técnica.*

A pré-qualificação subjetiva poderá ser efetuada por grupos ou segmentos de objetos a serem contratados, segundo as especialidades dos fornecedores. Ela é admitida em diversas espécies de pretensões contratuais, como aquisições, serviços e obras.

A pré-qualificação objetiva, por outro lado, envolve a identificação de bens aptos ao atendimento da pretensão contratual. Nos termos do Decreto federal nº 7.581/2011, ela é destinada a identificar "bens que atendam às exigências técnicas e de qualidade estabelecida pela administração pública." Tal procedimento cumpre

---

5. JUSTEN FILHO, Marçal. Procedimentos auxiliares das licitações e a pré-qualificação no Regime Diferenciado de Contratações Públicas. *Revista Brasileira de Direito Público – RBDP*, Belo Horizonte, ano 9, n. 35, p. 61-97, out./dez. 2011.

a necessária tarefa de estabelecer, previamente, padrões mínimos de qualidade para bens eventualmente pretendidos pela Administração, em ulteriores contratações.

Vale transcrever trecho das lições de Justen Filho[6]:

> *A pré-qualificação objetiva permite à Administração promover licitações muito mais simples e rápidas. Os produtos pré-qualificados são reconhecidos como de qualidade adequada e satisfatória e dispensam a necessidade de novos exames. Em alguns casos, a licitação poderá ser restrita apenas aos licitantes que ofertarem produtos pré-qualificados. Isso eliminará as controvérsias sobre os requisitos de qualidade mínima dos produtos ofertados. A Administração Pública não necessitará promover a verificação da qualidade mínima do produto pré-qualificado no âmbito das licitações realizadas. Esse exame já terá sido realizado no curso do procedimento de pré-qualificação objetiva. Assim, a Administração poderá adquirir aquele produto com tranquilidade e sem necessidade de maior investigação relativamente a seus atributos.*
>
> *Nos casos em que a licitação não for restrita aos pré-qualificados, haverá dois conjuntos distintos de produtos. Haverá aqueles que estão pré-qualificados, o que envolve a presunção absoluta de que apresentam qualidade satisfatória. E haverá os produtos não pré-qualificados, os quais podem ou não apresentar qualidade adequada. Quanto a estes, caberá verificar o atendimento dos requisitos de qualidade mínima, inclusive com a exigência de apresentação de amostras.*

Sendo reduzida à análise de bens, a pré-qualificação objetiva é vocacionada para as licitações que envolvam aquisições, além dos serviços e obras que englobem o fornecimento de bens. Neste último caso, deve-se atentar que a pré-qualificação não avaliará os serviços ou a obra propriamente dita, mas os bens fornecidos para a consecução dessa pretensão contratual.

---

6. JUSTEN FILHO, Marçal. Procedimentos auxiliares das licitações e a pré-qualificação. *O Regime* Diferenciado de Contratações Públicas (RDC): Comentários à Lei nº 12.462 e ao Decreto 7.581/ Coordenadores: Marçal Justen Filho; Cesar A. Guimarães Pereira. Belo Horizonte: Fórum, 2012. p. 322.

Cap. 5 • PROCEDIMENTOS AUXILIARES ÀS LICITAÇÕES NO ÂMBITO DO RDC **239**

Assim ocorrerá, por exemplo, quando determinado serviço de engenharia envolver o fornecimento de material cuja aferição de qualidade mínima tornar necessária a realização de pré-qualificação objetiva. Esta se resumirá à avaliação dos bens que serão eventualmente fornecidos e não sobre as técnicas do serviço ou da obra.

A aferição técnica da eventual prestação do serviço ou execução da obra restará adstrita ao ambiente da pré-qualificação subjetiva, vocacionada para a qualificação de fornecedores com condições técnicas para o atendimento da pretensão contratual.

Tanto em sua vertente subjetiva como em sua vertente objetiva, a pré-qualificação permanente tem o intuito de otimizar as avaliações técnicas dos procedimentos licitatórios, com ganhos de eficiência na realização de tais aferições e alcance adequado de parâmetros mínimos técnicos para o atendimento da pretensão contratual administrativa, diminuindo os percalços comumente identificados com as adoção das regras licitatórias tradicionais.

5.1.1.2 Pré-qualificação parcial e total

A pré-qualificação permanente poderá ser, ainda, parcial ou total, contendo alguns ou todos os requisitos de habilitação necessários à futura contratação.

Na pré-qualificação permanente parcial, apenas será avaliada uma parte dos requisitos ou das exigências técnicas pertinentes, as quais deverão ser complementadas nas licitações que posteriormente utilizarem esse procedimento auxiliar.

Nesses casos, nos ulteriores procedimentos licitatórios, o licitante pré-qualificado não precisará repetir a comprovação da sua aptidão técnica, em relação aos critérios já avaliados no procedimento auxiliar, embora tenha que juntar, no novo certame, a documentação pertinente à comprovação da qualificação técnica específica, não envolvida na anterior pré-qualificação.

Na pré-qualificação permanente total, todas as condições de qualificação técnica exigidas para o respectivo fornecimento de bens, serviços ou obras (subjetiva) ou exigências técnicas e de qualidade dos bens fornecidos à Administração (objetiva) serão ali aferidas, sendo desnecessária nova avaliação dessa natureza por ocasião das licitações ulteriores, que adotarem-na como procedimento auxiliar.

Neste caso, o licitante pré-qualificado ficará dispensado da demonstração de sua qualificação técnica, nos ulteriores certames relacionados, bastando a apresentação do respectivo certificado.

Quando a pré-qualificação for total, será possível, como se verá adiante, a realização de licitações restritas aos pré-qualificados, conforme condições estabelecidas em regulamento.

5.1.2 A pré-qualificação permanente do RDC e a pré-qualificação de licitantes da Lei nº 8.666/93

Interessante anotar que a Lei nº 8.666/93, notadamente em seu artigo 114, já previa um procedimento denominado pré-qualificação de licitantes. Tal procedimento não se confunde com a pré-qualificação permanente estatuída pela Lei nº 12.462/2011, embora possa ser identificada certa similaridade.

Na pré-qualificação prevista pela Lei nº 8.666/93, é estabelecido um procedimento, na modalidade concorrência[7]. A Adoção de tal procedimento é feita mediante proposta da autoridade competente, aprovada pela imediatamente superior, observando-se todas as exigências relacionadas à concorrência, à convocação dos interessados, ao procedimento e à análise da documentação.

Segundo o TCU, o procedimento previsto pela Lei nº 8.666/93 deveria ser reservado aos casos em que o objeto licitado recomendasse análise mais detida da qualificação técnica dos interessados, sendo divulgados, nos editais de pré-qualificação, os critérios de julgamento e pontuação atribuídos às propostas, tanto

---

7. Para as licitações submetidas às Lei nº 8.666/93, o TCU determinou a prefeitura municipal que se abstivesse de prever fase de pré-qualificação quando não se tratasse de licitação a ser realizada na modalidade concorrência. Mesmo nesses casos, o Tribunal orientou que tal utilização deve ocorrer somente nas situações em que o objeto licitado recomendar uma análise mais detida da capacidade técnica dos potenciais interessados, face ao disposto no art. 114 da Lei nº 8.666/93. (TCU – Acórdão nº 2.028/2006 – 1ª Câmara)

Cap. 5 • PROCEDIMENTOS AUXILIARES ÀS LICITAÇÕES NO ÂMBITO DO RDC **241**

no que se refere à técnica quanto ao preço, de forma detalhada, clara e objetiva, assim como os pesos atribuídos às valorizações de cada uma dessas propostas[8].

Em um de seus Acórdãos, o TCU determinou à INFRAERO que, na elaboração de futuros editais referentes à pré-qualificação de concorrentes, observasse as seguintes medidas:

> *a) restringisse as exigências de comprovação de capacitação técnico-profissional às parcelas que fossem, cumulativamente, de maior relevância e valor significativo, conforme impõe o inciso I, § 1º, art. 30 da Lei nº 8.666/93, e indispensáveis à garantia do cumprimento das obrigações, conforme disposto no inciso XXI, art. 37 da Constituição Federal, devendo tais requisitos ser tecnicamente demonstrados no processo administrativo da licitação ou no próprio edital;*
>
> *b) restringisse as exigências de comprovação de capacitação técnico-operacional às parcelas de maior relevância, demonstrando-se tal situação no processo administrativo da licitação ou no próprio edital;*
>
> *c) se abstivesse de exigir dos profissionais relacionados para o atendimento das exigências de capacidade técnico-profissional declaração de que participarão, permanentemente, a serviço da licitante, das obras e/ou serviços licitados, uma vez que essa exigência extrapola o disposto nos §§ 6º e 10, art. 30 da Lei nº 8.666/93;*
>
> *d) adotasse redação mais clara e objetiva dos termos dos editais de futuras licitações, de forma a evitar erros e/ou contradições que dificultassem o seu entendimento ou levassem a interpretações equivocadas, com menoscabo ao princípio da isonomia, em especial quanto às exigências de qualificação econômico-financeira;*
>
> *e) obedecesse ao princípio da isonomia entre os licitantes, mantendo os mesmos critérios de exigências tanto para os cadastrados quanto para os não cadastrados no SICAF. (TCU – Acórdão nº 1.332/2006 – Plenário)*

---

8. TCU. Acórdão nº 2.005/2007, Plenário.

Nos contornos dados pela Lei nº 8.666/93, a pré-qualificação funciona como uma antecipação da parte do certame relacionada à aferição técnica dos interessados. Esse procedimento já era previsto no antigo Decreto-Lei nº 2.300/86, tendo o condão de separar a análise da habilitação (qualificação técnica), do restante do procedimento de disputa[9].

Já a pré-qualificação permanente, prevista pela Lei nº 12.462/2011, além de abranger tanto o aspecto subjetivo (identificação técnica de licitantes) como o aspecto objetivo (identificação de bens), possui a condição de ser permanente e auxiliar, podendo ser aproveitada por inúmeras licitações. Tais características tornam a pré-qualificação permanente muito mais interessante que o procedimento previsto no artigo 114 da Lei nº 8.666/93, de pouca utilização prática.

Em síntese, o Regime Diferenciado de Contratações aperfeiçoou a ideia de antecipação da pré-qualificação prevista na Lei nº 8.666/93, ampliando sua eficiência e potencialidade, pela possível utilização em vários procedimentos licitatórios e pela identificação antecipada tanto de fornecedores (pré-qualificação subjetiva) como de bens (pré-qualificação objetiva).

5.1.3 Do procedimento

A Lei nº 12.462/2011 considera a pré-qualificação permanente um procedimento, prévio à licitação, destinado a identificar fornecedores ou bens que atendam, respectivamente, condições de habilitação ou exigências técnicas e de qualidade estabelecidas pelo Poder Público.

É possível indicar algumas características procedimentais que devem ser obedecidas pelo regramento editalício da pré-qualificação. Uma característica marcante do procedimento de pré-qualificação estipulado pelo RDC é que ele deve ficar permanentemente aberto para a inscrição dos eventuais interessados. Esta regra estabelecida

---

9. TORRES, Ronny Charles Lopes de. Leis de licitações públicas comentadas, 4ª edição. Salvador: Juspodivm, 2011. p. 464/465.

Cap. 5 • PROCEDIMENTOS AUXILIARES ÀS LICITAÇÕES NO ÂMBITO DO RDC **243**

pela Lei nº 12.462/2011 se justifica, uma vez que também admite a realização de licitações restritas aos pré-qualificados, conforme se verá adiante.

Embora o regulamento federal, no § 1º de seu artigo 86, estabeleça que a unidade responsável pela pré-qualificação permanente fica obrigada "a proceder, no mínimo anualmente, a chamamento público para a atualização dos registros existentes e para o ingresso de novos interessados", importante frisar que essa anualidade do chamamento não prejudica a permanente possibilidade de que os interessados, mesmo que meses após o chamamento inicial, possam buscar a pré-qualificação, conforme edital outrora divulgado.

Decidindo-se pela realização do procedimento de pré-qualificação permanente, seja de bens (objetiva) ou de fornecedores (subjetiva), deve a Administração Pública convocar os eventuais interessados, o que será procedido através de:

- publicação de extrato do instrumento convocatório no Diário Oficial da União, do Estado, do Distrito Federal ou do Município, conforme o caso, sem prejuízo da possibilidade de publicação de extrato em jornal diário de grande circulação; e

- divulgação em sítio eletrônico oficial centralizado de publicidade de licitações ou sítio mantido pelo órgão ou entidade.

O objetivo da convocação é para que os eventuais interessados possam demonstrar o cumprimento das condições de qualificação técnica exigidas para o fornecimento de bem ou a execução de serviço (pré-qualificação subjetiva) ou que os bens por eles fornecidos atendem às exigências técnicas e de qualidade estabelecida pela administração pública (pré-qualificação objetiva).

Fazendo um paralelo com o procedimento licitatório estabelecido pela Lei Geral, o "certame" da pré-qualificação permanente equivale à parte do procedimento destinada à fase de habilitação (especificamente voltada para a análise da qualificação técnica). Não se busca, nela, identificar um futuro contratado, mas apenas aferir as exigências de qualificação técnica para eventuais fornecedores ou as condições de bens para eventual fornecimento.

Teríamos, então, uma antecipação (total ou parcial) da fase de habilitação, cuja análise poderia servir a diversos certames posteriores.

A pré-qualificação terá validade de 1 (um) ano, no máximo, podendo ser atualizada a qualquer tempo. A cada pré-qualificado será fornecido respectivo certificado, o qual poderá ser renovado sempre que o registro for atualizado.

No caso da pré-qualificação de fornecedores (subjetiva), o prazo não poderá ser superior ao prazo de validade dos documentos apresentados pelos interessados.

Importante reiterar que a pré-qualificação poderá ser efetuada por grupos ou por segmentos, segundo as especialidades dos fornecedores. Ela também poderá ser parcial ou total. A parcial exigirá apenas alguns dos requisitos de habilitação ou técnicos necessários à contratação, já a total exigirá todos os requisitos necessários.

Caso o pedido de pré-qualificação seja indeferido ou mesmo deferido (já que um licitante pode se insurgir contra a pré-qualificação de outrem), cabe recurso, no prazo de cinco dias úteis, prazo contado a partir da data da intimação ou da lavratura da ata do respectivo ato. Trata-se de recurso hierárquico, que será dirigido à autoridade superior, por intermédio da autoridade que praticou o ato recorrido. Esta poderá apreciar sua admissibilidade, reconsiderar sua decisão ou remeter o recurso, devidamente informado, para a autoridade superior decidi-lo no prazo de cinco dias úteis, contado do seu recebimento, sob pena de apuração de responsabilidade.

O prazo para apresentação de contra razões, que também será de cinco dias úteis, começará imediatamente após o encerramento do prazo recursal, sendo sempre assegurado aos licitantes obter vista dos elementos dos autos indispensáveis à defesa de seus interesses.

Um problema prático em relação ao recurso previsto pela Lei, para a pré-qualificação, é que sua condição de continuamente aberta altera a lógica clássica de um certame, com vários "competidores" simultâneos, os quais estão, pela própria participação na disputa, acompanhando os atos praticados, com prerrogativa de insurgir-se contra eles, através de algum recurso administrativo.

A ideia de um procedimento aberto e permanente permite que um edital lançado em março, por exemplo, com vários interessados pré-qualificados já em abril, gere um novo pedido de pré-qualificação, de outro interessado, no mês de setembro. Ora! É imprescindível que seja dada a necessária publicidade ao ato de deferimento ou indeferimento desse pleito de pré-cadastramento, motivo pelo qual, para evitar prejuízos ao direito de recurso dos demais interessados, o ato de deferimento ou de indeferimento deve ser tornado público. De outra forma, teríamos atos de pré-qualificação que dificilmente seriam conhecidos pelo público e pelos outros pré-qualificados, prejudicando o direito ao controle social ou mesmo ao exercício do direito recursal.

A solução para que essa necessária divulgação não se torne exageradamente onerosa é a reunião de atas que envolvam o maior número possível de pré-qualificados, em uma única publicação, sendo observada sempre a impossibilidade que eventual atraso ultrapasse um tempo razoável ou que a publicação prejudique a participação do interessado em um certame exclusivo.

No que tange à legitimidade para se contrapor ao indeferimento ou ao deferimento do pedido de pré-qualificação, a Lei nº 12.462/2011 expressamente estabeleceu que a forma adequada de impugnação a este ato é o recurso administrativo (art. 45, II). A prerrogativa recursal, conforme § 1º do artigo 45 da referida Lei, pertence ao licitante, que deve, inclusive, manifestar imediatamente a sua intenção de recorrer, sob pena de preclusão. Ocorre, contudo, que tal exigência de manifestação não é totalmente compatível com a lógica do procedimento aberto de pré-qualificação, cujos atos não se concentram num certame específico, para fins de acompanhamento e insurgência dos potenciais interessados, em relação aos atos administrativos praticados.

Entendemos que não cabe, para tentativa de revisão administrativa de tais atos (indeferimento ou deferimento do pedido de pré-qualificação), a utilização da impugnação e da representação, previstas nos incisos I e III do artigo 45 da Lei nº 12.462/2011. O legislador expressamente restringiu a forma administrativa para que o interessado provoque a revisão do ato de indeferimento ou deferimento do pedido de pré-qualificação.

Noutro diapasão, mesmo firmando-se que o instrumento legal típico é o recurso, a legitimidade recursal deve ser ampliada, não se restringindo estritamente ao termo "licitante", utilizado pela Lei. A condição permanente do procedimento de pré-qualificação admite a identificação de interesse recursal por um terceiro já certificado ou mesmo por outro que ainda não conseguiu a pré-qualificação.

Por fim, vale ainda frisar que nada disso prejudica o direito constitucional de petição, assegurado a todos (independentemente do pagamento de taxas, conforme inciso XXXIV do artigo 5º da Constituição federal), nem a prerrogativa da administração de revisar seus atos, através do exercício da autotutela.

5.1.4 Licitação restrita aos pré-qualificados

A Lei nº 12.462/2011, no § 2º de seu artigo 30, admite que a "administração pública poderá realizar licitação restrita aos pré--qualificados, nas condições estabelecidas em regulamento".

O regulamento, por sua vez, estabeleceu algumas condições para a realização de licitações restritas aos pré-qualificados, quais sejam:

- a convocação para a pré-qualificação deve discriminar que as futuras licitações serão restritas aos pré-qualificados;
- a pré-qualificação deve ser total, contendo todos os requisitos de habilitação técnica necessários à contratação;
- a convocação para a pré-qualificação deve informar a estimativa de quantitativos mínimos que a administração pública pretende adquirir ou contratar nos próximos doze meses e de prazos para publicação do edital

A necessidade de indicação, já no edital de pré-qualificação, da informação de que as futuras licitações serão restritas aos pré-qualificados fundamenta-se em motivos óbvios. Com esta notícia será despertado o interesse das empresas em participar das licitações para atendimento das eventuais pretensões contratuais de determinado órgão, fazendo com que elas apresentem os documentos necessários a esta pré-qualificação, que "antecipa" a análise documental referente ao que seria a fase de habilitação do futuro certame.

A exigência para que a pré-qualificação seja total se justifica pela antecipação que o procedimento proporcionará à fase de ha-

Cap. 5 • PROCEDIMENTOS AUXILIARES ÀS LICITAÇÕES NO ÂMBITO DO RDC 247

bilitação do ulterior certame. Não haveria sentido em se restringir a participação, se alguns elementos de habilitação relacionados ao fornecedor ou ao bem ainda fossem avaliados posteriormente.

A informação acerca da estimativa de quantitativos mínimos e dos prazos para a publicação do edital também deve ser percebida como uma exigência positiva, pois dá transparência à potencial pretensão contratual e permite ao Mercado informações importantes, que fomentarão o interesse de participação no procedimento.

Contudo, chama atenção a não exigência, pelo regulamento federal, da informação sobre a estimativa de quantitativos máximos para eventual contratação. Embora tal omissão possa ser justificada pela característica da pré-qualificação, de estar permanentemente aberta, parece-nos salutar que o Poder público tenha um planejamento de suas eventuais contratações e externe ao público o potencial de tal pretensão, até para que os limites ampliados (quantitativo máximo pretendido) fomentem o interesse de fornecedores no procedimento.

O Ministério Público Federal, através de Seu Procurador Geral, o Dr. Roberto Monteiro Gurgel Santos, na Ação Direta de Inconstitucionalidade movida em detrimento do texto da Lei nº 12.462/2011, teceu críticas ao procedimento, notadamente em relação à possibilidade de originar-se um certame específico aos pré-qualificados:

> *46. A mais ampla competitividade, na disputa pela execução e obras e serviços públicos, é um desdobramento dos princípios republicanos e da isonomia. (...)*
>
> *47. O procedimento de pré-qualificação permanente, no âmbito do Regime Diferenciado de Contratações Públicas, está na contramão disso tudo, uma vez que busca a habilitação prévia dos licitantes em fase anterior e distinta da licitação. E ainda permite que interessados não pré-qualificados seja alijados da licitação (art. 30, § 2º).*

Discordamos da análise feita pelo ilustre membro do *parquet*. É um engano imaginar que há limitação irrazoável à competitividade, na utilização do instrumento da pré-qualificação, mesmo que ele gere futuros certames restritos aos pré-qualificados.

Se tal regra gera restrição inconstitucional, também haveria relevante inconstitucionalidade na regra que admite que um licitante, mesmo com melhor preço, não possa ofertar propostas em um certame já iniciado para o qual não enviou propostas no tempo admitido pelo edital; também seria inconstitucional a possibilidade que o resultado de uma ata de registro de preços pudesse gerar contratações por um período de até 12 meses, em detrimento de melhores ofertantes, que não participaram do certame original; seriam inconstitucionais também todos os requisitos de habilitação, já que, em última análise, eles restringem a competição entre os habilitados.

Importante perceber que o procedimento de pré-qualificação ficará permanentemente aberto, permitindo que qualquer interessado possa apresentar os documentos que demonstrem sua habilitação, para ser pré-qualificado. O que se busca com esta regra é o ganho de eficiência nos certames públicos, com a antecipação da (muitas vezes tormentosa) análise da habilitação dos licitantes e o aproveitamento da mesma para todos os certames compatíveis.

Faltou ao legislador, contudo, estabelecer melhor regramento ao procedimento de pré-qualificação, para responder questões práticas como a situação do interessado que apresentou os documentos para pré-qualificação, mas encontra-se com análise pendente, quando da publicação do edital. Nesses casos, entendemos que a apresentação da documentação, antes da publicação do certame licitatório, resguarda o direito de participação do interessado, embora o indeferimento de seu pedido de pré-qualificação possa prejudicar a validade de sua ulterior participação no certame.

Outro tema que mereceria melhor disciplinamento envolve a repetição de pedidos de pré-qualificação, após indeferimento pela Administração Pública. Parece evidente que o indeferimento de uma pré-qualificação não pode prejudicar permanentemente o direito subjetivo do interessado a pleiteá-la, inclusive para participação nos futuros certames; por outro lado, parece desproposiço admitir que um pedido indeferido seja reiterado sem qualquer limitação razoável (exemplo: novo pedido, após indeferimento, realizado no dia seguinte ou inúmeras vezes).

Cap. 5 • PROCEDIMENTOS AUXILIARES ÀS LICITAÇÕES NO ÂMBITO DO RDC **249**

Cuidado importante, para evitar prejuízos à competitividade, consiste em evitar que as condições de habilitação técnica na pré-qualificação usem como parâmetro a totalidade das contratações pretendidas nos futuros certames. Na verdade, ao realizar a pré-qualificação, o Poder Público deve definir sua pretensão contratual no período envolvido, para que as exigências de habilitação técnica sejam proporcionais.

Por fim, convém anotar que, no caso de realização de licitação restrita, a administração pública enviará convite por meio eletrônico a todos os pré-qualificados no respectivo segmento, atitude que não prejudicará a necessidade de publicação do respectivo instrumento convocatório, até para que demais interessados, órgãos de controle e a própria sociedade possam acompanhar o procedimento.

5.1.5 Pré-qualificação e contratação direta

É possível que o procedimento de pré-qualificação atraia poucos interessados, o que, em primeiro raciocínio, poderia indicar prejuízo à competitividade. Outra possibilidade é a de que mesmo um número significativo de interessados produza um restrito número de pré-qualificados, pela falta de aptidão técnica do fornecedor ou dos bens.

Na verdade, importante perceber que esse número restrito não decorre necessariamente do procedimento de pré-qualificação, mas do pouco interesse do mercado na pretensão contratual administrativa ou da falta de aptidão técnica, dos fornecedores ou dos bens fornecidos, para o escorreito atendimento desta pretensão.

Nesses casos, quando o gestor entender que o grupo de pré-qualificados não é satisfatório (tendo conhecimento de que existem outras empresas ou produtos aptos ao certame), pode, para fins de fomento à competitividade, reiterar a convocação da pré-qualificação, para que eventuais interessados participem do procedimento, antes da divulgação dos editais da licitação propriamente dita.

Outrossim, pode ocorrer situação em que apenas um fornecedor consiga deferimento de seu pedido de pré-qualificação, em hipótese que a convocação para este procedimento auxiliar discrimine que as futuras licitações serão restritas aos pré-qualificados e atenda às demais exigências do decreto regulamentar.

Nesses casos, Marçal Justen Filho[10] explica que a pré-qualificação pode dar ensejo a uma contratação direta por inexigibilidade.

> *A pré-qualificação pode conduzir à contratação direta por inviabilidade de competição. Se houver a decisão de restringir a licitação apenas aos pré-qualificados e se houver um único sujeito ou objeto pré-qualificado, configura-se a inviabilidade de competição. Caberá a contratação direta por inexigibilidade de licitação. Não teria cabimento, em tal hipótese, realizar a licitação apenas como uma formalidade para contratar o único sujeito que se encontra em condições de participar.*

Interessante perceber que, nesta hipótese, a inviabilidade decorre do compromisso firmado pela própria Administração, no edital de pré-qualificação, de que os ulteriores certames seriam restritos aos pré-qualificados. Não há necessariamente uma inviabilidade de competição decorrente da inexistência de outros fornecedores/produtos no mercado, mas sim uma inexistência de fornecedores/produtos aptos à contratação, pela ausência da pré-qualificação à qual estava vinculada a pretensão contratual.

Caso o gestor perceba que no mercado existem outras empresas aptas ao atendimento da pretensão contratual (nada obstante o resultado quantitativo pífio da pré-qualificação), haverá a opção de invalidação/revogação da pré-qualificação, com a abertura de um certame aberto (contrariando a informação divulgada no edital, de licitações exclusivas para os pré-qualificados). Tal medida deverá ser excepcional, com motivação adequada, demonstrando-se, inclusive, a existência de fornecedores/produtos aptos, fora do universo de pré-qualificados, e identificação dos possíveis motivos da não qualificação dos mesmos no procedimento auxiliar realizado.

---

10. JUSTEN FILHO, Marçal. Procedimentos auxiliares das licitações e a pré-qualificação. *O Regime* Diferenciado de Contratações Públicas (RDC): Comentários à Lei nº 12.462 e ao Decreto 7.581/ Coordenadores: Marçal Justen Filho; Cesar A. Guimarães Pereira. Belo Horizonte: Fórum, 2012. p. 326.

5.2 CADASTRAMENTO (REGISTRO CADASTRAIS)

O cadastramento se dará através de registro cadastrais, permanentemente abertos para a inscrição de interessados, que poderão ser mantidos para efeito de habilitação dos inscritos em procedimentos licitatórios, com prazo de validade máxima de 1 (um) ano e podendo ser atualizados a qualquer tempo.

Sintetiza o Mestre Bittencourt:[11]

> *O registro cadastral (ou cadastramento) constitui, por conseguinte, uma espécie de habilitação prévia, cuja finalidade é agilizar a fase de habilitação nas licitações, pois torna desnecessária nova apresentação de parte da documentação quando da realização posterior de um certame licitatório.*

Os registros cadastrais serão amplamente divulgados e ficarão permanentemente abertos para a inscrição de interessados. Tais características são fundamentais para evitar fraudes e restrições à competitividade, conforme assevera Jacoby Fernandes e Reolon[12]:

> *Na figura do cadastramento, na forma como foi disciplinado no RDC, o ingresso é sempre possível, pois está aberto. Com isso, evitam-se as fraudes que ocorriam no passado no sentido de manter o cadastro fechado e somente após longos períodos permitir novos cadastramentos, promovendo-se no interregno licitações sucessivas e volumosas em favor de pequeno grupo de empresas.*
>
> *Por isso a norma exige que os registros cadastrais sejam "amplamente divulgados" e fiquem "permanentemente abertos para a inscrição de interessados."*

A atuação do licitante no cumprimento de obrigações assumidas será anotada no respectivo registro cadastral. A qualquer tempo

---

11. BITTENCOURT, Sidney. Licitação passo a passo. 6ª edição. Belo Horizonte: Fórum, 2010. P. 291.

12. FERNANDES, Jorge Ulisses Jacoby; REOLON, Jaques Fernando. **Regime Diferenciado de Contratações Públicas (RDC)**. Fórum de Contratação e Gestão Pública – FCGP. Nº 117. Setembro/2011.

poderá ser alterado, suspenso ou cancelado o registro do inscrito que deixar de satisfazer as exigências de habilitação ou as estabelecidas para admissão cadastral.

Em nível federal, o Decreto nº 7.581/2011 estabeleceu que os registros cadastrais serão feitos por meio do Sistema de Cadastramento Unificado de Fornecedores – SICAF, conforme disposto Decreto nº 3.722/2001.

Por fim, convém salientar que será cabível recurso da decisão que indefira, altere ou cancele o pedido de inscrição em registro cadastral. O prazo recursal, que é de cinco dias úteis, será contado a partir da data da intimação desse ato. No caso, o prazo se inicia e expira exclusivamente em dia útil no âmbito do órgão ou entidade responsável pela licitação.

5.3 SISTEMA DE REGISTRO DE PREÇOS

O Sistema de Registro de Preços (SRP) não é uma modalidade licitatória, mas um instrumento que facilita a atuação da Administração, um mecanismo para a formação de banco de preços de fornecedores, que não gera compromisso efetivo de aquisição. Utilizando esse procedimento, pode-se abrir um certame licitatório, em que o vencedor terá seus preços registrados, para que posteriores necessidades de contratação sejam dirigidas diretamente a ele, de acordo com os preços aferidos[13].

A Lei nº 12.462/2011 trata o Sistema de Registro de Preços (SRP) como um procedimento auxiliar; nuance importante, pois admite que essa ferramenta não esteja diretamente vinculada a uma contratação específica, podendo ser utilizada para uma pluralidade de pretensões contratuais, desde que compatíveis. Essa utilização se dará pela reunião das pretensões contratuais do órgão gerenciador e dos órgãos participantes, as quais servirão para a delimitação do quantitativo licitado, além da possibilidade de adesão por órgãos aderentes, que, mesmo não participando da confecção do proce-

---

13. TORRES, Ronny Charles Lopes de. Leis de licitações públicas comentadas, 5ª edição. Salvador: Juspodivm, 2013. P. 108.

Cap. 5 • PROCEDIMENTOS AUXILIARES ÀS LICITAÇÕES NO ÂMBITO DO RDC **253**

dimento de registro de preços, podem utilizar o resultado da ata, obedecidos alguns limites.

O legislador estabeleceu algumas condições específicas, para a adoção do Sistema de Registro de Preços (SRP), quais sejam:

a) efetivação prévia de ampla pesquisa de mercado;

b) seleção de acordo com os procedimentos previstos no regulamento. Neste sentido, o Decreto federal nº 7.581/2011 estabeleceu que o procedimento licitatório para registro de preços deverá adotar o critério de julgamento menor preço ou maior desconto, podendo utilizar quaisquer dos modos de disputa previstos naquele regulamento, como o aberto, o fechado ou o combinado;

c) desenvolvimento obrigatório de rotina de controle e atualização periódicos dos preços registrados. O Decreto federal nº 7.581/2011 estabeleceu que o órgão gerenciador deverá avaliar trimestralmente a compatibilidade entre o preço registrado e o valor de mercado;

d) definição da validade do registro. Segundo o regulamento federal, o prazo de validade da ata de registro de preços será definido pelo instrumento convocatório, tendo limite mínimo de três meses e limite máximo de doze meses;

e) inclusão, na respectiva ata, do registro dos licitantes que aceitarem cotar os bens ou serviços com preços iguais ao do licitante vencedor na sequência da classificação do certame, assim como dos licitantes que mantiverem suas propostas originais. Esta medida, embora interessante, exige melhor regulamentação acerca de questões procedimentais como a análise da habilitação desses licitantes e a oportunidade de recurso acerca da decisão que acatar o pedido de equiparação dos preços.

5.3.1 Características

No nosso ordenamento ainda é possível extrair algumas características do Sistema de registro de Preços.

a) Desnecessidade de prévia dotação orçamentária. Diferentemente do que ocorre no procedimento licitatório propriamente dito, que tem como objetivo direto a seleção de um particular para contratação de bens, serviços ou obras, o qual exige que o órgão licitante indique os recursos orçamentários necessários ao custeio daquela contratação, no procedimento auxiliar para Registro de preços é dispensada prévia dotação orçamentária.

Conforme expressamente registrado pelo regulamento federal (art. 91), na licitação para registro de preços, a indicação da dotação orçamentária apenas será necessária para a formalização do contrato ou instrumento equivalente.

b) Facultatividade da contratação. Uma vez registrados os preços, o respectivo fornecedor não detém direito à contratação (adjudicação compulsória), pois a concretização do contrato é facultativa. Em outras palavras, a existência de preços registrados não obriga a administração pública a firmar os contratos que deles poderão advir.

Podem os órgãos participantes do SRP, inclusive, mesmo durante a validade da ata, realizar licitação específica, objetivando a contratação de bens ou serviços semelhantes aos que foram registrados.

c) Preferência para o preço registrado. Embora a efetivação da contratação dos fornecedores registrados na ata seja facultativa, resta assegurada preferência ao licitante com preços registrados, caso seus valores sejam iguais ou menores que os identificados no novo certame.

Em outras palavras, embora a Administração não seja obrigada a adquirir os bens selecionados no SRP, o direito de preferência obtido pelo particular exige que, diante de igualdade de preços e condições, seja dada a ele preferência no fornecimento de bens.

d) Adoção facultativa. O regulamento federal aponta uma adoção facultativa do SRP. Realmente, mesmo em situações como as elencadas pelo regulamento, será possível, justificadamente, optar-se pela sua não utilização. A adoção do SRP não deve ser tida como regra obrigatória, embora seja providencial nas situações em que há necessidade de contratações frequentes, efetivações segmentadas (fracionamento) da contratação, conveniência administrativa

Cap. 5 • PROCEDIMENTOS AUXILIARES ÀS LICITAÇÕES NO ÂMBITO DO RDC **255**

na reunião de pretensões contratuais de diversos órgãos licitantes ou certa imprecisão na estimativa do quantitativo a ser demandado.

Outrossim, embora o regulamento descreva hipóteses de aplicação do SRP, entendemos que esse elenco não é taxativo, podendo ser aventadas outras hipóteses para utilização deste procedimento auxiliar, desde que devidamente justificadas.

e) Utilização para atendimento de diversas pretensões contratuais. O SRP permite que um único certame englobe diversas pretensões contratuais. Ele admite, já inicialmente, que diversos órgãos reúnam suas pretensões contratuais para a realização de um único certame, que será conduzido pelo "órgão gerenciador". Essa reunião produz a obtenção de melhores propostas, uma vez que a ampliação do objeto da licitação, pela reunião de várias pretensões contratuais, permite ganhos em economia de escala.

Para fomentar essa reunião de pretensões contratuais, o regulamento federal estabeleceu que a licitação para registro de preços deverá ser precedida pela divulgação **da Intenção de Registro de Preços,** procedimento convocatório que objetiva permitir a participação de outros órgãos ou entidades públicas no certame, reunindo suas pretensões contratuais às do órgão gerenciador.

Segundo o TCU, no âmbito do RDC, é obrigatória a divulgação da intenção de registro de preços previamente à realização da licitação[14].

O SRP admite ainda que um órgão que não tenha sido incluído na origem do procedimento (órgão não participante) possa aderir à ata de registro de preços. É o chamado órgão aderente ("carona"), que será analisado mais à frente.

f) Ata de registro de preços. O certame para registro de preços produz um documento vinculativo, de natureza obrigacional, denominado Ata de registro de preços, que estabelece compromisso relacionado à futura contratação. Nesse documento são registrados os preços, os fornecedores, os órgãos participantes e as condições a

---

14. TCU. Acórdão 2618/2018 Plenário.

serem praticadas, conforme as disposições contidas no instrumento convocatório e propostas apresentadas.

Importante perceber que a Ata não equivale ao contrato. Sua função específica está relacionada ao registro dos preços aferidos pelo certame, os quais vinculam a empresa durante o período de vigência do instrumento.

O regulamento estabeleceu que o prazo de validade da ata de registro de preços será definido pelo instrumento convocatório, limitado ao mínimo de três meses e ao máximo de doze meses. Este prazo máximo deve ser respeitado, mesmo em eventual prorrogação da vigência da ata.

Os órgãos ou entidades da administração pública federal não poderão participar ou aderir à ata de registro de preços cujo órgão gerenciador integre a administração pública de Estado, do Distrito Federal ou de Município, ressalvada a faculdade para que a Autoridade Pública Olímpica – APO possa aderir às atas gerenciadas pelos respectivos consorciados.

Noutro prumo, os órgãos ou entidades públicas estaduais, municipais ou do Distrito Federal poderão participar ou aderir à ata de registro de preços gerenciada pela administração pública federal, observado o regramento pertinente (para participação ou para a adesão).

5.3.2 Objeto

De acordo com o Decreto federal nº 7.581/2011, o Sistema de Registro de Preços poderá ser adotado nas seguintes hipóteses:

- quando, pelas características do bem ou serviço, houver necessidade de contratações frequentes;

- quando for mais conveniente a aquisição de bens com previsão de entregas parceladas ou contratação de serviços remunerados por unidade de medida ou em regime de tarefa;

- quando for conveniente a aquisição de bens ou a contratação de serviços para atendimento a mais de um órgão ou entidade, ou a programas de governo; ou

Cap. 5 • PROCEDIMENTOS AUXILIARES ÀS LICITAÇÕES NO ÂMBITO DO RDC **257**

- quando, pela natureza do objeto, não for possível definir previamente o quantitativo a ser demandado pela administração pública.

O Decreto federal nº 7.581/2011, com as alterações decorrentes do Decreto federal nº 8.080/2013, conceituou o Sistema de Registro de preços como "conjunto de procedimentos para registro formal de preços para contratações futuras, relativos à prestação de serviços, inclusive de engenharia, de aquisição de bens e de execução de obras com características padronizadas".

O regulamento federal restringiu a utilização do SRP/RDC para obras nas situações em que:

- for conveniente para atendimento a mais de um órgão ou entidade, ou a programas de governo; ou

- pela natureza do objeto, não for possível definir previamente o quantitativo a ser demandado pela administração pública.

O Decreto federal impõe ainda o atendimento cumulativo dos seguintes requisitos:

- as licitações devem ser realizadas pelo Governo federal;

- as obras devem possuir projeto de referência padronizado, básico ou executivo, consideradas as regionalizações necessárias; e

- deve haver compromisso do órgão aderente de suportar as despesas das ações necessárias à adequação do projeto padrão às peculiaridades da execução.

Convém registrar que essas restrições não vinculam Estados, Municípios e DF.[15] Outrossim, é de duvidosa constitucionalidade a imposição desses requisitos, nos convênios firmados pela União com os demais entes federativos.

---

15. Para aprofundamento sobre o tema, vide: TORRES, Ronny Charles Lopes de. Leis de licitações públicas comentadas, 5ª edição. Salvador: Juspodivm, 2013.

Existem obras que, dada a sua reduzida complexidade e à existência de certa padronização, podem, em tese, ser contratadas pelo sistema de registro de preços, notadamente nas situações em que se possa determinar, antecipadamente, a dimensão e a localização, como, por exemplo: o calçamento de ruas, manutenção de ruas, a limpeza de galerias pluviais ou a construção de casas populares padronizadas[16].

De qualquer forma, é preciso avaliar a utilização do sistema de registro de preços em relação às obras e aos serviços de engenharias, com certa ponderação. A grande maioria das obras e dos serviços de engenharia se reveste de características especiais e complexas, diferenciadoras das demais, prejudicando o uso do registro de preços.

5.3.3 Órgão gerenciador, participante e o aderente ("carona")

Inicialmente, o Sistema de Registro de Preços tem, do lado da Administração, o "órgão gerenciador", responsável pela condução do certame e gerenciamento da ata de registro de preços decorrente, e o "órgão participante", que atua nos procedimentos iniciais e integra a Ata de Registro de Preços, incluindo sua pretensão contratual no certame conduzido pelo órgão gerenciador.

Deve-se perceber que tanto o órgão gerenciador como os órgãos participantes atuam na fase interna do procedimento licitatório, reunindo suas pretensões contratuais para o planejamento da contratação, a formatação do objeto da licitação e lançamento do certame público.

O SRP admite, ainda, que um órgão que não tenha sido incluído na origem do procedimento possa aderir à Ata de Registro de Preços. É o chamado órgão aderente ("carona"). Assim, durante a vigência da Ata, ela pode ser utilizada por qualquer órgão ou entidade da Administração que não tenha participado do certame licitatório, mediante prévia consulta ao órgão gerenciador, desde que devidamente comprovada a vantagem para a Administração.

---

16. TORRES, Ronny Charles Lopes de. Leis de licitações públicas comentadas, 10ª edição. Salvador: Juspodivm, 2019. P. 191/194.

O Decreto federal nº 7.581/2011 previu o órgão aderente (carona), o qual teria a seguinte definição:

> *Art. 88. Para os efeitos deste Decreto, considera-se:*
> *(...)*
> *V – órgão aderente – órgão ou entidade da administração pública que, não tendo participado dos procedimentos iniciais da licitação, adere a uma ata de registro de preços.*

Assim, os órgãos e entidades não participantes, mas passíveis de adoção do Regime Diferenciado de Contratações (RDC), que desejarem fazer uso da Ata de Registro de Preços, devem manifestar seu interesse junto ao órgão gerenciador para que este indique os possíveis fornecedores e os respectivos preços.

O fornecedor registrado não será obrigado a contratar com o órgão aderente. Cabe a ele, observadas as condições estabelecidas na Ata de Registro de Preços, optar pela aceitação ou não do fornecimento, desde que não haja prejuízo às obrigações anteriormente assumidas (em favor dos órgãos gerenciador e participantes).

Os órgãos aderentes deverão concretizar a contratação no prazo de até trinta dias após a indicação do fornecedor pelo órgão gerenciador, respeitado o prazo de vigência da ata.

5.3.4 Limites à contratação pelo órgão aderente ("carona")

As multiplicações indefinidas de adesões, com eventual perda de economia de escala (já que uma licitação, no SRP, em que a disputa foi restrita a um determinado patamar, pode gerar vários contratos) e reflexos na fragilização do planejamento da contratação, geram fundamentada preocupação aos órgãos de controle e estudiosos que analisam os procedimentos para registro de preços.

Noutro prumo, convém firmar que a adesão é uma ferramenta que proporciona ágil solução a demandas contratuais, já submetidas a um certame licitatório, beneficia órgãos que possuem pretensão contratual menor que o objeto da licitação para registro de preços (e dificilmente alcançariam preços tão reduzidos em certames licitatórios próprios). Ademais, a expectativa de adesão fomenta uma redução de preços, pelas empresas licitantes, o que beneficia tanto os órgãos participantes, como todos os órgãos aderentes.

Parece mais adequado estabelecer limites razoáveis para utilização da adesão, sem condenar radicalmente essa prática, inegavelmente eficiente e vantajosa para a atuação contratual da administração pública.

Nesse sentido, visando coibir excessos, o regulamento federal estabeleceu limitações quantitativas de duas espécies para as adesões: individual e global.

A "limitação individual" impede que a adesão ultrapasse a pretensão contratual integralmente estabelecida no certame licitatório (soma das estimativas de demanda dos órgãos gerenciador e participantes).

A "limitação global" impede que o conjunto de adesões possa ser maior que o quíntuplo da pretensão contratual total estabelecida no certame licitatório, para cada item. Para as obras, a "limitação global" é reduzida, não podendo ser superior a três vezes a quantidade prevista.

Importante anotar que esse limite global não restringe o número de adesões (caronas), mas o somatório do quantitativo decorrente dessa utilização por órgãos não participantes.

Além das limitações quantitativas (individual e global), o regulamento federal estabeleceu a "limitação subjetiva", admitindo a adesão às atas de registro de preços decorrentes de licitação na modalidade RDC apenas aos órgãos ou entidades públicas responsáveis pela execução das obras ou serviços passíveis de adoção do Regime Diferenciado de Contratações.

Por fim, pode ser citada, ainda, a existência de limitação temporal e de uma limitação lógica, uma vez que a adesão só é possível enquanto vigente a Ata de Registro de Preços e apenas para os bens e serviços registrados[17].

---

17. Para aprofundamento sobre o tema, "limites às contratações do carona", vide: TORRES, Ronny Charles Lopes de. Leis de licitações públicas comentadas, 10ª edição. Salvador: Juspodivm, 2019. P. 206/222.

5.3.5 Adesão à ata e procedimento formal

Embora seja um procedimento mais simplificado que a realização de um certame específico, a adesão à Ata de registro de preços exige certo procedimento formal, entre eles:

a) confirmação da validade da ata (identificar se ela ainda não expirou).

b) caracterização do objeto a ser adquirido, diagnóstico da necessidade de contratação, adequação do objeto aos interesses da Administração, justificativas pertinentes, tudo demonstrado através do respectivo documento de planejamento da contratação (ex.: termo de referência);

c) justificativa indicando a vantajosidade da contratação (adesão);

d) pesquisa de preço com vistas a verificar a compatibilidade dos valores registrados com os preços de mercado;

e) anuência do órgão gerenciador;

f) aceitação do fornecedor;

g) cumprimento aos limites impostos pelo regulamento para a adesão.

5.3.6 Registro de preços e aplicação de sanções

Embora o Sistema exija que a condução do certame seja feita pelo órgão gerenciador, a Ata de Registro de Preços pode dar azo a várias relações contratuais, com órgãos ou pessoas jurídicas diferenciadas.

Com relação às penalidades, no órgão gerenciador foram concentradas as atribuições para aplicação de penalidades, por irregularidades cometidas no certame licitatório. Noutro prumo, a atribuição para aplicação de penalidades contratuais resta direcionada ao órgão contratante, seja ele participante ou aderente.

Há, obviamente, a necessidade de se informar, ao órgão gerenciador, situações de desatendimento às condições estabelecidas no edital e a recusa na assinatura do contrato, com o órgão participante.

Isso porque, sendo o responsável pelo certame e pela Ata de Registro de Preços, qualquer irregularidade relacionada àquele procedimento ou a este instrumento jurídico devem ser apuradas e sancionadas pelo órgão gerenciador.

Esse é o raciocínio identificado no Decreto federal nº 7.581/2011:

> *Art. 95. Caberá ao órgão gerenciador:*
>
> *(...)*
>
> *VIII – aplicar eventuais sanções que decorrerem:*
>
> *a) do procedimento licitatório;*
>
> *b) de descumprimento da ata de registro de preços, ressalvado o disposto no art. 96, inciso III do caput, alínea "a"; e*
>
> *c) do descumprimento dos contratos que celebrarem, ainda que não haja o correspondente instrumento;*
>
> *(...)*
>
> *Art. 96. Caberá aos órgãos ou entidades participantes:*
>
> *(...)*
>
> *III – aplicar eventuais sanções que decorrerem:*
>
> *a) do descumprimento da ata de registro de preços, no que se refere às suas demandas; e*
>
> *b) do descumprimento dos contratos que celebrarem, ainda que não haja o correspondente instrumento.*
>
> *Parágrafo único. Os órgãos participantes deverão informar ao órgão gerenciador:*
>
> *I – as sanções que aplicarem; e*
>
> *II – o nome do responsável pelo acompanhamento e fiscalização dos contratos que celebrarem.*

O regulamento federal estabelece que o próprio órgão participante detém competência para apurar falhas, no cumprimento do prescrito pela Ata de registro de Preços, em relação às suas demandas, como na situação em que a empresa com preço registrado se nega a fornecer o bem ou o serviço.

Situação diversa ocorre no caso do órgão aderente. Diante de um pedido de adesão, por órgão "carona", é admissível a recusa em

Cap. 5 • PROCEDIMENTOS AUXILIARES ÀS LICITAÇÕES NO ÂMBITO DO RDC **263**

assinar o contrato pela empresa com preços registrados, mesmo em relação ao quantitativo previsto na Ata.

De qualquer forma, firmada a relação contratual entre o fornecedor e o participante ou o carona, ela é autônoma. Por esse motivo, eventuais descumprimentos contratuais devem ser avaliados pelo órgão contratante, dando ensejo, se for o caso, ao pertinente processamento e à aplicação das sanções cabíveis.

Em síntese, entendemos que:

a) a aplicação de sanções, relacionadas ao descumprimento contratual, compete ao órgão contratante, seja gerenciador, participante ou mesmo carona, no Sistema de Registro de Preços.

b) a aplicação de sanções, relacionadas ao descumprimento das exigências editalícias ou ao descumprimento do pactuado na ata de registro de preços, como a negativa de assinatura contratual ou a negativa na negociação dos bens nos moldes registrados, em relação aos órgãos participantes, compete ao órgão gerenciador ou ao órgão participante, de acordo com a origem da pretensão contratual.

5.3.7 Do cancelamento do registro de preços

O registro de preços será revogado quando o fornecedor:

- descumprir as condições da ata de registro de preços;

- não retirar a respectiva nota de empenho ou instrumento equivalente, no prazo estabelecido pela administração pública, sem justificativa aceitável;

- não aceitar reduzir o seu preço registrado, na hipótese de este se tornar superior àqueles praticados no mercado; e

- sofrer as sanções previstas nos incisos III e IV do **caput** do art. 87 da Lei nº 8.666, de 1993, e no art. 7º da Lei nº 10.520, de 17 de julho de 2002.

De acordo com o Decreto federal nº 7.581/2011, a revogação do registro poderá ocorrer por iniciativa da administração pública, conforme conveniência e oportunidade, ou por solicitação do fornecedor, com base em fato superveniente devidamente comprovado, que justifique a impossibilidade de cumprimento da proposta.

Exceto na situação em que o fornecedor não aceitar reduzir o seu preço registrado, quando este se tornar superior aos praticados no mercado; a revogação deverá ser formalizada, com decisão da autoridade competente do órgão gerenciador, assegurando-se o contraditório e a ampla defesa.

De qualquer forma, a revogação do registro em relação a um fornecedor não prejudicará o registro dos preços dos demais licitantes.

5.4 CATÁLOGO ELETRÔNICO DE PADRONIZAÇÃO

Consiste em um sistema informatizado de gerenciamento centralizado, feito para permitir a padronização dos bens, serviços e obras a serem adquiridos pela administração pública. Ele será gerenciado de forma centralizada pela Secretaria de Logística e Tecnologia da Informação do Ministério do Planejamento, Orçamento e Gestão.

O catálogo eletrônico de padronização poderá ser utilizado em licitações cujo critério de julgamento seja a oferta de menor preço ou de maior desconto e conterá toda a documentação e procedimentos da fase interna da licitação, assim como as especificações dos respectivos objetos.

Conforme previsto no Decreto federal nº 7.581/2011, o catálogo eletrônico de padronização conterá:

- – a especificação de bens, serviços ou obras;
- • descrição de requisitos de habilitação de licitantes, conforme o objeto da licitação; e
- • modelos de:
  - – instrumentos convocatórios;
  - – minutas de contratos;
  - – termos de referência e projetos referência; e
  - – outros documentos necessários ao procedimento de licitação que possam ser padronizados.

A limitação do catálogo para a contratação de bens, serviços ou obras que possam ser adquiridos ou contratados pelo critério de julgamento menor preço ou maior desconto está relacionada à natural vocação dele, como instrumento de padronização, para as contratações de menor complexidade.

A limitação, embora justificável, poderia ser repensada, uma vez que, por razões várias, pode o órgão contratante optar pela adoção de outros critérios (como o maior retorno econômico ou a maior oferta de preço), nos quais a adoção das facilidades de padronização ofertadas pelo Catálogo poderiam se tornar interessantes para auxiliar os responsáveis pela licitação.

Melhor solução seria deixar o julgamento de adoção dessa ferramenta para o órgão licitante, o qual, obviamente, apenas usaria o catálogo para contratações de menor complexidade, nas quais a padronização é tecnicamente viável.

Cabe, de qualquer forma, elogiar este procedimento auxiliar, sobretudo por suas potencialidades, ao permitir que experiências bem sucedidas no ambiente licitatório sejam eficientemente replicadas para outros certames. Neste sentido, a opinião do Mestre Jacoby Fernandes e Jaques Reolon:

> *O procedimento inova na legislação e permite avanços nas rotinas, uma vez que as aquisições já realizadas e bem--sucedidas na conquista de produtos de qualidade podem ser lançadas no catálogo para fins de direcionamento nas futuras aquisições.*
> *O fato de um bem ser lançado no catálogo elimina o esforço na redação de nova especificação ao tempo em que sinaliza ao mercado as futuras aquisições.*[18]

Por fim, nos termos do regulamento federal, quando utilizado o catálogo eletrônico de padronização, o projeto básico da licitação será obtido a partir da adaptação do "projeto de referência" às pecu-

---

18. FERNANDES, Jorge Ulisses Jacoby; REOLON, Jaques Fernando. **Regime Diferenciado de Contratações Públicas (RDC)**. Fórum de Contratação e Gestão Pública – FCGP. N° 117. Setembro/2011.

liaridades do local onde a obra será realizada, considerando aspectos relativos ao solo e à topografia do terreno, bem como aos preços dos insumos da região que será implantado o empreendimento.

6

DA CONTRATAÇÃO DIRETA

Segundo a Lei nº 12.462/2011, aplica-se, no que couber, o regramento da Lei nº 8.666/93, para as hipóteses de contratação direta no Regime Diferenciado de Contratações.

De qualquer forma, importante sempre lembrar que o constituinte permitiu ao legislador ressalvar hipóteses em que o gestor pode prescindir da seleção formal ou certame para contratações, ao regrar no inciso XXI do artigo 37 que:

> *"ressalvados os casos especificados na legislação, as obras, serviços, compras e alienações serão contratados mediante processo de licitação pública que assegure igualdade de condições a todos os concorrentes, com cláusulas que estabeleçam obrigações de pagamento, mantidas as condições efetivas da proposta, nos termos da lei, o qual somente permitirá as exigências de qualificação técnica e econômica indispensáveis à garantia do cumprimento das obrigações".*

Esta concepção constitucional pode e deve ser adotada em todas as licitações, mesmo que sob a modalidade Regime Diferenciado de Contratações. Admite-se a contratação direta, seja por dispensa ou por inexigibilidade, porque nem sempre a realização do certame será possível ou, pelo menos, nem sempre a sujeição do negócio ao procedimento formal e burocrático previsto pelo estatuto serve ao eficaz atendimento do interesse público.

De qualquer forma, a contratação direta deve obediência aos princípios do Direito Administrativo, exigindo, por exemplo, a realização de um procedimento formal, destinado a justificar o preço da contratação e demonstrar a razão da escolha da entidade parceira.

Vale a leitura do dispositivo pertinente da Lei n. 12.462/2011:

> *Art. 35. As hipóteses de dispensa e inexigibilidade de licitação estabelecidas nos arts. 24 e 25 da Lei nº 8.666, de 21 de junho de 1993, aplicam-se, no que couber, às contratações realizadas com base no RDC.*
>
> *Parágrafo único. O processo de contratação por dispensa ou inexigibilidade de licitação deverá seguir o procedimento previsto no art. 26 da Lei nº 8.666, de 21 de junho de 1993.*

O dispositivo é de duvidosa necessidade. Importante lembrar que o RDC deve ser tratado como uma nova modalidade licitatória, motivo pelo qual a aplicação das hipóteses de contratação direta não dependeria dessa previsão remissiva, notadamente nos casos de inexigibilidade.

A inexigibilidade se fundamenta na inviabilidade da realização de um procedimento de disputa, como no caso em que inexiste pluralidade de alternativas para a formação da parceria. Diferentemente da dispensa, em que a competição é possível, porém o legislador permite não fazê-la, nela a competição é inviável. Isso torna inócuo o procedimento seletivo, já que sua razão de ser é, justamente, fomentar a competição em busca da melhor proposta de contratação.

Tendo por fundamento a inviabilidade de competição, as hipóteses de inexigibilidade são abertas, não são taxativas, justificando-se a contratação direta, independente da remissão ao artigo 25 da Lei Geral de Licitações, feito pela Lei nº 12.462/2011.

Em relação à dispensa, o RDC não deveria ter restringido as hipóteses de dispensa àquelas previstas no artigo 24. Como é cediço, existem hipóteses de dispensa estabelecidas por outras Leis federais que não a Lei nº 8.666/93. Na forma como colocado pelo dispositivo legal, as hipóteses de dispensa estabelecidas por outras Leis não seriam aplicáveis ao RDC! Outrossim, uma vez que o dispositivo faz remissão expressa ao artigo 24 da referida Lei Geral de Licitações, não seria admitido, no RDC, as hipóteses de licitação dispensada, estipuladas pelo artigo 17 da Lei nº 8.666/93!

Nada obstante, não haverá prejuízo prático. Em tais hipóteses de dispensa (previstas pelo legislador, fora do artigo 24 da Lei nº

8.666/93), poder-se-á abdicar do Regime Diferenciado de Contratações, pois o próprio legislador estabeleceu que, mesmo nos objetos passíveis de sua utilização, a adoção desta nova modalidade é opcional.

Por fim, convém registrar que, em relação à hipótese de dispensa de licitação estatuída pelo inciso XI do artigo 24 da Lei nº 8.666/93 (contratação direta de licitante remanescente), houve uma pequena alteração nas contratações submetidas ao RDC, o que será tratado em tópico específico desta obra, denominado *"Contratação de remanescente por dispensa"*.

7

DAS CONDIÇÕES ESPECÍFICAS PARA A PARTICIPAÇÃO NAS LICITAÇÕES E PARA A CONTRATAÇÃO NO RDC

A Lei nº 12.462/2011 estabeleceu regras que denominou "condições específicas para a participação nas licitações e para a contratação no RDC". Tratam-se, na verdade, das regras de vedação à participação e a confirmação da validade, no RDC, de algumas regras de preferência estabelecidas em outras Leis.

No RDC, é vedada a participação direta ou indireta nas licitações:

a) da pessoa física ou jurídica que elaborar o projeto básico ou executivo correspondente;

b) da pessoa jurídica que participar de consórcio responsável pela elaboração do projeto básico ou executivo correspondente;

c) da pessoa jurídica da qual o autor do projeto básico ou executivo seja administrador, sócio com mais de 5% (cinco por cento) do capital votante, controlador, gerente, responsável técnico ou subcontratado; ou

d) do servidor, empregado ou ocupante de cargo em comissão do órgão ou entidade contratante ou responsável pela licitação.

Por motivos óbvios, nas contratações integradas não se aplicam as restrições dispostas nas alíneas *a*, *b* e *c*, uma vez que o fundamento de tais restrições é justamente a elaboração do projeto básico. Como já observado, na contratação integrada, a confecção do projeto básico é imposta ao vencedor do certame, motivo pelo qual tais vedações restariam incompatíveis com a própria lógica daquele regime de contratação.

Nada obstante, no regime de contratação integrada, existirão tais restrições (das alíneas *a*, *b* e c), em relação ao anteprojeto de engenharia, motivo pelo qual, naquele regime é vedada a participação direta ou indireta nas licitações da pessoa física ou jurídica que elaborar o anteprojeto de engenharia.

No caso das alíneas *b* e *c*, permite-se a participação daquelas pessoas jurídicas como consultores ou técnicos (nas funções de fiscalização, supervisão ou gerenciamento) e exclusivamente a serviço do órgão ou entidade pública interessada.

Assim como no regime geral de licitações, no RDC, em licitações para a contratação de obras ou serviços, é possível prever que a elaboração de projeto executivo ficará ao encargo do contratado, estipulando-se o preço, previamente, pela administração pública.

Convém registrar que a Lei nº 12.462/2011 expressamente considerou como participação indireta a "existência de qualquer vínculo de natureza técnica, comercial, econômica, financeira ou trabalhista entre o autor do projeto, pessoa física ou jurídica, e o licitante ou responsável pelos serviços, fornecimentos e obras, incluindo-se os fornecimentos de bens e serviços a estes necessários", aplicando aos membros da comissão de licitação, a mesma restrição.

No RDC também restam vedadas as contratações diretas (por dispensa ou por inexigibilidade) de pessoa jurídica na qual haja administrador ou sócio com poder de direção que mantenha relação de parentesco, inclusive por afinidade, até o terceiro grau civil com:

a) detentor de cargo em comissão ou função de confiança que atue na área responsável pela demanda ou contratação; e

b) autoridade hierarquicamente superior no âmbito de cada órgão ou entidade da administração pública.

Por fim, a Lei nº 12.462/2011 admitiu a aplicação de preferências para fornecedores ou tipos de bens, serviços e obras previstos na legislação, em especial as referidas:

Cap. 7 · DAS CONDIÇÕES ESPECÍFICAS PARA A PARTICIPAÇÃO NAS LICITAÇÕES **273**

a)   no art. 3º da Lei nº 8.248, de 23 de outubro de 1991;

b)   no art. 3º da Lei nº 8.666, de 21 de junho de 1993; e

c)   nos arts. 42 a 49 da Lei Complementar nº 123, de 14 de dezembro de 2006.

8

DAS REGRAS ESPECÍFICAS APLICÁVEIS AOS CONTRATOS CELEBRADOS NO ÂMBITO DO RDC

O RDC expressamente cita a existência de "regras especificas", aplicáveis aos contratos do RDC (arts. 39 e seguintes). A nomenclatura "regras específicas" talvez não seja adequada, tendo em vista que a competência para legislar sobre licitações e contratos, nos moldes estabelecidos pelo constituinte, diferencia a amplitude da norma de acordo com sua generalidade ou especificidade.

> *Art. 22. Compete privativamente à União legislar sobre:*
>
> *(...)*
>
> *XXVII – normas gerais de licitação e contratação, em todas as modalidades, para as administrações públicas diretas, autárquicas e fundacionais da União, Estados, Distrito Federal e Municípios, obedecido o disposto no art. 37, XXI, e para as empresas públicas e sociedades de economia mista, nos termos do art. 173, § 1º, III; (Redação dada pela Emenda Constitucional nº 19, de 1998)*

De acordo com a Constituição Federal, compete privativamente à União legislar sobre normas gerais de licitação. Isso significa que outros entes federativos poderão legislar sobre normas específicas acerca da matéria. Há, portanto, uma competência privativa da União, no que tange às regras gerais, e uma competência comum, no que se refere às regras específicas. Conclui-se que todos os entes podem editar leis sobre licitação, mas devem obedecer àquelas normas gerais traçadas pela União[1].

Assim, conforme o preceito constitucional estabelecido no artigo 22 da Constituição, em relação às regras específicas, a competência da União se restringe ao âmbito federal, podendo Estados, Municípios e Distrito Federal aprovarem regras específicas próprias. Esta conclusão impõe algumas premissas:

> *De tal disposição constitucional podemos extrair algumas premissas, dentre elas: se consideradas específicas, as regras existentes na legislação federal apenas vinculam a União, permitindo regramento diferente por Estados, Distrito Federal e Municípios; noutro diapasão, quando tratar sobre matéria geral, a legislação federal não pode restringir sua normatização às relações jurídicas contratuais da União, pois isso fraudaria a competência constitucionalmente estabelecida[2].*

É preciso diferenciar, contudo, o sentido dessa classificação como "específica", feita pelo RDC, ou melhor, a natureza dessas "regras específicas".

As regras específicas aplicáveis aos contratos celebrados no âmbito do RDC não são materialmente específicas. Sua "especificidade" se dá em relação às regras previstas pela Lei nº 8.666/93. Na verdade, tratam-se de regras especiais, materialmente gerais. Elas são especiais em relação a outra Lei (a Lei nº 8.666/93), embora tratem de disposições materialmente gerais, para fins de incidência da competência legislativa privativa prevista pelo inciso XXVII do artigo 22, da Constituição Federal.

Nesta feita, as regras tratadas no RDC, para contratos, inobstante a nomenclatura "específicas", têm validade não apenas para a União, mas também para estados, municípios e DF. A especificidade explicitada pelo dispositivo, em princípio, deve ser compreendida em

---

1. TORRES, Ronny Charles Lopes de. Leis de licitações públicas comentadas, 5ª edição. Salvador: Juspodivm, 2013. P. 22.

2. TORRES, Ronny Charles Lopes de. Leis de licitações públicas comentadas, 5ª edição. Salvador: Juspodivm, 2013. P. 22.

Cap. 8 • DAS REGRAS ESPECÍFICAS APLICÁVEIS AOS CONTRATOS   **277**

relação à Lei nº 8.666/93 (pela adoção, no RDC, de suas regras para os contratos administrativos) e não em relação à natureza material da norma, o que implicaria na competência para legislar sobre o tema.

Em síntese, os contratos administrativos celebrados com base no RDC reger-se-ão pelas normas da Lei nº 8.666/93, com exceção das regras expressamente previstas nesta Lei, que (quando caracterizarem-se como normas gerais) são aplicáveis não apenas à União, mas também a estados, municípios e DF.

As regras especiais, para os contratos administrativos celebrados com base no RDC são as seguintes:

- Convocação de licitante remanescente
- Contratação de remanescente por dispensa
- Prazos contratuais

Com a edição da Lei nº 13.190, de 2015, houve previsão expressa no artigo 44-A da Lei do RDC para que nos contratos regidos por essa última possa ser admitido o emprego dos mecanismos privados de resolução de disputas, inclusive a arbitragem, a ser realizada no Brasil e em língua portuguesa, nos termos da Lei nº 9.307, de 23 de setembro de 1996, e a mediação, para dirimir conflitos decorrentes da sua execução ou a ela relacionados. Desse modo, passou a ser permitido nos contratos regidos pelo RDC a inclusão de cláusula arbitral, o que já era previsto de forma genérica na Lei Nº 9.307, de 1996.

Também foi acrescido à Lei do RDC o artigo 47-A dispondo que a administração pública poderá firmar contratos de locação de bens móveis e imóveis, nos quais o locador deverá realizar prévia aquisição, construção ou reforma substancial, com ou sem aparelhamento de bens, por si mesmo ou por terceiros, do bem especificado pela administração. São os chamados contratos *built to suit*.

Built to suit é uma expressão inglesa cuja tradução literal pode ser "construído para servir". No Brasil, é considerado um negócio jurídico conhecido como "locação sob medida", "locação sob encomenda" ou "locação com obrigação de fazer". Portanto, é uma modalidade de locação na qual as obrigações contratuais de ambas as partes são fixadas antes da construção ou antes da aquisição do imóvel.

Apesar deste tipo de negócio jurídico existir há muito tempo na iniciativa privada (artigo 54-A da Lei de Locações- Lei nº 8.245/91- inserido pela Lei nº 12.744/2012) na administração pública brasileira é novidade.

O próprio TCU já havia admitido, inclusive, a contratação direta de locação sob medida (operação built to suit), com base no inciso X do artigo 24 da Lei 8.666/1993; contudo, além da observância das demais disposições legais aplicáveis ao caso, a Corte de Contas exige que o terreno onde será construído o imóvel seja de propriedade do futuro locador[3].

No modelo Locação sob medida (*built to suit*), o bem locado será construído ou reformado pelo futuro locador, de acordo com as exigências e parâmetros feitos pelo futuro locatário. Em geral os contratos de *built to suit* são de longo prazo (20 anos, por exemplo) e com cláusula penal alta para a hipótese de distrato. Isso porque o valor do aluguel abrange não apenas a remuneração pelo uso do bem, mas também, um retorno financeiro para o investimento realizado pelo locador para a aquisição, construção ou reforma da coisa locada.

A natureza jurídica deste tipo de contrato é de um contrato especial de locação. É um modelo interessante para que o órgão ou entidade pública possa obter um imóvel, atendendo suas específicas necessidades, sem a necessidade de imobilização de grandes recursos orçamentários. Outra vantagem econômica é que este modelo pode gerar incentivos para que responsável pela obra ou reforma, sendo ele o proprietário (locador), realize a ação de engenharia com qualidade maximizada, mitigando grandes dificuldades das obras públicas, que são os desvirtuamentos decorrentes do dilema agente principal, que induzem o empreiteiro a reduzir a qualidade da obra para maximizar seus lucros.

Para esse tipo de contrato, o locador poderá ser proprietário do bem e, nesse caso, apenas constrói ou faz a reforma de acordo com as necessidades da Administração ou não ser proprietário e,

---

3. Acórdão 1301/2013-Plenário, TC 046.489/2012-6, relator Ministro Substituto André Luís de Carvalho, revisor Ministro Benjamin Zymler, 29.5.2013.

Cap. 8 · DAS REGRAS ESPECÍFICAS APLICÁVEIS AOS CONTRATOS

279

então, por força do contrato irá se comprometer a adquirir o bem e nele construir a edificação.

Em tese, também é possível que a locação por encomenda ocorra em imóvel pertencente à própria Administração Pública. Dessarte, para que o particular construa no terreno pertencente ao Estado, será necessário que o Estado conceda a ele o direito de superfície sobre esse imóvel antes da construção[4].

Fundamental destacar que, para caracterizar esse tipo de contrato, é necessário que a reforma seja substancial, profunda, considerável, de grande monta. Assim, podemos indicar que são requisitos para este tipo de contratação:

a) existir um negócio jurídico;

b) o investidor deverá aceitar adquirir um bem

c) o investidor fará uma construção ou uma reforma substancial no bem

d) as necessidades e as especificações do bem são definidas pelo futuro locatário,

e) geralmente o prazo é longo

f) a contraprestação serão os aluguéis que remuneram não apenas o uso do bem, mas também os investimentos que foram feitos.

É aplicada a esse tipo de contratação a mesma disciplina da dispensa e inexigibilidade de licitação aplicável às locações comuns[5].

---

4. Art. 1.369. O proprietário pode conceder a outrem o direito de construir ou de plantar em seu terreno, por tempo determinado, mediante escritura pública devidamente registrada no Cartório de Registro de Imóveis.

    Parágrafo único. O direito de superfície não autoriza obra no subsolo, salvo se for inerente ao objeto da concessão.

    Art. 1.370. A concessão da superfície será gratuita ou onerosa; se onerosa, estipularão as partes se o pagamento será feito de uma só vez, ou parceladamente.

5. Art. 24. É dispensável a licitação:

    X – para a compra ou locação de imóvel destinado ao atendimento das finalidades precípuas da administração, cujas necessidades de instalação e localização condicionem a sua escolha, desde que o preço seja compatível com o valor de mercado, segundo avaliação prévia.

Ainda, nesse tipo de contratação poderá ser prevista a reversão dos bens à administração pública ao final da locação, desde que haja previsão no contrato, não podendo o valor da locação exceder, ao mês, 1% (um por cento) do valor do bem locado.

8.1 CONVOCAÇÃO DE LICITANTE REMANESCENTE

A Lei nº 12.462/2011 estabeleceu regras próprias para as situações em que o licitante convocado não assinar o termo de contrato ou não aceitar ou retirar o instrumento equivalente no prazo e condições estabelecidos.

Vejamos:

> *Art. 40. É facultado à administração pública, quando o convocado não assinar o termo de contrato ou não aceitar ou retirar o instrumento equivalente no prazo e condições estabelecidos:*
>
> *I – revogar a licitação, sem prejuízo da aplicação das cominações previstas na Lei nº 8.666, de 21 de junho de 1993, e nesta Lei; ou*
>
> *II – convocar os licitantes remanescentes, na ordem de classificação, para a celebração do contrato nas condições ofertadas pelo licitante vencedor.*[6]
>
> *Parágrafo único. Na hipótese de nenhum dos licitantes aceitar a contratação nos termos do inciso II do caput deste artigo, a administração pública poderá convocar os licitantes remanescentes, na ordem de classificação, para a celebração do contrato nas condições ofertadas por estes, desde que o respectivo valor seja igual ou inferior ao orçamento estimado para a contratação, inclusive quanto aos preços atualizados nos termos do instrumento convocatório.*

Diferentemente do prescrito pela Lei nº 8.666/93, quando o convocado não assinar o termo de contrato ou não aceitar ou retirar o instrumento equivalente no prazo e condições estabelecidos,

---

6. Nesse primeiro momento não é possível aplicar sanção ao licitante remanescente, caso ele recuse a convocação.

Cap. 8 • DAS REGRAS ESPECÍFICAS APLICÁVEIS AOS CONTRATOS

além da revogação ou da convocação dos licitantes remanescentes, na ordem de classificação, para a celebração do contrato nas condições ofertadas pelo licitante vencedor, pelo RDC, caso nenhum dos licitantes remanescentes aceite a contratação nas condições ofertadas pelo licitante vencedor, a administração pública poderá convocá-los, na ordem de classificação, para a celebração do contrato "nas condições ofertadas por eles", sempre respeitando o orçamento estimado como limite para tal contratação.

> *O dispositivo inovou ao estabelecer a possibilidade de o contrato ser celebrado nas condições ofertadas pelos licitantes remanescentes e não somente nas condições do primeiro colocado. É uma faculdade que poderá ser exercida pela Administração.*
>
> *Será necessário, contudo, existir uma razoável justificativa para celebrar o ajuste com um dos remanescentes, pois há risco de haver conluio para ensejar aumento fictício dos preços contratados, em detrimento da Administração.*
>
> *A motivação para convocar cada remanescente deve-se balizar pelo princípio da aderência a diretrizes e normas, ou seja, conter justificativa razoável, a fim de evitar penalizações pelos órgãos de controle e eventual instauração ou conversão de processo em tomada de contas especial com vistas à definição de responsabilidades e quantificação do dano ao erário.*[7]

Cabe salientar que o licitante vencedor convocado, dentro do prazo de validade da sua proposta, que se furtar à celebração do contrato, deve ser sancionado, pela incidência do ilícito administrativo capitulado no inciso I do artigo 47 da Lei nº 12.462/2011.

Referido sancionamento já era possível, nas licitações submetidas à Lei nº 8.666/93 e Lei nº 10.520/2002. A novidade do RDC foi a possibilidade de sancionar, inclusive, o licitante remanescente, quando este for convocado em suas próprias condições de proposta.

---

7.   FERNANDES, Jorge Ulisses Jacoby; REOLON, Jaques Fernando. **Regime Diferenciado de Contratações Públicas (RDC)**. Fórum de Contratação e Gestão Pública – FCGP. Nº 117. Setembro/2011.

8.2 CONTRATAÇÃO DE REMANESCENTE POR DISPENSA

Em acréscimo, a Lei nº 12.462/2011 também alterou o regramento dado à hipótese dispensa para contratação de remanescente de obra, serviço ou fornecimento (inciso XI do art. 24 da Lei nº 8.666).

Importante lembrar que a redação do dispositivo, na Lei nº 8.666/93, admite a dispensa de licitação para contratação de remanescente de obra, serviço ou fornecimento, em consequência de rescisão contratual, desde que atendida a ordem de classificação da licitação anterior e aceitas as mesmas condições oferecidas pelo licitante vencedor, inclusive quanto ao preço, devidamente corrigido. Vejamos o dispositivo da Lei nº 8.666/93:

> *Art. 24. É dispensável a licitação:*
>
> *(...)*
>
> *XI – na contratação de remanescente de obra, serviço ou fornecimento, em conseqüência de rescisão contratual, desde que atendida a ordem de classificação da licitação anterior e aceitas as mesmas condições oferecidas pelo licitante vencedor, inclusive quanto ao preço, devidamente corrigido;*

Como se vê, na Lei nº 8.666/93, a contratação direta de remanescente de obra, serviço ou fornecimento de bens, em consequência de rescisão contratual, exige a manutenção das mesmas condições ofertadas pelo contratado.

Noutro prumo, conforme estatui o artigo 41 da Lei nº 12.462/2011, no Regime Diferenciado de Contratações, esta contratação direta, em virtude de remanescente da obra, serviço ou fornecimento de bens, decorrente de rescisão contratual, continuará observando a ordem de classificação dos licitantes remanescentes, contudo poderá firmar o novo contrato "nas condições por eles ofertadas", respeitando-se, como limite, o orçamento estimado para a contratação.

Vejamos o dispositivo:

> *Art. 41. Na hipótese do inciso XI do art. 24 da Lei nº 8.666, de 21 de junho de 1993, a contratação de remanescente de*

Cap. 8 • DAS REGRAS ESPECÍFICAS APLICÁVEIS AOS CONTRATOS **283**

> *obra, serviço ou fornecimento de bens em consequência de rescisão contratual observará a ordem de classificação dos licitantes remanescentes e as condições por estes ofertadas, desde que não seja ultrapassado o orçamento estimado para a contratação.*

Convém firmar: no RDC, a contratação direta (por dispensa) de remanescente de obra, serviço ou fornecimento de bens em consequência de rescisão contratual, continuará respeitando a ordem de classificação, mas admitirá que os licitantes remanescentes sejam convocados nas condições das propostas por eles ofertadas, sempre respeitando o orçamento estimado como limite para tal contratação.

Tal disposição é importante e pode ajudar a superar uma grande dificuldade, decorrente da frustração contratual que é gerada pela rescisão contratual prematura, muitas vezes decorrente da apresentação de propostas irresponsáveis, durante o certame. Muito bem explica Jacoby Fernandes e Jaques Reolon:

> *O dispositivo inovou ao estabelecer que a contratação do remanescente seja nas condições que ofertou — e não mais do primeiro colocado, restringindo-se os valores à estimativa da Administração.*
>
> *Com o crescente acirramento da disputa nas licitações e com a evolução jurisprudencial que vem afastando e excepcionalizando a desclassificação de propostas por inexequibilidade de preços, tem se tornado mais comum a oferta de preços cada vez mais inferiores. Várias vezes os valores realmente são inexequíveis, como é comum acontecer na prestação de serviços de limpeza, conservação e vigilância.*
>
> *Com efeito, a solução anterior da norma, de apenas permitir a contratação do remanescente pelas condições do primeiro colocado, esbarrava na realidade de que um licitante tem estrutura de custos diferente dos demais, de modo que o preço praticado por um não necessariamente era factível para os demais. Além disso, os "aventureiros" que "mergulham" no preço, por vezes, tornam inviável a aplicação do dispositivo na redação da Lei nº 8.666/1993.*
>
> *O novo conteúdo da norma é mais realista, frente à conjuntura de disputa de preços, ao permitir que cada qual seja*

contratado conforme seus valores ofertados no certame, desde que inferiores à estimativa oficial.

Sua aplicação exigirá, contudo, mais cautela que a hipótese do artigo precedente, pois os casos de rescisão contratual são geralmente envoltos em questões polêmicas, principalmente quando há possibilidade de contratação direta de outro licitante. Pode haver casos de favorecimentos indevidos, mas é importante que a Administração tenha opções para primar pela continuidade da obra ou do serviço.

As hipóteses de inexecução contratual possibilitam uma interpretação extensiva e podem ser campo fértil para irregularidades. Explica-se: pode-se motivar indevidamente uma inexecução contratual com a finalidade de contratar outro licitante seguindo-se a ordem cronológica de classificação, por isso a necessidade de haver justificativa razoável e ser prestigiada a ampla defesa, de extração constitucional. Não se afasta também, o exame pelo Poder Judiciário e pelo Controle Externo.[8]

A novidade é interessante, contudo, será necessário redobrar atenção, quando da utilização desta hipótese de contratação direta, com o fito de evitar que conluios entre o licitante vencedor e os sequencialmente classificados gerem situações de rescisão contratual, induzindo a Administração a contratações diretas, mais caras que a alcançada no certame.

Para isso, o regime sancionatório do RDC pode ser um importante instrumento de desestímulos a comportamentos oportunistas (*moral hazard*).

8.3 PRAZOS CONTRATUAIS

Primeiramente, importante reiterar que os contratos administrativos celebrados com base no RDC reger-se-ão pelas normas da Lei nº 8.666/93, com exceção das regras específicas previstas pela Lei nº 12.462/2011, conforme estipula seu artigo 39.

---

8.   FERNANDES, Jorge Ulisses Jacoby; REOLON, Jaques Fernando. **Regime Diferenciado de Contratações Públicas (RDC)**. Fórum de Contratação e Gestão Pública – FCGP. Nº 117. Setembro/2011.

Cap. 8 • DAS REGRAS ESPECÍFICAS APLICÁVEIS AOS CONTRATOS   **285**

Nesta feita, em relação aos prazos dos contratos administrativos, devem ser utilizadas as regras previstas na Lei nº 8.666/93, mais especificamente em seu artigo 57, excetuada as situações para as quais existe regramento prescrito pela Lei nº 12.462/2011, notadamente em seus artigos 42 e 43.

Assim prescreve o artigo 57 da Lei nº 8.666/93:

> *Art. 57. A duração dos contratos regidos por esta Lei ficará adstrita à vigência dos respectivos créditos orçamentários, exceto quanto aos relativos:*
>
> *I – aos projetos cujos produtos estejam contemplados nas metas estabelecidas no Plano Plurianual, os quais poderão ser prorrogados se houver interesse da Administração e desde que isso tenha sido previsto no ato convocatório;*
>
> *II – à prestação de serviços a serem executados de forma contínua, que poderão ter a sua duração prorrogada por iguais e sucessivos períodos com vistas à obtenção de preços e condições mais vantajosas para a administração, limitada a sessenta meses; (Redação dada pela Lei nº 9.648, de 1998)*
>
> *III – (Vetado). (Redação dada pela Lei nº 8.883, de 1994)*
>
> *IV – ao aluguel de equipamentos e à utilização de programas de informática, podendo a duração estender-se pelo prazo de até 48 (quarenta e oito) meses após o início da vigência do contrato.*
>
> *V – às hipóteses previstas nos incisos IX, XIX, XXVIII e XXXI do art. 24, cujos contratos poderão ter vigência por até 120 (cento e vinte) meses, caso haja interesse da administração. (Incluído pela Lei nº 12.349, de 2010)*
>
> *§ 1º Os prazos de início de etapas de execução, de conclusão e de entrega admitem prorrogação, mantidas as demais cláusulas do contrato e assegurada a manutenção de seu equilíbrio econômico-financeiro, desde que ocorra algum dos seguintes motivos, devidamente autuados em processo:*
>
> *I – alteração do projeto ou especificações, pela Administração;*
>
> *II – superveniência de fato excepcional ou imprevisível, estranho à vontade das partes, que altere fundamentalmente as condições de execução do contrato;*
>
> *III – interrupção da execução do contrato ou diminuição do ritmo de trabalho por ordem e no interesse da Administração;*

IV – aumento das quantidades inicialmente previstas no contrato, nos limites permitidos por esta Lei;

V – impedimento de execução do contrato por fato ou ato de terceiro reconhecido pela Administração em documento contemporâneo à sua ocorrência;

VI – omissão ou atraso de providências a cargo da Administração, inclusive quanto aos pagamentos previstos de que resulte, diretamente, impedimento ou retardamento na execução do contrato, sem prejuízo das sanções legais aplicáveis aos responsáveis.

§ 2º Toda prorrogação de prazo deverá ser justificada por escrito e previamente autorizada pela autoridade competente para celebrar o contrato.

§ 3º É vedado o contrato com prazo de vigência indeterminado.

§ 4º Em caráter excepcional, devidamente justificado e mediante autorização da autoridade superior, o prazo de que trata o inciso II do caput deste artigo poderá ser prorrogado por até doze meses. (Incluído pela Lei nº 9.648, de 1998)

Essas regras são válidas para o Regime Diferenciado de Contratações, excetuadas, como já dito, as prescrições específicas estipuladas pela Lei nº 12.462/2011 para os contratos administrativos decorrentes do RDC, quais sejam:

Art. 42. Os contratos para a execução das obras previstas no plano plurianual poderão ser firmados pelo período nele compreendido, observado o disposto no caput do art. 57 da Lei nº 8.666, de 21 de junho de 1993.

Art. 43. Na hipótese do inciso II do art. 57 da Lei nº 8.666, de 21 de junho de 1993, os contratos celebrados pelos entes públicos responsáveis pelas atividades descritas nos incisos I a III do art. 1º desta Lei poderão ter sua vigência estabelecida até a data da extinção da APO. (Redação dada pela Lei nº 12.688, de 2012)

Assim, no RDC são aplicáveis as regras da Lei nº 8.666/93 para a vigência dos respectivos contratos administrativos, exceto nas seguintes hipóteses:

Cap. 8 • DAS REGRAS ESPECÍFICAS APLICÁVEIS AOS CONTRATOS   **287**

a)   contratações relacionadas às obras;

b)   contratações relacionadas aos serviços contínuos, para os objetos previstos nos incisos I, II e III do artigo 1º da Lei nº 12.462/2011.

Em relação às obras, a Lei nº 12.462/2011, apresentando redação mais clara que a prevista no inciso I do artigo 57 da Lei nº 8.666/93, deixa evidente que os contratos para a execução das obras previstas no plano plurianual poderão ser firmados pelo período nele compreendido.

A remissão feita pelo artigo 42 da Lei nº 12.462/2011 deve ser interpretada no seguinte sentido: embora existente a previsão da obra no plano plurianual, o que autoriza uma vigência contratual pelo período nele compreendido, será necessária a existência de previsão recursos orçamentários na LOA, para dar esteio à execução do instrumento contratual, no respectivo exercício. Nesse raciocínio, nada obstante a previsão no plano plurianual, a ausência da previsão de recursos orçamentários na LOA prejudicaria a execução contratual.

Em relação aos serviços contínuos, a Lei nº 12.462/2011 estabeleceu que, quando eles forem celebrados pelos entes públicos responsáveis pelas atividades descritas nos incisos I a III do seu art. 1º[9], os contratos poderão ter sua vigência estabelecida até a data da extinção da APO.

---

9.   Art. 1º É instituído o Regime Diferenciado de Contratações Públicas (RDC), aplicável exclusivamente às licitações e contratos necessários à realização:
I – dos Jogos Olímpicos e Paraolímpicos de 2016, constantes da Carteira de Projetos Olímpicos a ser definida pela Autoridade Pública Olímpica (APO); e
II – da Copa das Confederações da Federação Internacional de Futebol Association – Fifa 2013 e da Copa do Mundo Fifa 2014, definidos pelo Grupo Executivo – Gecopa 2014 do Comitê Gestor instituído para definir, aprovar e supervisionar as ações previstas no Plano Estratégico das Ações do Governo Brasileiro para a realização da Copa do Mundo Fifa 2014 – CGCOPA 2014, restringindo-se, no caso de obras públicas, às constantes da matriz de responsabilidades celebrada entre a União, Estados, Distrito Federal e Municípios;
III – de obras de infraestrutura e de contratação de serviços para os aeroportos das capitais dos Estados da Federação distantes até 350 km (trezentos e cinquenta quilômetros) das cidades sedes dos mundiais referidos nos incisos I e II.

Importante observar que esta regra não afasta a aplicação do inciso II do artigo 57 da Lei nº 8.666/93 para todos os contratos de serviços contínuos, mas apenas para aqueles relacionados aos objetos originariamente previstos no RDC, quais sejam:

a) Jogos Olímpicos e Paraolímpicos de 2016;

b) Copa das Confederações da Fifa 2013 e da Copa do Mundo Fifa 2014;

c) Obras de infraestrutura e de contratação de serviços para os aeroportos das capitais dos Estados da Federação distantes até 350 km (trezentos e cinquenta quilômetros) das cidades sedes dos mundiais;

Em relação aos serviços contínuos relacionados aos demais objetos passíveis da adoção do RDC, como ações integrantes do PAC, serviços de engenharia no âmbito dos sistemas públicos de ensino e no âmbito do SUS (quando classificáveis como serviços contínuos), deve ser aplicada a regra do inciso II do artigo 57 da Lei nº 8.666/93, segundo a qual a prestação de serviços a serem executados de forma contínua pode chegar a até sessenta meses.

Importante lembrar que o prazo de 60 meses pode ser alcançado através de prorrogações sucessivas, não sendo, em princípio, viável a estipulação de uma única vigência contratual pelo prazo de 60 meses, mas sim de prazos de até 12 meses (em regra), que podem ser renovados, por períodos sucessivos, até 60 meses.

Por fim, cabe a observação de que não se trata propriamente de "prorrogação, a qual pressupõe a ideia de extensão da vigência para cumprir a prestação ainda incompleta, mas na verdade de "renovação pela qual se estabelece a permanência do vínculo por novo período e outra prestação com igual conteúdo da anterior"[10].

---

10.   OLIVEIRA, Fernão Justen de. A vigência dos contratos de prestação de serviços contínuos no Regime Diferenciado de Contratações Públicas. Disponível em: http://www.justen.com.br/pdfs/IE61/IE61_Fernao_RDC.pdf. Acesso em 26 de maio de 2013.

9

DOS PEDIDOS DE ESCLARECIMENTO, IMPUGNAÇÕES E RECURSOS

Em relação aos pedidos de esclarecimento e impugnações ao instrumento convocatório, a Lei nº 12.462/2011 admitiu a possibilidade de utilização desses instrumentos no prazo mínimo de:

a) até 2 (dois) dias úteis antes da data de abertura das propostas, no caso de licitação para aquisição ou alienação de bens; ou

b) até 5 (cinco) dias úteis antes da data de abertura das propostas, no caso de licitação para contratação de obras ou serviços;

A Lei não restringiu a legitimidade para impugnar o edital ou pedir esclarecimentos, nem mesmo, como fora feito pela lei nº 8.666/93, diferenciou o regime das impugnações feitas pelos licitantes, daquelas feitas pelos demais particulares.

A Lei nº 8.666/93 expressamente dá tratamento diverso às impugnações apresentadas pelos licitantes, em relação àquelas apresentadas por qualquer cidadão. Embora qualquer cidadão possa impugnar edital de licitação, a referida Lei impõe que o respectivo protocolo do pedido deve ocorrer até 5 (cinco) dias úteis antes da data fixada para a abertura dos envelopes de habilitação. Nesse caso, deve a Administração julgar e responder à impugnação em até 3 (três)dias úteis.

Já a impugnação apresentada por licitante possui nuances legais próprias. A Lei nº 8.666/93 estabeleceu que o licitante deve realizar a impugnação até o segundo dia útil que anteceder a abertura dos envelopes de habilitação em concorrência, a abertura dos envelopes com as propostas em convite, tomada de preços ou concurso, ou a realização de leilão, sob pena de decadência desse seu direito. A impugnação feita tempestivamente pelo licitante não o impedirá de participar do processo licitatório até o trânsito em julgado da decisão a ela pertinente

As impugnações apresentadas fora do prazo devem ser recebidas, mas como manifestação do direito de petição, garantia constitucional (CF, inciso XXXIV) que assegura a todos, independentemente do pagamento de taxas, peticionar ao Poder Público em defesa de direitos ou contra ilegalidade ou abuso de poder[1].

Uma vez provocado pelo particular, o administrador tem a obrigação de apurar eventual irregularidade no edital. Não é necessário que o cidadão demonstre seu interesse jurídico individual, pois a reposição da legalidade deve ser sempre perseguida pela Administração e reflete-se como inequívoco interesse público.

Já na impugnação permitida ao licitante, para apontar as falhas ou irregularidades que viciariam o edital, o prazo de apresentação é mantido até um momento mais próximo da realização da sessão; ademais, nessa hipótese de impugnação pelo licitante, não foi estipulado prazo para que a Administração responda ao licitante, embora deva, obviamente, dar-lhe resposta.

A impugnação feita no momento adequado pelo licitante não o impedirá de participar do processo licitatório. Enquanto não for julgada a impugnação do licitante, ele não poderá ser inabilitado em razão do dispositivo do edital por ele impugnado.

Em relação aos recursos administrativos, o Regime Diferenciado de Contratações oscilou entre um maior controle, como previsto na Lei nº 8.666/93, e um controle mais concentrado, como previsto na Lei do Pregão.

---

1. Art. 5º. In omissis.

   XXXIV – são a todos assegurados, independentemente do pagamento de taxas: a) o direito de petição aos Poderes Públicos em defesa de direitos ou contra ilegalidade ou abuso de poder;

Cap. 9 • DOS PEDIDOS DE ESCLARECIMENTO, IMPUGNAÇÕES E RECURSOS   **291**

Segundo o artigo 27 da lei nº 12.462/2011, em regra, nos procedimentos licitatórios do RDC a fase recursal será única, logo após a habilitação do vencedor. A regra geral, portanto, repete a lógica recursal prevista na Lei do Pregão. Vejamos:

> *Art. 27. Salvo no caso de inversão de fases, o procedimento licitatório terá uma fase recursal única, que se seguirá à habilitação do vencedor.*
>
> *Parágrafo único. Na fase recursal, serão analisados os recursos referentes ao julgamento das propostas ou lances e à habilitação do vencedor.*

O mesmo dispositivo ressalva que esta fase recursal única não ocorrerá nas hipóteses em que houver inversão de fases no RDC (adotando-se ordem semelhante ao das modalidades da Lei nº 8.666/93, em que a fase de habilitação antecede a fase de propostas). Conforme previsto no artigo 45 da Lei nº 12.462/2001, quando houver inversão de fases, o RDC adotará momentos recursais diversos, a exemplo das modalidades regidas pela Lei nº 8.666/93.

Assim, no RDC, quando o gestor decidir inverter fases, realizando a fase de habilitação antes da fase de propostas, teremos as seguintes possibilidades recursais:

I)   recursos, no prazo de 5 (cinco) dias úteis contados a partir da data da intimação ou da lavratura da ata, em face:

   a)   do ato que defira ou indefira pedido de pré-qualificação de interessados;

   b)   do ato de habilitação ou inabilitação de licitante;

   c)   do julgamento das propostas;

   d)   da anulação ou revogação da licitação;

   e)   do indeferimento do pedido de inscrição em registro cadastral, sua alteração ou cancelamento;

   f)   da rescisão do contrato, nas hipóteses previstas no inciso I do art. 79 da Lei nº 8.666, de 21 de junho de 1993;

   g)   da aplicação das penas de advertência, multa, declaração de inidoneidade, suspensão temporária de participação em licitação e impedimento de contratar com a administração pública; e

II) representações, no prazo de 5 (cinco) dias úteis contados a partir da data da intimação, relativamente a atos de que não caiba recurso hierárquico.

Conforme assevera Sidney Bittencourt, o RDC emprega a sistemática do recurso administrativo hierárquico[2]. Tanto o recurso (hierárquico) como o recurso de representação (residual) possuem prazo de 05 (cinco) dias úteis para interposição.

Mesmo quando ocorre a inversão de fases, a lógica recursal do pregão influenciou o regime adotado pelo RDC. Segundo a Lei nº 12.462/2011, os licitantes que desejarem apresentar os recursos de que tratam as alíneas *a, b* e *c* (relacionados especificamente a atos do procedimento licitatório) deverão manifestar imediatamente a sua intenção de recorrer, sob pena de preclusão.

Em relação às contrarrazões, também identificamos a influência do regime da modalidade pregão, pois, no RDC, o prazo para apresentação de contrarrazões será o mesmo do recurso e começará imediatamente após o encerramento do prazo recursal.

Na contagem dos prazos estabelecidos na Lei nº 12.462/2011, excluir-se-á o dia do início e incluir-se-á o do vencimento. Ademais, os prazos iniciam e expiram exclusivamente em dia de expediente no âmbito do órgão ou entidade.

Quanto ao processamento, o recurso será dirigido à autoridade superior, por intermédio da autoridade que praticou o ato recorrido, cabendo a esta reconsiderar sua decisão no prazo de 5 (cinco) dias úteis ou, nesse mesmo prazo, fazê-lo subir, devidamente informado, devendo, neste caso, a decisão do recurso ser proferida dentro do prazo de 5 (cinco) dias úteis, contados do seu recebimento, sob pena de apuração de responsabilidade.

---

2. BITTENCOURT, Sidney. Licitação através do Regime Diferenciado de Contratações Públicas. Belo Horizonte, Fórum, 2012. p. 165.

10

DAS SANÇÕES ADMINISTRATIVAS

O RDC utiliza um parâmetro de sancionamento semelhante ao do pregão. Com uma tipificação de vários atos, praticados durante o certame ou a execução do contrato administrativo, que podem ensejar a aplicação da sanção "impedimento de licitar e contratar", pelo prazo de até cinco anos, além da "multa" e "descredenciamento" do sistema de cadastramento dos entes federativos que compõem a Autoridade Pública Olímpica.

O supramencionado regramento amplia o regime restrito da Lei nº 8.666/93, que, em seu artigo 87, tratava como ilícito passível de sancionamento, apenas a inexecução total ou parcial do contrato. Esta nuance foi percebida pelo ilustre Sidney Bittencourt:[1]

> *Note-se que a sanção de impedimento de licitar e contratar não se restringe à hipótese de inexecução contratual, como consta na Lei Geral de licitações, sendo estendida para: os casos de não celebração contratual, não apresentação da documentação exigida ou apresentação da documentação falsa, retardamento na execução do objeto, modificação da proposta sem motivo superveniente, comportamento inidôneo, fraude fiscal e inexecução do objeto.*

Segundo a Lei nº 12.462/2011, ficará impedido de licitar e contratar com a União, Estados, Distrito Federal ou Municípios, pelo prazo de até 5 (cinco) anos, sem prejuízo das multas previstas

---

1. BITTENCOURT, Sidney. Licitação através do Regime Diferenciado de Contratações Públicas. Belo Horizonte, Fórum, 2012. p. 177.

no instrumento convocatório e no contrato, bem como das demais cominações legais, o licitante que:

- convocado dentro do prazo de validade da sua proposta não celebrar o contrato (inclusive quando licitante remanescente, convocado em suas próprias condições de proposta);
- deixar de entregar a documentação exigida para o certame ou apresentar documento falso;
- dar ensejo ao retardamento da execução ou da entrega do objeto da licitação sem motivo justificado;
- não mantiver a proposta, salvo se em decorrência de fato superveniente, devidamente justificado;
- fraudar a licitação ou praticar atos fraudulentos na execução do contrato;
- comportar-se de modo inidôneo ou cometer fraude fiscal;
- der causa à inexecução total ou parcial do contrato.

Vale lembrar que, no RDC, será possível aplicar sanções também aos licitantes remanescentes, convocados para a celebração do contrato nas condições ofertadas por eles e na ordem de classificação, que fujam ao compromisso de contratação firmado com a proposta. Outrossim, destaque-se a necessidade de previsão das multas no instrumento convocatório e no contrato.

Em princípio, as sanções de impedimento de licitar e de multa, além do descredenciamento, representariam o arsenal sancionatório disponível ao órgão público que atual com licitações e contratos na nova modalidade RDC. Contudo, o legislador, expressamente, no § 2º do artigo 47, determinou a aplicação também das sanções administrativas previstas na Lei nº 8.666/93. Vejamos o dispositivo:

> Art. 47. Ficará impedido de licitar e contratar com a União, Estados, Distrito Federal ou Municípios, pelo prazo de até 5 (cinco) anos, sem prejuízo das multas previstas no instrumento convocatório e no contrato, bem como das demais cominações legais, o licitante que:

I – convocado dentro do prazo de validade da sua proposta não celebrar o contrato, inclusive nas hipóteses previstas no parágrafo único do art. 40 e no art. 41 desta Lei;

II – deixar de entregar a documentação exigida para o certame ou apresentar documento falso;

III – ensejar o retardamento da execução ou da entrega do objeto da licitação sem motivo justificado;

IV – não mantiver a proposta, salvo se em decorrência de fato superveniente, devidamente justificado;

V – fraudar a licitação ou praticar atos fraudulentos na execução do contrato;

VI – comportar-se de modo inidôneo ou cometer fraude fiscal; ou

VII – der causa à inexecução total ou parcial do contrato.

§ 1º A aplicação da sanção de que trata o caput deste artigo implicará ainda o descredenciamento do licitante, pelo prazo estabelecido no caput deste artigo, dos sistemas de cadastramento dos entes federativos que compõem a Autoridade Pública Olímpica.

§ 2º As sanções administrativas, criminais e demais regras previstas no Capítulo IV da Lei nº 8.666, de 21 de junho de 1993, aplicam-se às licitações e aos contratos regidos por esta Lei.

Nesta feita, as sanções administrativas, criminais e demais regras previstas no Capítulo IV da Lei nº 8.666, de 21 de junho de 1993, aplicam-se às licitações e aos contratos do RDC.

A precitada disposição merece ser repensada, em relação às sanções administrativas, uma vez que os fatos jurídicos "tipificados" pelo RDC (como ocorre em relação à Lei do Pregão), passíveis de sancionamento administrativo, englobam os fatos jurídicos (inexecução total ou parcial do contrato) que autorizam o sancionamento administrativo na Lei nº 8.666/93.

Diferentemente do que ocorre na modalidade pregão, aqui no RDC, a expressa remissão do legislador à aplicação concomitante das sanções administrativas da Lei nº 12.462/2011 e das sanções administrativas previstas pela Lei nº 8.666/93 impõe a construção de um raciocínio que admita a compatibilização dos dois regimes sancionatórios.

Nesta feita, no RDC será possível a aplicação das seguintes sanções administrativas:

a) Advertência;

b) Multa: é uma sanção que pode ser aplicada cumulativamente às demais. Tem-se entendido que a ausência da previsão de multa no edital ou no contrato impede sua imposição.

c) Suspensão temporária: atinge o direito de participar de licitação ou mesmo de firmar contrato com a Administração, pelo prazo de até 02 (dois) anos. Para alguns, a amplitude dos efeitos desta sanção fica restrita ao órgão sancionador; para outros, a incidência é geral, suspendendo o direito de licitar ou contratar com os demais órgãos da Administração Pública.[2]

d) Impedimento de licitar: restringe o direito de participar de licitação ou mesmo de firmar contrato com a Administração, pelo prazo de até 05 (cinco) anos. A amplitude dos efeitos desta sanção se limita aos órgãos da unidade federativa à qual pertence o órgão sancionador.

e) Declaração de inidoneidade: apresenta-se como uma sanção mais rígida, que prejudica o direito de licitar ou contratar com toda a Administração Pública, enquanto perdurarem os motivos determinantes da punição ou até que seja promovida a reabilitação perante a própria autoridade que aplicou a penalidade. A reabilitação será concedida, se o contratado ressarcir a Administração, após, no mínimo, decorrido o prazo equivalente ao da sanção de suspensão temporária (02 anos). Para aplicação desta sanção, diferentemente do tratamento dispensado às demais, a Lei nº 8.666/93 estabeleceu competência exclusiva ao Ministro de Estado, Secretário Estadual ou Municipal (no caso do DF, a competência é do respectivo Secretário).

---

2.   Para aprofundamento sobre o tema, vide: TORRES, Ronny Charles Lopes de. Leis de licitações públicas comentadas, 5ª edição. Salvador: Juspodivm, 2013.

BIBLIOGRAFIA

ALTOUNIAN, Cláudio Sarian; CAVALCANTE, Rafael Jardim. RDC e contratação integrada na prática: 250 questões fundamentais. 2. ed. rev. ampl. Belo Horizonte: Fórum, 2014.

ANDRADE, Ricardo Barreto. VELOSO, Vitor Lanza. Uma visão geral sobre o regime diferenciado de contratações públicas: objeto, objetivo, definições, princípio e diretrizes. In O Regime Diferenciado de Contratações Públicas (RDC): Comentários à Lei nº 12.462 e ao Decreto nº 7.581- Coordenadores: Marçal Justen Filho; Cesar A. Guimarães Pereira. Belo Horizonte: Fórum, 2012.

BARCELOS, Dawison; TORRES, Ronny Charles Lopes de. Licitações e contratos nas empresas estatais. 2ª edição. Salvador: Juspodivm, 2020.

BARROSO, Luís Roberto. "O Estado contemporâneo, os direitos fundamentais e a redefinição da supremacia do interesse público". In: prefácio ao livro Interesse públicos versus interesses privados: desconstruindo o princípio de supremacia do interesse público, Rio de Janeiro: Lumen Juris, 2005, p. XV.

BITTENCOURT, Sidney. Licitação através do Regime Diferenciado de Contratações Públicas. Belo Horizonte, Fórum, 2012.

BLIACHERIS, Marcos Weiss. A sustentabilidade no Regime Diferenciado de Contratações Públicas. Fórum de Contratação e Gestão Pública – FCGP, Belo Horizonte, ano 13, n. 145, p. 56-64, jan. 2014.

BOBBIO, Norberto, Teoria do ordenamento jurídico. 10ª edição. Brasília: UNB, 1999.

BOBBIO, Norberto. Da estrutura à função: novos estudos de teoria do direito. Tradução de Daniela Becccia Versiani. Barueri, SP: Manole, 2007.

BOBBIO, Norberto. O positivismo jurídico: lições de filosofia do direito. São Paulo: Ícone, 2006.

BONATTO, Hamilton. Governança e gestão de obras públicas: do planejamento à pós-ocupação. Belo Horizonte: Forum, 2018.

BRASIL. Tribunal de Contas da União. Licitações e contratos: orientações básicas. 4ª ed. Brasília: TCU, Secretaria de controle Interno, 2010.

CAMMAROSANO, Márcio; DAL POZZO, Augusto Neves; VALIM Rafael (Coordenadores). Regime Diferenciado de Contratações Públicas – RDC: aspectos fundamentais. Belo Horizonte: Fórum, 2011.

CAVALCANTE, Márcio André Lopes. Comentários à Lei 13.190/2015: amplia o objeto da RDC e prevê o built to suit na Administração Pública: https://www.dizerodireito.com.br/2015/11/comentarios--lei-131902015-amplia-o.html.

FERRAZ JÚNIOR, Tércio Sampaio. Introdução ao estudo do direito: Técnica, decisão, dominação. 5ª edição. São Paulo: Atlas, 2007.

FREITAS, Juarez. O Controle dos Atos Administrativos e os Princípios Fundamentais, São Paulo: Malheiros, 1997.

JUSTEN FILHO, Marçal. Comentários à Lei de licitações e contratos administrativos. 12a edição. Dialética. São Paulo: 2008.

JUSTEN FILHO, Marçal; PEREIRA, Cesar A. Guimarães (Coord.). O Regime Diferenciado de Contratações Públicas (RDC): Comentários à Lei nº 12.462 e ao Decreto nº 7.581. Belo Horizonte: Fórum, 2012.

JACOBY FERNANDES, Jorge Ulisses; REOLON, Jaques Fernando. Regime Diferenciado de Contratações Públicas (RDC). Fórum de Contratação e Gestão Pública – FCGP, Belo Horizonte, ano 10, n. 117, p. 20-43, set. 2011.

JUSTEN FILHO, Marçal. Comentários ao RDC. São Paulo: Dialética, 2013.

LIRA, Bruno. e NÓBREGA, Marcos. O Estatuto do RDC é contrário aos cartéis em licitação? Uma breve análise baseada na teoria dos leilões. Revista Brasileira de Direito Público – RBDP. Belo Horizonte, ano 9, n. 35, out./dez. 2011.

MACHADO, Hugo de Brito. Introdução ao estudo do Direito. 2ª ed. São Paulo: Saraiva, 2004.

MELLO, Celso Antonio Bandeira de. Conteúdo jurídico do princípio da igualdade. 3ª edição. São Paulo: Malheiros, 2008.

BIBLIOGRAFIA 299

MENDES, Gilmar Ferreira; COELHO, Inocêncio Mártires; e BRANCO, Paulo Gustavo Gonet. Curso de Direito Constitucional. 4. ed., rev. e atual., São Paulo: Saraiva, 2009.

MOREIRA NETO, A Advocacia de Estado revisitada: essencialidade ao Estado Democrático de Direito. Debates em Direito Público. Ano IV, nº 4. Outubro de 2005. p. 36-65.

MOREIRA, Egon Bockmann; GUIMARÃES, Fernando Vernalha. Regime Diferenciado de Contratações: alguns apontamentos. Revista de Contratos Públicos – RCP, Belo Horizonte, ano 1, n. 1, p. 81124, mar./ago. 2012.

MOTTA, Carlos Pinto Coelho. Eficácia nas licitações e contratos: estruturas da contratação, concessões e permissões, responsabilidade fiscal, pregão – parcerias público/privadas. 10ª ed. Belo Horizonte: Del Rey, 2005.

OLIVEIRA, Ana Roberta Santos de. TORRES, Ronny Charles Lopes de. Projeto Edital Eficiente: uma experiência para otimizar a análise jurídica de minutas nas licitações. Boletim Governet de Licitações e Contratos. Nº 70. Fev. 2011.

OLIVEIRA, Rafael Carvalho Rezende. Licitações e contratos administrativos. Rio de Janeiro: Forense; São Paulo: Método, 2012.

OLIVEIRA. Rafael Carvalho Rezende. FREITAS, Rafael Véras de. O Regime Diferenciado de Contratações públicas (RDC) e a administração de resultados. Revista Brasileira de Direito Público – RBDP. Belo Horizonte, ano 9, n. 35, out./dez. 2011.

PEREIRA JÚNIOR, Jessé Torres. Comentários à Lei de Licitações e Contratações da Administração Públicas. 6ª Edição. Rio de Janeiro: Renovar, 2003.

PEREIRA JUNIOR, Jessé Torres; DOTTI, Marinês Restelatto. Delimitação do uso do RDC e sua relação com o regime ordinário da Lei Geral de Licitações. Fórum de Contratação e Gestão Pública–FCGP, Belo Horizonte, ano 11, n. 127, p. 25-35, jul. 2012.

PEREIRA JUNIOR, Jessé Torres; DOTTI, Marinês Restelatto. Diretrizes operacionais vinculantes do Regime Diferenciado de Contratações Públicas. Fórum de Contratação e Gestão Pública – FCGP, Belo Horizonte, ano 11, n. 132, p. 4463, dez. 2012.

REISDORFER, Guilherme Fredherico Dias. A contratação integrada no Regime Diferenciado de Contratações Públicas. In: JUSTEN

FILHO, Marçal; PEREIRA, Cesar A. Guimarães (Coord.). O Regime Diferenciado de Contratações Públicas (RDC): Comentários à Lei nº 12.462 e ao Decreto nº 7.581. Belo Horizonte: Fórum, 2012.

RIBEIRO, Maurício Portugal. Regime Diferenciado de Contratação. Licitação de infraestrutura para Copa do Mundo e Olimpíadas. Maurício Portugal Ribeiro, Lucas Navarro e Mário Engler Pinto Júnior. São Paulo: Atlas, 2012.

RIGOLIN, Ivan Barbosa e BOTTINO, Marco Tullio. Manual Prático das Licitações, 5ª Edição. São Paulo: Saraiva, 2005. p. 164.

SANTOS, Murillo Giordan. BARKI, Teresa Villac Pinheiro (Coord.). Licitações e contratações públicas sustentáveis. Belo Horizonte: Fórum, 2013.

TORRES, Ronny Charles Lopes de. "A responsabilidade do Advogado de Estado em sua função consultiva". In: Advocacia de Estado: questões institucionais para a construção de um Estado de Justiça. Estudos em homenagem a Diogo de Figueiredo Moreira Neto e José Antonio Dias Toffoli. (Coord) Jefferson Carús Guedes; Luciane Moessa de Souza. Belo Horizonte: Fórum, 2009. (ISBN 978-85-7700-236-8).

TORRES, Ronny Charles Lopes de. Da pesquisa de preços nas licitações públicas. Jus Navigandi, Teresina, ano 18, n. 3773, 30 out. 2013. Disponível em: <http://jus.com.br/artigos/25635>. Acesso em: 12 nov. 2013.

TORRES, Ronny Charles Lopes de. Leis de licitações públicas comentadas, 10ª edição. Salvador: Juspodivm, 2019.

TORRES, Ronny Charles Lopes de. Terceiro Setor: entre a liberdade e o controle. Salvador: Juspodivm, 2013.

ZYMLER, Benjamin. Direito Administrativo e Controle. 3ª edição. Belo Horizonte: Fórum, 2013.

ZYMLER, Benjamin; DIOS, Laureano Canabarro. O Regime Diferenciado de Contratações – RDC. Belo Horizonte: Fórum, 2013.

www.editorajuspodivm.com.br